U0465559

高度冲突

HIGH CONFLICT

为何人们会陷入对抗以及如何从困境中逃离

[美] 阿曼达·里普利（Amanda Ripley）/ 著
赵世珍 / 译

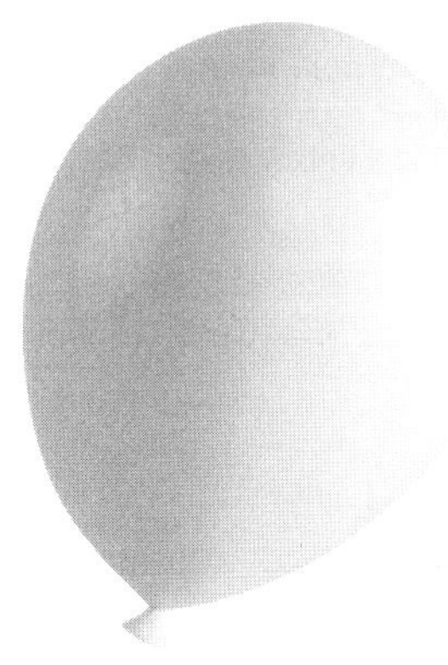

Why We
Get Trapped
and How We
Get Out

中信出版集团 | 北京

图书在版编目（CIP）数据

高度冲突：为何人们会陷入对抗以及如何从困境中逃离 /（美）阿曼达·里普利著；赵世珍译 . -- 北京：中信出版社，2023.4

书名原文：High Conflict: Why We Get Trapped and How We Get Out

ISBN 978-7-5217-5431-5

Ⅰ.①高… Ⅱ.①阿… ②赵… Ⅲ.①社会学—研究 Ⅳ.① C91

中国国家版本馆 CIP 数据核字 (2023) 第 047223 号

高度冲突：为何人们会陷入对抗以及如何从困境中逃离
著者：［美］阿曼达·里普利
译者：赵世珍
出版发行：中信出版集团股份有限公司
（北京市朝阳区东三环北路 27 号嘉铭中心 邮编 100020）
承印者：嘉业印刷（天津）有限公司

开本：787mm × 1092mm 1/16　印张：22　字数：235 千字
版次：2023 年 4 月第 1 版　印次：2023 年 4 月第 1 次印刷
京权图字：01–2023–1299　书号：ISBN 978–7–5217–5431–5
定价：69.00 元

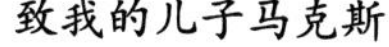

致我的儿子马克斯

“在是非对错之外，还有一处思维境域，我将在那儿和你相遇。”

——13 世纪苏菲派诗人贾拉尔·丁·穆罕默德·鲁米

目 录

术语表

确认偏误（Confirmation bias）：个人倾向于用固有的观念来解读新的问题。

冲突操纵者（Conflict entrepreneurs）：制造高度冲突并从中谋求私利的人。

冲突陷阱（Conflict trap）：通常带有高度冲突的特点，具有误导性，使人们不顾个人利益深陷其中。

接触理论（Contact theory）：在一定条件下，不同群体的人共同相处一段时间后，会减少对对方的偏见。

慢炖锅（Crock pot）：从表面上看，冲突针对的是这个问题；从背后看，实则另有所指。

网络球（Cyberball）：一种简单的网络游戏，用来研究社会排斥行为。

引燃器（Fire starters）：加速冲突爆发的因素，包括群体认同、冲突操纵者、侮辱和腐败。

第四种选择（Fourth way）：相较于逃跑、反抗或沉默三种常用的方式，直面冲突是更好的选择。

良性冲突（Good conflict）：在良性冲突中，摩擦可能也会严重和激烈，但会产生有益的结果，不会导致丧失本性。良性冲突是一种健康的冲突。

高度冲突（High conflict）：一场永无休止、耗费一切的冲突，几乎每个人都以更糟糕的结局收场。典型的高度冲突是“我们对抗他们”。

侮辱（Humiliation）：具有强迫性，对他人公开进行贬低，使其无端丧失尊严、骄傲或地位，可能导致高度冲突和暴力。

白痴-驾驶员反射模式（Idiot-driver reflex）：人们倾向于将他人的行为归因于内在的性格缺陷，而将自己的行为归因于所处的外部环境，这也被称为基本归因误差。

沟通错觉（Illusion of communication）：这是一种非常普遍的错误观点，认为自己已经传达了一些东西，但实际上并没有。

拉布雷亚沥青坑（La Brea Tar Pits）：位于洛杉矶，自上一个冰河时代以来，这里不断有天然沥青从地下冒出。在本书中，它是高度冲突的隐喻。

理解环路（Looping for understanding）：一种积极的倾听技巧。倾听者回想说话者所说的话，并总结理解得是否准确。这个概念由加里·弗里德曼和杰克·希梅尔斯坦提出，并在他们合著的《挑战冲突》一书中做过详细介绍。

神奇比例（Magic ratio）：当人与人每天积极互动的次数明显超过消极互动时，有助于保持良性冲突的状态。根据心理学家茱莉·戈特曼和约翰·戈特曼的研究，保持良好婚姻的神奇比例是5∶1。

高度冲突悖论一（Paradox No. 1 of High Conflict）：高度冲突推动我们，同时也困扰我们。我们希望它结束，也希望它继续下去。

高度冲突悖论二（Paradox No. 2 of High Conflict）：群体要求履行义务，包括伤害他人的义务和营造和平的义务。

高度冲突悖论三（Paradox No. 3 of High Conflict）：没有人会像你希望的那样做出改变，除非他们相信你已经理解并接受了他们现在的样子。（有时甚至这种情况也不存在。）

二元对立（Power of the binary）：将现实情况或选择简单划分为两种是很危险的，例如黑与白、善与恶、民主党与共和党。

转折点（Saturation point）：当冲突中损失大于收益时，通常会迎来转变。

识别法（Telling）：北爱尔兰文化中的一个术语。在既定冲突中，使用简单的标准（比如着装或发色）快速识别某人属于哪一个群体。

根源（Understory）：冲突的本质隐藏于表象背后，参见“慢炖锅”。

关键人物

英国　牛津

马克·莱纳斯（Mark Lynas）：环保主义者、作家，他曾经是反对转基因作物的激进分子。

美国　加利福尼亚州　缪尔海滩小镇

加里·弗里德曼（Gary Friedman）：冲突调解专家、作家，他曾经是出庭律师，后来在缪尔海滩小镇竞选当地社区服务委员会的职位。

塔尼娅（Tanya）：劳工组织者、作家，她是加里的邻居，在加里竞选时担任他的政治顾问。

休（Hugh）：地区经理，他是加里的邻居，缪尔海滩小镇社区服务委员会的成员，在竞选冲突中被加里称为“守旧派”。

伊丽莎白（Elizabeth）：设计师，她也是加里的邻居，缪尔海滩小镇社区服务委员会的成员，被加里称为“创新派”。

美国　伊利诺伊州　芝加哥

柯蒂斯·托勒（Curtis Toler）：暴力中断者、演员，曾经是芝加哥黑帮“石头帮”的头目。

本杰·威尔逊（Benji Wilson）：20 世纪 80 年代芝加哥一所高中的明星篮球运动员。

比利·摩尔（Billy Moore）：暴力中断者，他出版过一本自传，曾经是芝加哥黑帮“门徒”的成员，这个帮派是“石头帮”的宿敌。

美国　哥伦比亚　波哥大市和麦德林市

桑德拉·米莱娜·薇拉·布斯托斯（Sandra Milena Vera Bustos）：社会正义论的追随者，她曾经是一名游击队员，后来自愿退出哥伦比亚内战。

迭戈（Diego）：一名警察，他是桑德拉的老友，在桑德拉自首那天陪着她。

胡安·巴勃罗（Juan Pablo）：一名博士，他来自哥伦比亚，研究足球比赛的宣传广告如何推动哥伦比亚人走出高度冲突。

美国　纽约

何塞·罗兰多·马特隆（José Rolando Matalon）：纽约曼哈顿犹太教堂“B’nai Jeshurun”的大拉比，他被大家称为“罗利”。

迦勒·福利特（Caleb Follett）：一名狱警、保守派基督徒，他住在美国密歇根州中部。

玛莎·阿克尔斯伯格（Martha Ackelsberg）：一位住在纽约的自由派犹太学者。

前　言

马克·莱纳斯是一个温和的人，平常很少与人发生激烈争执。他喜欢阅读历史类书籍，玩极限飞盘，运营着一家小型的慈善网站。作为一名科学家的儿子，马克热衷于环境保护。相比于奔走呼号的环保主义者，他更倾向于把自己的观点写下来。[1]

然而，1999 年的一个夜晚，马克一袭黑衣，手持砍刀，闯入了位于英格兰东部自己家附近的一个农场。他用力挥舞着砍刀，砍断一根又一根粗壮的玉米秆，仿佛在行侠仗义。

他利索地忙碌着，在挥舞着砍刀的同时还要多加小心，以免误伤激进的同伴。空气中弥漫着湿润的泥土和刚裂开的玉米秆的味道。中途他还时不时地停下来扶一下鼻梁上的眼镜。

这种事件的发生是有缘由的。几年前，马克在英格兰的一个海滨小镇参加了一次聚会，那里聚集了像他一样年轻的环保主义者。正是在那里，他知道了“基因工程”。一家名为孟山都的大型化学工业公司为了更好地培育作物，开始改变种子的基因。在马克听起来，这令人感到毛骨悚然。它为什么要这么做?

当然是为了赚钱。这种经过生物工程改造的新作物拥有一种“超能力”，即使使用了孟山都自产的剧毒除草剂农达，它们仍能存活下来。

马克向前倾了倾身体。他没听错吧？孟山都正是那家协助生产橙剂的公司。橙剂是一种有毒的除草剂，曾被美军用在越南战场上。现在，这家公司显然是在“创造”一个全新的生态系统，在这个系统中，只有自家生产的“科幻种子”，才能经受住即将到来的毒药风暴。

听到这儿，马克似乎明白了什么。当时关于牛海绵状脑病（俗称“疯牛病”）的争论正席卷英国。数千头奶牛感染了致命的神经系统疾病。英国官员一直坚称没有证据表明食用污染牛肉会给人体带来伤害。他们宣称一切正常，生活继续！然而，后来事实证明他们大错特错，人类变体病毒的出现似乎与牛肉制品有关。英国政府终于承认了错误。这次事件最终导致 200 多人丧生。

这证明了政府是不值得被信任的，尤其是在保护公众免受大公司侵害的时候。而现在一切仿佛是昨日重现，一家大型跨国公司插手食品供应，将自然玩弄于股掌之上。

越是深入了解，马克就越愤怒。他必须采取行动。于是他写了一篇长文，较早地向世人警示转基因作物的危害。他在《企业观察》杂志中写道：“在食品和化工领域跨国公司为追求更大利润而开展的全球基因实验中，我们——消费者——就是小白鼠。”[2] 他警告道，如果跨国公司“成功迫使人们接受基因工程产品，那么地球上的生命轨迹可能会发生永久性改变”。

这种威胁确实存在，且迫在眉睫。“前路危险。”这篇文章令人信服，也激起了舆论。马克开始不停地写。随后他参加了“净化”活动，就像那晚在农场的活动一样。

很久以后，马克也会反思自己是从什么时候开始瞄错靶心的。他知道自己的出发点是好的。他有充分的理由怀疑孟山都，但在后来的过程中，他开始变得偏激。现在回想起来，马克觉得震惊，但那都是后来的事了。

在农场的那天晚上，警察突然出现在开阔的田野间。马克倒在地上，心脏在胸膛中怦怦直跳。他以前从未经历过这种事。手电筒发出的光在田野上划出一道弧线。他听到警用对讲机断断续续传出的声音，随着他们逐渐靠近，还能听到狗的喘息和呜咽声。躺在地上，他想起了以前听说过的关于警犬的故事，它们被训练得只要咬住人就不松口。他希望这都不是真的。

这时他才意识到这一切经历多么奇怪。“我一直遵纪守法。你看，我戴着眼镜，一点儿也不想被警棍打脸。我根本不喜欢对抗。”[3] 然而就在此时此地，他正被警犬追着咬，眼镜也被压进翻起来的泥土中。

高度冲突

这是一本介绍一种神奇力量的书。这种力量煽动人们在文化争端、政治争斗或帮派仇杀中失去理智。这种力量使人们夜不能寐，深陷于与同事、兄弟姐妹或素未谋面的人之间的冲突。

高度冲突不同于良性冲突这种有益的摩擦。[4] 良性冲突是好的冲突，它是推动我们变得更好的力量。好的冲突并不等于宽恕，它和妥协没有任何关系。它同样紧张而激烈，但在好的冲突中，我们可以保持自己的尊严。好的冲突不会带来刻板的印象。我们始终相信没有人能够知晓一切问题的答案。人与人彼此相连。我们需要好的冲突来保护自己、促进了解和自我改善。当下，我们需要更多的良性冲突。

相比之下，当冲突变成一种善与恶的争斗时，就会形成高度冲突。这种争斗包括“我们”和“他们”两个对立面。

在高度冲突中，以往的对战规则已经不再适用。双方每次相遇，不论是在现实场景还是虚拟场景中，都会使情况变得剑拔弩张。人与人的认知是不一样的。我们越是肯定自己的优越性，就越不容易弄清楚对方在想什么。当双方在现实中或新闻节目上互相针对时，当我们听到对方口中狂热、误导或危险的言论时，我们或许会感到胸口紧绷，恐惧与愤怒一同涌上心头。

耐人寻味的是，尽管双方并未交换意见，彼此却经常感受到相同的情绪。无论我们如何努力来结束冲突——在社交媒体上叫板某人或者向人力资源部门抱怨某位讨厌的同事——都只会让事情变得更糟。

有些人比其他人更容易受到高度冲突的影响。他们就是治疗师口中的“高度冲突型人格”[5]。这些人总是急于指责他人，坚信自己是对的，对外时刻保持警惕。我们身边几乎都存在这样的人。对他们来说，事情非黑即白，他们总是正确的一方。不过生活中绝大部分人并非如此，他们尽可能地避免高度冲突。然而正如我们将看到的，这种回避也会带来问题。

最终，高度冲突会以这样或那样的方式影响我们所有人。要么使自己陷入其中，要么眼睁睁看着我们关心的人或群体，乃至数代人受其所困。

在对不同地区进行的研究中，身陷高度冲突的人通常把冲突困境解释为对方先发起攻击，而自己只是做出正当回应。不管事实如何，双方都确信自己的反应是防御性的。他们就像世仇一样，细数对方的罪责，怒火一点即燃。

这是如何发生的呢？理论上讲，大多数人都能意识到妖魔化手足或近邻的危险。很少有人真正愿意永远生活在与他人的紧张关系中。那么，我们为什么还要激化冲突呢？为什么不能回到好的冲突中呢（即使我们很想）？

这是本书的第一个谜团。故事从北加州海岸的一个度假胜地开始。在那里我们将认识加里·弗里德曼，一位享誉世界的冲突调解专家。他决意从政，希望改善所在地区的政治环境。

我们先着眼于细微之处，观察冲突从何处开始悄然升级，从不同的层面剖析问题。“我们和他们”的冲突远没有看起来那么简单。它有根源，而这才是最耐人寻味的部分。所以说，“玉米地看起来不只是那片玉米地”，事件的背后另有其他原因。

之后我们来分析冲突是如何爆发的。为什么有些冲突一触即发、迅速升级并持续影响数代人，而有些冲突在酝酿阶段就完全消失了？我们将认识柯蒂斯·托勒，他曾经是一个黑帮头目，与芝加哥的另一个帮派积怨多年。我们将通过他的故事了解是哪四种引燃器引爆了冲突。

我们的目的是更好地理解高度冲突，这样当它出现时，我们就能识别出来。若是愿意，还能帮助自己或他人摆脱冲突。这就引出了最有趣的谜团。

人们确实能避免高度冲突。个人甚至整个群体能够找到中断冲突的方法，这不是轻易就能达成的，有一点很重要：他们不用放弃自己的信念，也不用违背内心从一个极端走向另一个极端。

相反，他们会做一些更有意义的事：他们开始理解那些自己并不认同的观念，就像第二语言学习者一样，在不放弃母语的情况下学会倾听对方的语言。这改变了一切，好奇心、人性、理智开始回归。冲突变得必要且有益，而不仅仅是消耗。

从高度冲突向良性冲突的转变是如何发生的？模式是什么？先发生什么？再发生什么？最后又发生什么？过程将会推进下去吗？

城镇或者国家如何能够阻止甚至粉碎大规模的高度冲突？为了找到答案，我们将认识来自哥伦比亚首都波哥大市的桑德拉·米莱娜·薇拉·布斯托斯，她曾是一名游击队员。她用一种正式、合法、可行的方式成功摆脱内战。她知道如何帮助成千上万的人完成这段旅程。

最后，我们将探讨如何从源头预防高度冲突。我们将回到美国纽约中央公园附近一座与众不同的犹太教堂里，让信徒们尝试按照不同的方式处理冲突，信徒们会保留好奇心、坚定自己的信念，哪怕过程令他们感到不适也未曾放弃。我们还将跟随这群犹太人从教堂前往密歇根州的乡村，在特朗普的保守派支持者的家中度过三天，他们是当地乡村的狱警。我们将看到这样一种场景：两个群体抑制了种族对抗的冲动，他们试图维持良性冲突，而不是激化它。

高度冲突令人迷惑且充满误导性。如果我们不能学会识别它、掌控它、阻止它，迟早有一天会陷入冲突陷阱。未来，我们会被高度冲突迷惑双眼，甚至无法意识到自己已偏离正轨、制造矛盾，直至丢掉最珍贵的东西。

“看不见的手”

我的成长环境中充斥着诸多冲突，这些冲突并不极端。我享有充足的食物、爱和重新选择的机会，但是我的妈妈却饱受抑郁和焦虑的折磨。每次感受到威胁时，她就容易变得愤怒且抱怨重重。

因此，很多时候我都是坐在新泽西家中的楼梯上，一边用手指在 20 世纪 80 年代的苔绿色地毯上比画，一边听着父母吵架。我竖起耳朵听吵架的内容，但其实主要是在分辨语气。对于每次争吵，我的父亲难辞其咎，但我通常只能听到母亲的声音从楼上传来。随着音调越来越高，我的内心充满了恐惧。

每次遇到这种情况，我的弟弟就会关上卧室房门，开始玩他的星球大战玩具。这种做法很明智，相比之下我却只想听父母吵架。

出于某种原因，我觉得我正在监视事情的发生，或者说正在监视冲突。也许这样做能帮我预测接下来会发生什么，甚至可以阻止某些事情的发生。

长大后，我找到一份与观察冲突有关的工作。作为《时代》杂志的记者，我报道过犯罪、灾难、恐怖袭击等各种人间苦难，后来转行去报道教育新闻。虽然人们通常对美国的教育充满溢美之词，但其实这里的教育具有高度冲突性。（在我收到的所有恶意邮件中，唯一一个对我爆粗口的是一位老师，他回击了我写的一篇关于教育变革的文章。）

记者这个角色带来一种奇特的安抚力量。潜意识里我还是那个孩子，相信通过监视冲突可以保护自己和其他人，我绝不容许冲突逃离我的视线。

2016 年美国总统选举后，我不得不承认这个总体计划失败了。我无法预测冲突，甚至无法理解冲突，即便在我自己的国家也做不到。为什么这么多人对世界的认识会如此不同，且如此坚定自己的信念？超过半数的人认为反对党成员不仅孤陋寡闻，而且令人害怕。[6] 即使美国人在许多政策问题上能达成一致，但却因为政见不同开始区别对待同类。据估计，3 800 万美国人因为这次选举，最终与家人或朋友疏离。[7]

看起来好奇心已然泯灭。在这样一个时代讲故事还有什么意义呢？煞费苦心地报道和核实每一个细节，结果却只是服务于一群畏畏缩缩的人吗？三分之二的美国人表示，他们不太相信新闻媒体能全面、准确、公正地报道新闻。[8] 许多人刻意回避新闻，因为报道太过负面。其他人则沉迷于此，因为新闻能激起愤怒。

有一段时间，我将此总结为美国社会特有的病态。也许这个国家的种族主义历史与极端的经济不平等造成了一场典型的政治两极分化风暴，这是一部分原因，但这些问题并不仅仅出现在美国。

在其他国家，人们会因为难民、英国脱欧或能源价格问题上的分歧而从家庭聚餐上愤然离席。在阿根廷，90% 的人认为他们的国家面临分裂，甚至已经非常严重。[9] 在挪威和丹麦，人们在如何对待野狼的问题上存在巨大分歧。在新西兰，引起分歧的问题变成了猫（没错，就是猫！）。在欧洲，有一半的人表示他们的社会不像 10 年前那么宽容。[10] “我们正在经历一种永久性的愤怒，一种社会层面的愤怒，”德国总统弗兰克-瓦尔特·施泰因迈尔说道，“德国人不会正常说话，德国人只会大喊大叫。”[11]

当然优兔、脸书和推特都起到了推波助澜的作用，它们助长了无休止的冲突循环。媒体追求轰动效应，将愤怒转化为利润。注意力经济放任人性中恶的本能，从中获取丰厚的回报。在电视和网络上，一群愤怒的人迎面而来，怂恿、煽动人们的情绪。

所有这些都是重要的因素，但仅有这些解释还是不够充分。很多人并未在社交媒体上花太多时间，他们也与别人激烈争吵。当然还有其他的可能，比如一些尚未可知的原因。

因此我试着去寻找遗漏了什么。从卢旺达、哥伦比亚到以色列，我与不同地方发生不同类型激烈冲突的人待在一起。我完成了 80 个小时的冲突调解培训，主要关注人际冲突，如离婚案件、职场纷争、抚养权争夺等。我开始看到人们在截然不同的冲突中相似的行为。

五年后，我得出了结论。许多因素促成了当前的局面，其中很多是大家耳熟能详的。自动化、全球化、市场监管不力以及快速的社会变革引发了一轮又一轮的焦虑和猜疑。这种担忧让政客、行业专家和党派很容易利用实际存在的社会分歧，包括各类偏见。

但是还有另一种看不见的力量，就像地球引力一样对其他事物产生吸引。当超过临界点时，冲突自身就会失控。爆发争端的初始原因和诱发因素逐渐被人们淡忘，对抗的动态模式占据上风。医疗政策或移民问题背后真正的意见分歧已不再重要，冲突变成了现实。高度冲突就是我们这个时代“看不见的手”。

逃避冲突

20 世纪 30 年代，亚拉巴马州蒙哥马利城建造了一个名为橡树公园的公共娱乐场所。公园建有一个安装了现代化过滤系统的大型游泳池和一个供低龄儿童玩耍的小型浅水池。公园里有 6 个红土网球场和旋转木马，还有一个动物园，里面有熊、短吻鳄和猴子。这里可以说是城市中的童话世界。

但在蒙哥马利甚至整个美国，一直以来都存在“我们和他们”的对抗，这种高度冲突可以追溯到几百年前，橡树公园仅允许白人进入。

1957 年秋，一个名叫马克 · 吉尔摩的年轻黑人男子下班后抄近路穿过橡树公园回家，他因违反种族隔离政策被逮捕。当他在法庭上质疑这一政策时，一位联邦法官裁定该市的白人专用政策违宪。所有市民都为修建公园支付了费用，包括黑人纳税人，所以公园必须对所有人开放。

这是平等和正义的巨大胜利，至少看起来是这样。但是接下来发生了什么？该市非但没有进行调整，反而关闭了所有公园。如果没有黑人，白人就无法游泳，那人们干脆就不游了。橡树公园的游泳池被排干和填平，熊、短吻鳄和猴子被赠送或出售，游泳池再也没有重新开放过。所有人都输了，不管是黑人还是白人。[12]

这是一种典型的高度冲突。每一次尝试改善似乎都使事情变得更糟，损失在不断增加。

好的冲突至关重要。没有它，生活会变得更糟。它就像火，为人们提供生存的热量，照亮人们所犯的错误，保护自己免受捕食者的侵害。人们需要吵得人仰马翻的市政会议、紧张的约会晚餐、抗议和罢工，以及委员会和咨询工作室的激烈争吵。任何心理学家都会告诉你，那些试图在生活中避免一切冲突、从不争吵或抱怨的人迟早会崩溃。没有冲突的生活就像生活中没有爱，变得冰冷直至无法忍受。但如果冲突升级为高度冲突，它可能会走向毁灭，这一点区别很重要。

我一生都在观察冲突，但像大多数记者一样，我忽略了冲突的根源，这也是最耐人寻味的部分，它能够揭露事情的真相。我开始意识到政治两极分化并不是一个特殊的问题。在各种高度冲突中，从邻里纠纷到离婚诉讼再到罢工，人们的行为都非常相似。

高度冲突具有迷惑性。在理解这一点之前，人与人之间的分歧会变得更大且不可避免。恶劣的争执会误导并驱使人们做出违背自己最大利益的行为。人们在某种程度上感受到了这一点，一旦人们陷入这样的冲突，视野就会变得狭隘。事情被简单化，甚至过于简单。我们自认为是在根据自己的意志行事——基于确凿的事实和根深蒂固的价值观做出判断。但真的是这样吗？

自我怀疑

故事回到英格兰，在那个漆黑的夜晚，警犬没有发现躺在田野里的马克。他及时逃脱了，用尽全力翻过一道带刺的铁丝防护网，跑到附近的灌木丛里躲到天亮。

后来，马克继续以各种令人意想不到的方式反对转基因作物。2001 年，马克走进牛津的一家边界书店，把他从超市买的一块海绵蛋糕扔向与他意见相左的丹麦统计学教授的脸上。[13] 教授正在宣传他的书，书中详细说明为什么自己放弃了一些极端的环保主义观点。

“这是送给你那些环境相关的言论的，简直是胡说八道！”马克喊道，音调高得反常。

当时的场面非常尴尬。出乎意料的是，统计学教授默默地擦去一脸的奶油，等待宣讲会开始的听众们则一脸迷惑地盯着马克。

马克在签售桌旁绕来绕去，奇怪为什么没有保安把他拖走。他本来没打算发表演讲，现在只能硬着头皮临场发挥了。

“你在气候变化问题上撒了谎，”马克说，“这就是你沾沾自喜的下场。”

几分钟后，马克终于被请了出去，这让他松了一口气。他感到非常尴尬。他不喜欢当面对质，但他仍然相信自己在为“气候正义”而战。

这种方式的确奏效！随着时间的流逝，马克的同伴们取得了一系列惊人的胜利。欧洲、亚洲、非洲和澳大利亚的政府在他这样的环保主义者的劝说下，禁止了大多数转基因作物。这是他一生中经历过的最具影响力的抗议活动之一。

然而，有时候马克也会自我怀疑。有一次，他在伦敦参与组织的抗议活动升级为暴乱，窗户被砸碎，9 名警察受伤。之后，当他的同伴们在酒吧庆祝时，他感到内心不安。

马克突然感到一阵眩晕。他参与这场“战斗”是为了保护环境，帮助最脆弱的普通人。他勇敢地面对大公司，公正地要求追究它们的责任。然而，很多意想不到的事情也在同时发生。

2002 年，一场严重的干旱和饥荒席卷了整个非洲，数百万人挨饿。但赞比亚政府却拒绝进口任何转基因玉米，理由是这种粮食存在风险。[14] 事实上，赞比亚人多年来一直食用这种玉米，美国人更是如此。但是现在，在最需要它的时候，玉米却被认定是不健康的。在高度冲突中，马克和他的同伴们推动很多人反对转基因作物，而这只是基于很少的科学依据，可是现在人们却在面临饥荒的威胁。

时任赞比亚总统利维·姆瓦纳瓦萨说：“不能仅仅因为我的人

民在挨饿，我就给他们毒药，给他们本质上会危害他们健康的食物。”联合国世界粮食计划署开始运回援助的粮食，这造成一场灾难。赞比亚领导人对外国援助的不信任有着长期且复杂的根源，但是像马克这样的激进分子领导的活动却使糟糕的处境变得更糟。

多年来，马克一直在逃避内心的疑问。人天生擅长逃避。当新的科学研究表明转基因作物也有可能是安全的，甚至可以拯救生命时，人们总是有理由对此不屑一顾，这不是什么难事。

直到人们发现并非如此。

现实世界的冲突

我们得承认高度冲突是有用的。它赋予生命意义，这是好的方面。但如今，高度冲突已经达到临界点。一次又一次，人类文明所面临的问题似乎因为高度冲突变得更糟而不是更好。

我们这个时代的挑战是动员大部分人在不丧失人性的前提下进行变革。这不仅是出于道德方面的考虑，更是因为只有这样做才奏效。持久的变化以及深入人心的变革，只有在压力和良性冲突共同作用的前提下才能实现。二者都很重要，这就是为什么在历史长河中非暴力运动的成功概率是暴力运动的两倍还多。[15]

高度冲突并不总是暴力的，但是它极其容易爆发。它很容易演变成暴力，从而导致反对派以更多的暴力作为回应，造成伤害不断升级。最能改善局面的人逃离了现场，接下来将由极端分子掌控局面。

任何培养“我们对抗他们”思维的现代运动，无论是否使用暴力，都可以说是从内部进行自我摧毁。高度冲突无法包容差异性。显然，将世界分为善与恶是狭隘且有局限性的，它阻断了人们携手解决棘手问题的可能性。

新冠肺炎疫情把这一教训深刻地诠释了出来。2019 年 12 月 31 日，中国向世界卫生组织报告了湖北省武汉市不明原因肺炎病例。两周后，一名华盛顿州公民从武汉返回美国，抵达机场时没有出现任何症状。四天后，他寻求治疗，被确诊为新冠病毒感染者。

2020 年 3 月 1 日，纽约发布首例确诊病例。但此时，病毒已经在这座城市悄然传播了数周甚至数月，主要是通过来自欧洲而不是中国的旅行者。在第一例病毒检测阳性结果出来之前，估计已经有 11 000 名纽约人感染了这种病毒。[16]

到 4 月底，全球经济陷入停滞，超过 2 600 万美国人申请了失业救济。当时，全世界有 300 多万人确诊。

一夜之间，人类受到共同的敌人——一种传染性很强的新型病毒的威胁。这提供了一个从未有过的机会，人们可以不分党派、种族或国籍，携手共同应对。[17]

在世界各地，尤其是在两极分化的国家，大多数人确实是这样做的。2021 年 3 月下旬，90% 的美国人相信“我们可以共同面对这一切”，占比高于 2018 年秋季的 63%。美国参议院以 96 票赞成、0 票反对的表决结果通过了一项大规模的联邦经济刺激法案。而在一个月前，达成这样的共识是难以想象的。

人们天生就会把世界分成“我们”和“他们”，也天生就会在某些条件下扩大“我们”的定义。像流行病这样的巨大冲击，可以在一夜之间把“我们”扩大至整个人类。

但是人们很难抗拒高度冲突，对于那些已经在持续的高度冲突中获得巨大能量和利益的人来说尤其如此。在以印度教教徒为主的印度，新闻媒体开始指责穆斯林传播新冠病毒，因为早期疫情的暴发可以追溯到伊斯兰教传教团的一次集会。“新冠圣战”[18]这个词开始在推特上传播起来。

特朗普把疫情归罪于中国，他指责中国在疫情暴发之初隐瞒了相关信息。随后，他将矛头指向世界卫生组织，宣布美国将撤回资金并切断与该组织的联系，原因是该组织对疫情的应对迟缓。[19]

但大流行是全球性紧急事件。疫情防控需要协作，责备只会适得其反。在毒燎虐焰中切断对全球唯一的“流感消防队”的资金资助，只会让情况变得更糟。突然之间，世界卫生组织和白宫的重要官员开始关心政治，而不是公共卫生。

疫情防控期间，成千上万的美国学校出于政治而非科学防疫的原因让学校复课或关停。[20]儿童和家庭遭受不必要的痛苦，那些本来不必失去生命的人就此逝去。高度冲突很难被打破。但在现代社会，“我们”和“他们”之间几乎没有明确的界限，这种冲突陷阱会带来自我毁灭。今天，疫情可以在不到一天半的时间，从一个偏远的村庄传播到世界上任何一个主要城市。[21]1980年至2013年，有记录的传染病暴发次数为12 012次，影响到4 400万人和几乎每个国家，这些都发生在新冠病毒大流行之前。[22]世界一半以上的人生活在人口密集的城市，这使病毒很容易传播。即使我们设法保护自己的身体健康，全球经济也会像网络一样维系着我们，交织着我们的未来。

“群体间的对立和仇恨并非什么新鲜事。”心理学家戈登·奥尔波特（Gordon Allport）在他的经典著作《偏见的本质》（1954 年出版）前言中写道：“新鲜的是，科技拉近了群体之间的距离，使它们的关系无法维持原本舒适的状态……我们还未学会如何调整自身的心智和道德以适应这种关系。”[23]

人类彼此相连。这是我们必须适应的，也是这个时代的主要挑战。我们要为良性冲突而不是高度冲突建立体制和社会制度，要解决问题而不是区别对待同类。我们知道这样做的可行性，因为世界各地的人们已经或多或少在努力了，我们拭目以待。

2020 年 5 月 25 日，一名 46 岁的黑人男子乔治·弗洛伊德被明尼阿波利斯市的一名白人警察杀害，尽管弗洛伊德反复哀求他已经无法呼吸，白人警察仍跪压在弗洛伊德的身上长达 9 分钟。[24]这起白人警察杀害黑人案的大部分过程被拍摄下来，从明尼阿波利斯传到世界各地并激起了强烈抗议。此次抗议规模之大，为关于种族、正义和重大政策变革的严肃对话创造了历史契机。在许多地方，冲突虽然激烈，但也是良性的。

但并非每个地方都是如此。在一些地方，人们也会对警察和他人实施暴力行为。在某些城市，警察对和平示威者使用催泪瓦斯和武器，某些政客妖魔化抗议者，一些活动家诋毁警察肆意妄为、有失公正。至少有十几个美国人在骚乱中丧生，其中大多数人死于枪击。[25]暴力导致人们用更多的暴力来回应，这在高度冲突中经常发生。

再举一个例子，即2020年的美国总统选举。2021年1月6日，一群特朗普的支持者冲进国会大厦。很难预测这个饱受疫情摧残的国家能否在新的总统班底的领导下团结起来。如果高度冲突延续下去，每一次的极端暴力行为都将引发下一轮更激烈的冲突。

重新理解冲突

2008年的一个夏日，《卫报》请马克·莱纳斯写一篇关于转基因作物的快讯，他之前已经多次撰写过此类文章。不到一个小时，他就完成了这篇文章，警告说转基因抗除草剂作物（“超级杂草”）、细菌或病毒可能会“猖獗蔓延”[26]，污染其他领域，这是他之前提出过的观点。

文章发表后，奇怪的事情发生了。他翻了翻评论，感到忐忑不安。有人吐槽说马克根本没有“科学常识”，这种批评带给他前所未有的刺痛感。

马克决定为自己辩护，他开始四处寻找证据来支持他的结论。他一页又一页地翻看期刊和书籍，看得越多，心跳越快。他找不到任何可用的信息。迄今为止，科学证据并不能支持他的担忧和长期以来的主张。相反，他看到一个不同的观点。在某些情况下，转基因作物有利于降低对环境的伤害。它们不需要太多的杀虫剂，因为它们可以抵御害虫。在种植转基因作物的国家，杀虫剂的使用量下降约 30%，这个比例是非常大的。

凡事不能一概而论，孟山都和其他公司的确有过错，在推广转基因作物的过程中，它们原本可以做得更好，非但不用破坏地球，反而可以带来助益。马克现在觉得，多年来他怀揣美好的愿景，却有可能阻止了非洲和欧洲取得进步。

马克靠在座位上，突然感到心头发紧。这种感觉不仅来自认知的颠覆，更像是俯身于深渊之上。“我的世界观出现了裂痕，我不知道换个角度会看到什么。”

曾有许多人指责马克无视科学。多年来，他一直驳斥科学家的观点。这一次并没有新的事实，但是为什么情况与往日不同呢？

不出所料，一连串的经历改变了马克的执念，也开阔了他的思路。他无法再坚持过去的观点。五年后，在英格兰召开的一场集会上，马克站在成千上万的听众面前发表了一场令人铭记于心的演讲。“各位勋爵，女士们，先生们，首先我要向你们道歉，”他说，“我在此郑重声明，真诚地为多年来一直反对转基因作物而道歉。”[27]

马克知道自己会紧张，他事先把演讲的每一个字都写下来了。每隔十秒，他就抬起头来，透过眼镜与观众眼神交流。

“我同样感到抱歉的是，”他接着说，“我协助妖魔化了一项重要的技术，它本可以并且应该被用来造福地球。”

这并不意味着背叛。马克依然致力于应对气候变化和抵制大公司的剥削。“这并不是说我不再相信气候变化，”他告诉我，“而是我开始意识到，我们采取的方式成效甚微。”在演讲结束后，他写了三本关于气候变化的书。但是从那天起，他变得更加深思熟虑且精确严谨。他继续公开批评企业和政客，只是少了以往的轻蔑。当他从高度冲突中解脱出来后，他变得更加高效。他不再浪费大量时间与那些和他有着相同目标的人为敌。

像马克这样的人，我在这本书中还会提到。他们能够识别高度冲突的迷惑性，了解冲突的代价，并知晓如何挣脱束缚。

要想适应现代社会并稳步提升，我们需要了解冲突的机制。面对高度冲突，我们需要深入一步，才能看到它呈现的事实的轮廓。这样我们就能认识到它是如何扭曲我们的视角，想象出另一种生活的。

寄希望于对手终能醒悟是徒劳的，这只会让你更加心灰意冷。计较对方的过错容易让人成瘾，沉迷于下一届选举只是一种拖延战术。呼吁人们放下憎恨、施以仁爱是行不通的。被卷入高度冲突的人即便内心充满仇恨，他们也不会承认，他们坚信自己站在正义的一方。

憎恨是一种难以被忽视的情感，但它只是外在表现，冲突才是内在原因。高度冲突是一个系统，而不是一种感觉。

第一部分

走进冲突

第一章　冲突的根源

当杰伊和洛娜要求与加里·弗里德曼见面时，他们俩并没有说明原因。杰伊和洛娜都是加里的老朋友，所以加里邀请他们到他的律师事务所来。事务所位于北加州一个绿树成荫的街区，他们在约定的时间到达并说明了来意：他们想离婚。他们向加里寻求帮助，希望加里能同时帮助他们两个人。[1]

加里有些错愕，并不是因为他们决定离婚。加里知道他们的关系一直很紧张：杰伊一直都有外遇，他和洛娜有三个年幼的孩子，收入并不稳定。这些情况加里都知道，让他惊讶的是，他们想请他作为辩护律师——他们两个人的律师。

“我只能代表你们中的一个。”他轻声说道，眼睛在两人之间来回打量。

听到这话，洛娜的脸色一沉。加里试着解释：“代表你们双方会导致利益冲突。”他和双方都是非常亲密的朋友，但不知为何，他觉得此时此刻很难以这种方式告诉他们。

“我支持你们和平离婚，但是为了充分保障各自的利益，你们还是需要各自找位代理律师。”他说得越多，就越觉得自己讨厌。

“即使代表你们中的一个，对我来说也很为难，因为你们两个都是我的朋友。”

洛娜打断了他：“我们不是想要你偏袒任何一方，我们只是想让你帮我们做决定。你为什么就不能帮我们呢？你不用站在任何一边。”

事实上，加里从来没有想过他可以同时为双方当事人提供帮助。这种事是可行的，但是在 20 世纪 70 年代末，业内可从来没有这样操作过。

“法律比你们想象的要复杂得多。”加里说。他知道自己说得没错，但同时另一件事也在困扰着他。多年来，加里一直在抨击“法律”。他会对所有愿意倾听的人（包括面前的朋友）说，他认为这个职业的对抗性太强。他想找到一种新的实践方式，一种能更好地服务客户的方式。那么现在他为什么要背出职业规范中的陈词滥调，就好像自己深信不疑一样？

加里坐在那里，跟杰伊和洛娜一样沮丧。他停下来不再追问，而是让自己好好想想他们到底需要什么。也许这正是他一直在寻找的机会，一种能打破常规的机会。

“你们知道吗？”加里说，“你们说得对。我想帮忙，虽然不知道该怎么做，但我很乐意去尝试。”

这听起来很疯狂。加里告诉他们，自己没有办理离婚案的经验，更不用说以这种开创性的方式来办。但即使是在提醒他们，加里仍然看到朋友们的情绪有了变化。这么长时间以来，他们第一次露出欣喜的表情。他也同样心怀希望。

四个月来，他们三个人在同一个屋檐下一起工作。本就尴尬的氛围，在杰伊和洛娜开始为谁得到房子或孩子们的抚养权而相互叫嚷时变得尤为紧张。杰伊想多陪陪孩子们，但洛娜不想让杰伊的女朋友接近他们。此类问题还有很多。

每到这时，他们就像是被卷入了旋涡中。杰伊和洛娜讨厌吵架，但他们无法停止。加里担心自己会辜负他们，他觉得自己像是走在一根没有安全绳的高空钢丝上。但奇怪的是，这也给加里带来了解脱的感觉。通常情况下，他的当事人都远离争吵现场，他只需要拿起法律的“盾牌”代表当事人去“战斗”。现在他和当事人“并肩作战”，同他们一起解决问题。这种感觉很好，因为他们比任何人都更了解自己的问题，这意味着他们应该比任何人都更了解如何更好地解决他们的问题。理论上是这样。

有一天，在争吵的间隙，加里提出一个建议。他让二人闭上眼睛，想象十年后的生活，到那时他们希望和孩子们以及彼此建立怎样的关系。加里提醒了时间跨度，他们会永远出现在对方的生命里。情况就是这样。如果他们的女儿结婚了，他们俩都会到场；如果他们的儿子有了孩子，他们就需要和对方相处。加里和他们穿越时空共同想象，过了一会儿，杰伊和洛娜安静了下来。他们意识到即使离婚后，他们仍然会纠缠在一起。到那时又该怎样呢？

杰伊和洛娜最终就房子、抚养权和其他纷争达成了一致。对加里来说，这就是证据，证明还可以用另一种方式——一种尊重人与人之间关系的方式——来解决冲突。他知道他还有很多东西要学。一切皆有可能！人们离婚并不意味着他们要彼此憎恨。签完文件后，杰伊和洛娜拥抱了加里，也拥抱了对方。

从那以后，加里再也没有做过双方代理。听说了杰伊和洛娜的离婚案以后，其他夫妻也来找他，想感受一下加里所谓的“调解”。资深律师建议他们的客户不要去找加里，但人们还是来了，有些人恰恰因为律师不让他们来才偏偏要来。加里在争取客户方面从未遇到过困难。

人们慕名而来，认为加里能够完成不可能的事——他能帮助人们在困顿窘迫中看到希望。就像人类喜欢战斗一样，人类也非常渴望和平。

高度冲突让人们感到痛苦。从各方面来看，这都是要付出代价的，比如金钱、鲜血、友谊。这是高度冲突的第一个悖论：人们被冲突迷惑，也被冲突困扰；人们想要终结冲突，但又在其中越陷越深。这就是加里的切入点。

当加里在 20 世纪 70 年代中期开始从事调解工作时，当地律师协会对他进行了调查。一个人在同一间屋子里同时给丈夫和妻子出主意，这是违反职业道德的，至少当时人们是这么认为的。但这并没有产生不良的后果，最终，法律行业也改弦易辙，开始采纳加里的方法。到了 20 世纪 80 年代，美国律师协会聘请加里来教授其他律师这种处理冲突的新方法。

冲突陷阱

在洛杉矶的“奇迹一英里”区，有一个史前生物的死亡陷阱在暗中涌动，它就在威尔希尔大道附近，离一家 IHOP 餐厅只有一个街区。这个地方被称为拉布雷亚沥青坑[2]，它看起来没有那么危险，就像一个偶尔会冒泡的黑色湖泊。

但是科学家们在沥青坑的深处发现了 300 多万块骨头，其中包括保存完好、几乎完整的大型哺乳动物的骨架。他们发现了猛犸象、树懒和两千多头剑齿虎的骨架。这里发生了什么？地球上成千上万的强大的捕食者是如何掉入同一个陷阱的？为什么它们无法从这里逃脱？

拉布雷亚沥青坑是一个活沼泽，自上一个冰河期以来，天然沥青一直从坑底汩汩冒出。

研究人员认为，其中或许存在一个恶性循环：史前的某一天，一头像远古野牛一样的大型生物笨拙地踏进沥青坑。它很快就被困住了，四只脚陷进了沼泽，开始发出痛苦的叫声。只需要一些淤泥，就能让一头大型哺乳动物动弹不得。

野牛的叫声引起了食肉动物的注意，比如现在已经灭绝的恐狼（拉丁文“*Canis dirus*”，意为“可怕的狗”）。恐狼是群居动物，就像郊狼一样。或许当时有几匹恐狼一同奔到坑边，出于本能很自然地扑向被困的野牛。真倒霉！恐狼也被困住了。

恐狼们绝望地嚎叫着，吸引来更多的捕食者。最终，恐狼死于饥饿或其他原因，它们腐烂的尸体引来了食腐动物，这些动物也被困住了，“在劫难逃者”的数量呈几何级数增长。一具遗骸可以浮在湖面长达 5 个月，这会吸引很多不知情的“受害者”，直到最后沉入黑暗的水下墓穴。迄今为止，科学家们已经从沥青坑中挖出了 4 000 头恐狼的遗骸。

在调解工作中，加里将冲突称为“陷阱”。这是一个很形象的比喻，因为一旦冲突升级超过某一点，就会变成“拉布雷亚沥青坑”。它吸引着人们，唤起人们各种本能的需求和欲望。但一旦人们被困住，就无法逃离。人们越是挣扎，越是拼命呼救，情况就越糟糕。越来越多的人被拖入泥潭，甚至没有意识到给自己的生活带来了多么糟糕的后果。

这就是高度冲突和良性冲突的主要区别——既不是关于冲突的功能，也不仅仅表现为喊叫或情绪发泄，关键问题在于停滞。在健康的冲突中有动态变化，有提出来的问题，有对对方的好奇，当然也有争吵。健康的冲突总会引导人们找到出口，这比待在原地更有意义。但在高度冲突中，冲突就是目的地，没有其他出口可寻。

在日常生活中，人们往往会在意料之外做出许多错误判断。在高度冲突中，此类错误更多。例如，人在愤怒时是难以保持好奇心的。人们不再使用大脑去思考，驱动好奇心的大脑机制“罢工”了。

高度冲突会降低人生质量，以换取短暂的满足感。它的影响是物理层面的、可衡量的、具有惩罚性的。当夫妻吵架时，他们的肾上腺素会激增，政党候选人竞选失败后的情况也是如此。在高度冲突中，肾上腺素激增的情况会反复出现，损害免疫系统，降低记忆力和注意力，造成骨骼肌紧张，加速情况恶化。

那些没有卷入高度冲突的人被称为旁观者，他们对争斗感到苦恼，尽量置身事外。大多数人都是这样。无党派组织 More in Common 称，大约三分之二的美国人厌倦了政治两极分化，希望人们花更多时间倾听对方的意见。该组织将这一群体称为“精疲力竭的大多数”[3]。

然而谁又能责怪他们呢？大多数人避免各种冲突往往是有充分理由的。他们最终不再和不停抱怨前妻的朋友出去玩，或者不愿再看新闻，他们对外界一片冷漠。这种冷漠是可以理解的，但它解决不了高度冲突，反而给极端分子提供了可乘之机。

正如历史不断告诉我们的那样，高度冲突可能会在一夜之间演变为暴力。一场孤立的流血事件会导致集体的痛苦，最后以暴力压制暴力。在战争中，“我们对抗他们”的心态是一种必不可少的手段。如果你坚信他们是残忍的，那么杀戮、奴役或监禁他人就会变得顺理成章。

这是加里要对抗的原始力量，他试图创造一种新的方式来解决冲突。他有过成功的经验，比如调解洛娜和杰伊的离婚案。但这是一项困难而危险的工作，他得建造一艘不会陷入“沥青坑”的船才行。

在接下来的 40 年里，加里用这种方式调解了大约 2 000 起案件。随着时间的推移，他处理起来这类问题也越发熟练。他解决过公司纠纷、手足恩怨、邻里不和，以及其他许多不愉快的“沥青坑”救援行动。直到最近，加里自己也被困在“沥青坑”了。他的救援船暂时失控，显然他还没有意识到这一点。事情看起来不太乐观。

万幸的是，在大多数情况下，加里都能挣脱泥潭。他逐渐意识到在解决问题时，人类有两种内在的能力。一种是对抗的能力，追求私利的团体相互对抗，这在法庭上最常见，比如丈夫对抗妻子、原告对抗被告。

另一种能力在整个人类历史中显而易见，那就是合作的能力、拓展“我们”的定义的能力，以及跨越差异、化解冲突的能力。事实上，作为一个物种，人类的成功进化更多地依赖于第二种能力，而不是第一种。

在新冠肺炎疫情期间，数十亿人以惊人的合作精神和无私精神共同应对这一突发且迅速变化的威胁。世界各地的人们在本国政府发布居家令之前就开始待在家里。[4] 这种情况在贫穷国家和富裕国家都曾发生。英国国家医疗服务体系（NHS）召集 25 万名志愿者为隔离中的重症人群服务，报名人数高达 3 倍。[5]

当然也有例外。某些群体把别人当成替罪羊，武断地划分出“我们”和“他们”。但几个月来，绝大多数人发自内心地感受到一股相反方向的拉力，逐渐向共同体靠拢。现在想象一下，如果我们更多时候是在鼓励这种合作的本能，而不是选择对抗，会发生什么呢?

建立机制可以激发人性，鼓励团结或挑起对抗。但在现代，人们错误地选择了对抗主义。[6] 从政治到商业再到法律，一切都是赢家和输家之间的较量。[7]

然而，加里和其他的调解人证明了还有另一种方式存在。他们为解决争端建立了一种非对抗性的选择，而且它比传统做法更有效、更妥善。

就连美国最高法院也承认了对抗主义的局限性。首席大法官沃伦·厄尔·伯格在 1984 年的辩词中说："对许多诉讼请求来说，对抗式的审判迟早会走上古代的血战审判之路。对于一个真正文明的民族来说，这种制度代价太大、太痛苦、破坏性太强、效率太低。"[8]

当今的政治制度不也是这样吗？对于一个真正文明的民族来说，对抗主义代价太大、太痛苦、破坏性太强、效率太低。

2015 年，加里的一个邻居邀请他竞选所在小镇缪尔海滩社区服务委员会的委员，这一请求合情合理。社区服务委员会负责当地道路和供水管理，该组织的 5 名成员都是自愿的。委员会不是一个权限特别大的机构，选举也是无党派的。但不知何故，委员会会议变得越来越充满敌意，让人精疲力竭。人们指着名字对骂——就像电视新闻节目或者推特上一样。最近，他们就一个拟议的新公交车站的设计问题与美国国家公园管理局发生了"口水战"，这场恶战几乎使小镇四分五裂。"冲突调解大师"加里难道不应该出面缓和一下局面，为大家重建和平吗？

不要自找麻烦

"这个主意糟透了。"这话卡西迪说了很多遍。加里和他 35 岁的儿子徒步旅行，他们沿着家附近一条 10 公里长的环路散步，穿过古老的红杉林，翻过山坡，眼前是一片开阔的太平洋景色。

加里的妻子崔西非常希望他竞选委员。她不认为这是一个政治问题。在她看来，担任委员是他回报社区的一种理所应当的方式。加里已经 71 岁了，他本来也打算减少外出旅行，这样就可以有更多的时间和晚辈们待在一起。这或许是一个完美的时机。他的女儿也很激动。还有谁比她的父亲——美国的“冲突调解大师”——更能让社区团结起来呢？

卡西迪是家里唯一一个持有不同意见的人。他现在是纪录片制片人，多年前，他还只是一名小镇记者。他认为自己知道一些父亲并不了解的情况。“政治会很可怕，”他说，“人们彼此攻击。我亲身经历过这种情况。”

加里和卡西迪站在山坡上眺望大海。从这里，他们可以一眼望到旧金山湾和塔马尔派斯山顶。这条路见证了父子俩多次重要的谈话。几十年前，他们曾讨论过全家一起去法国待上一年。最近，他们聊到卡西迪自己成为父亲的感受。

卡西迪喜欢问加里尖锐的问题，加里对此非常欣赏。那天，他试图向儿子解释。他说：“调解工作让我有些沮丧，那就是我总是中立的立场，置身事外。”

加里知道政治潜在的危害性，但这就是重点——他想修复这一点，帮助人们深入冲突的根源找出重点。他目睹了政治两极分化正在分裂国家，他意识到了这种病态，他一生都在“医治”这种病态。政客们就像是不和睦的家庭成员，彼此怨恨、多疑。他们看不到自己是如何摧毁曾经视为珍宝的东西的。彼此中伤的习气已经蔓延到缪尔海滩小镇，这表明了事态的严重性。

加里已经找到改善传统的对抗性法律制度的全新可能。曾几何时，没有人认为调解是可行的。

“我研究了这么久的调解模式，运用到政治上会怎么样呢？”

他的儿子慌了神。在卡西迪听起来，这就好像他的父亲以为单凭一己之力就能解决政治问题。加里还不如说他可以当着他们的面，从悬崖上来个燕式跳水。加里可能会毁掉自己的名誉和内心的平静——他为了什么呢？难道就为了一个公交车站的位置？

卡西迪对这种情况已经很熟悉，他以前目睹过父亲放弃自己的抱负。他预感到前景黯淡。尽管卡西迪一贯谦逊，并且对人性有着深刻的了解，但他的父亲可能会因为宏大的愿景而遭受痛苦。仿佛昨日重现一般，卡西迪再次看到一个 70 多岁的老人还在放任自己一意孤行。他知道父亲在辩驳，但却无法让他认识到真相，这使卡西迪很苦恼。

卡西迪想，也许他可以用父亲能理解的一种体育活动来打比方。这有助于启发自我认知，而不是激起对抗心理。“还记得吗？你有过让人难以置信的经历。就像迈克尔·乔丹想打棒球一样，每个人都说：‘不要这么做！’”卡西迪说道，并不自觉地提高了音调。

加里笑了。

卡西迪又试着劝说，这次更直接：“看看你的个性。你不是政客，你根本不喜欢跟人闲聊！”

加里点了点头。确实如此。他讨厌肤浅的谈话，不喜欢客套，甚至没有经常参加社区会议，他认为会议太无聊了。但正因为这样，他才是这个位置的最佳人选啊。“也许我可以改变政治。”他耸了耸肩，又笑了笑，银白色的卷发在海风中飘动。

卡西迪叹了口气，一种欲言又止的表情浮现在他的脸上。加里觉得他似乎很生气。

“更有可能的是，”卡西迪说，“政治会改变你。”

假旗行动

自从调解了洛娜和杰伊的离婚案之后，加里的职业技能更加熟练了。如果你今天去找他处理离婚案，他会请你和你的配偶告诉他你们的婚姻故事。他的确会主持公道。即使当你们开始争吵，他也会耐心地倾听。加里不介意争吵。他面容亲切，就像你希望在家庭晚宴上见到的叔叔一样。他知道什么时候该微笑示意，什么时候该静静聆听。他或许会把他的爱犬介绍给你，那是一只名叫阿蒂的棕色小狗，不是什么名贵品种，它同样不介意争吵。阿蒂会蜷缩在加里的脚边，像禅师一般静静地观察整个过程。

当你讲完故事后，加里会确认一下自己是否理解准确。对于试图结束婚姻的人来说，他的问题听起来可能有点奇怪：“你如何理解你丈夫的观点？”或者“如果你得到了想要的，你的生活将会发生什么变化？”

加里喜欢歪着脑袋问问题，目光炯炯有神，就好像在听以前从未听说过的故事。这种姿势可以传达好奇心，好奇心是会传染的。

当他这样做的时候，很多人发现自己在回答问题之前都会先思考。在多年的争吵中，他们可能从来没有想过，如果自己赢了，生活会变成什么样子。加里一个接一个地抛出问题，帮助人们从日常的不满中挖掘他们最关心的东西。为了摆脱冲突，复盘冲突是必经之路，没有别的办法。

假如妻子提出要求："我想要他每月支付给我 4 000 美元。"丈夫拒绝了。"这太荒谬！"他喊道，"绝无可能。"看起来他们是在为钱争吵，但在这场金钱之争的背后，隐藏着更耐人寻味的冲突。

"为什么是 4 000 美元？"加里问道，他想探究这个数字的特殊性。他可以猜到，但他尽量不去猜。他小声地提出这个问题，以表示他的确想知道答案。"那么多钱对你来说意味着什么？"

妻子停顿了一下，然后透露她想重返学校，成为一名助理医师。她觉得自己会成功，只是担心自己无法赚到足够的钱，所以她想要这笔钱来支付她的正常开销和学费。这个数字就是这么来的，她的丈夫却并不知晓。

面对新的问题，人们倾向于用固有的观念去解读，这种现象被称为确认偏误。冲突越严重，就越难改变固有观念。当丈夫最初听到妻子要这笔钱时，他就将其与他们的婚姻关联到一起：她很自私，他永远无法摆脱她的控制。加里的问题推翻了他的假设，很快就把问题解决了。

然后，加里问丈夫，当他听到妻子说出"4 000"这个数字时有何感想。"如果同意了 4 000 美元，"加里把头转向丈夫问道，"你会怎么样？"丈夫叹了口气，他说他想辞去讨厌的工作，他的工作使他无法成为他想成为的那种家长。他想在 13 岁的儿子长大之前拿出更好的成绩。为了养家糊口，他多年来一直处于令人窒息的境地，而现在他的家庭也在分崩离析，每月不得不支付 4 000 美元将使他身陷窘境，就好像他正在失去他的过去，也将失去他的未来。

听到这些话，妻子的反应有些复杂。多年来，她一直在催促他辞职，过了这么长时间，到现在他才要这么做？真是令人无奈。但一旦她明白了为什么他不同意这个数字，她就看清了真相——他不只是讨厌她要钱，他也在关注未来和他自己的梦想。

最终，两个人都觉得更被理解了。虽然他们在很多事情上仍有分歧，但加里发现他们不再只从自己的立场出发，而是为自己的未来和孩子们做出深思熟虑的决定。就像洛娜和杰伊一样，他们自己会做决定，而不是依靠法官或律师。这意味着他们近期不会再对簿公堂。

自从首次在美国律师协会举办研讨会以来，加里已经在世界各地培训了数千名律师、法官和调解人，并在斯坦福大学和哈佛大学教授谈判课程，还出版了三本书。虽然也有其他人推广了不同的调解方式，但加里的方法依旧独具特色。

他坚持让所有人待在同一个房间里，一起挖掘冲突背后的真相。其他调解人通常会把争端中的双方安排在不同的房间，以方便开展工作。他们的工作停留在表面，仅专注于解决眼前的问题，表面工作似乎更安全，而且在短期内确实如此。深入冲突背后是有风险的，它或许会点燃潜在的怨恨，引发更多的冲突。

为此，加里培训调解人去提出具体的问题，并通过检查确保他们理解每一个答案。他把这个过程称为“沿着为什么的道路走下去”。如果一对夫妇在为谁得到慢炖锅而争吵，他就会调查为什么那个慢炖锅如此重要。这些问题有助于人们放松警惕。重要的是，加里在同一间屋子里用这种方式培训他的客户。这样，回答问题的人也会提问。通过这种方式，即使他们仍然存在分歧，他也能帮助房间里的每个人更好地理解彼此的情况。这种方式让人们从困境中解脱出来。冲突仍然存在，但它不再是陷阱。

“对于一个正在经历人生危机的人来说，没有什么比被理解更重要的了。”加里喜欢这样说。被理解比金钱或财产更重要，它甚至比获胜更重要。

再来说说慢炖锅，加里会好奇地问妻子，慢炖锅对她有什么意义。她最后解释说，这是她在婚礼礼物登记簿上找到的，比小时候父母用过的那种慢炖锅更加光亮。当她还是个小女孩时，一到星期天，整个下午都能闻到炖肉的味道。

她和她的丈夫在现实生活中并没有建立起那样的家庭。说实话，他们甚至都不喜欢做饭，但她还是想要那个慢炖锅。

她的丈夫听到这话，同样感到悲伤。他承认，他想要那个慢炖锅只是因为他的妻子看起来非常想得到它。他说是妻子提出离婚的，既然他无法挽回，至少得让她体会一下他的痛苦。

他们开始看到慢炖锅问题的根源，这意味着他们不再针锋相对，其他事情也有所缓和。他们在一步一步地摆脱困境。

每个调解人都会遇到这样的案例，一对夫妇为了某件普通的东西莫名其妙地发生冲突。比如美国加州有一对夫妇因为一个坏掉的烧烤架闹得不可开交，法官最终提出，如果他们停止争吵，他就从车库里把坏掉的烧烤架拿回来给他们。在另一个案例中，因为一套乐高积木，离婚程序陷入僵局。[9] 丈夫想要这套乐高积木，妻子也想要。他们每小时付给律师的佣金足够买很多乐高积木。但这不是重点，因为乐高积木不仅仅是乐高积木，这是他们的孩子最珍贵的玩具。乐高积木在哪里，孩子就愿去哪里。在他们看来，争夺这套乐高积木是再正常不过的事情。

大多数时候，陷入冲突的人并不知道冲突的根源。他们专注于假象，比如慢炖锅或乐高积木，结果导致陷入僵局。高度冲突充满迷惑性，人们很难转移注意力。为此，加里帮助人们深入一步，他利用提问和倾听，帮助人们拉开距离去观察，这样就能理解背后隐藏的真相。

一旦人们感到被理解，他们就会放松防御；一旦知道背后的原因，他们就会撇开其他事情，紧紧抓住最重要的东西。加里和杰克·希梅尔斯坦在他们合著的《挑战冲突》一书中写道："当人们感到自己被理解时，他们更愿意也更能够理解他人。"

传统的对抗性法律制度旨在激发最糟糕的冲突本能，比如为了乐高积木开战。有线电视新闻节目和社交媒体平台上经常可以看到人们在持续地煽动冲突，从中创造一个巨大的冲突–产业联合体以谋求利益。

相比之下，加里和其他调解人在颠覆冲突–产业联合体方面做了很多工作。他们提供了一种解决冲突的方法，同时又不使冲突恶化。无论从费用上还是精神上，调解的成本通常只是离婚成本的一小部分。[10]

既然加里都能减少离婚带来的伤害性，那么从政又能有多困难呢？

世外桃源也有烦恼

雾蒙蒙的缪尔海滩小镇位于金门大桥以北，加里开车过去只需要 20 分钟。那里就像是一片秘境，铺满天鹅绒般的细沙，紧挨着缪尔森林国家保护区。加里在当地已经住了四十多年，他和崔西养育了四个孩子。

缪尔海滩小镇居住着形形色色的人。有上了年纪的波希米亚人和“垮掉的一代”，他们在 20 世纪 60 年代来到这里，至今仍谈论着“感恩而死”乐队在海滩上演奏时的美好时光。这些人早在缪尔海滩小镇以南 70 多千米的硅谷出现之前，就从旧金山的海特-阿什伯里社区迁移而来。1970 年，摇滚歌手贾尼斯·乔普林死于过量吸食海洛因，她的骨灰就撒在了这里，至少传闻是这样。

随后还有一些自由主义者搬到这里，因为这里远离一切喧嚣——没有路灯，也没有杂货店，只有 100 多户人家在随风摆动的沙滩草地上安家。这里还有一小片裸体海滩。20 世纪 70 年代初，一位怀旧的英国移民想要建造一个都铎风格的英国酒馆，他花了 8 年时间才说服当地居民。如今，鹈鹕旅馆仍然是镇上唯一的商业体。1984 年，《纽约时报》将缪尔海滩小镇描述为一个“不受约束、不被污染、与世隔绝的地方”[11]，这一点至今未变。

最晚一批到达的居民与“垮掉的一代”相比有太多不同。他们一大早就去城里工作，晚上很晚才回家。你不常看到他们，但他们却拥有最昂贵的房产——那些坐落在高耸的悬崖上，耀眼的现代建筑风格的房屋。

“垮掉的一代”、自由主义者和技术资本家很难就优先事项达成一致，这也是缪尔海滩小镇政治形势紧张的原因之一。一些居民想要投资修建新的道路和桥梁，其他人却不想被打扰；一些人对气候变化和野火忧心忡忡，另一些人却对自己缴纳的税款感到不满。这种不和导致一些社区会议冗长而又磨人。

崔西和加里于 1976 年来到这里，见识了新时代的亚文化，但并未融入进去。他们成功买下最后几块在售土地中的一块，可以说是非常幸运——在如今只有富翁买得起且风景美得令人窒息的地方建起一个温馨的家。他们知道自己有多幸运，也都有足够的理由爱上这个地方。

对加里来说，住在缪尔海滩小镇成就了他的冲突学研究。他会在米尔谷附近的办公室里待上几个小时，沉浸在客户们的愤怒和指责之中。当一天工作结束时，他必须设法将自己抽离。加里选择骑自行车回家。每天他的通勤时间要用到整整 42 分钟，先是骑上陡峭的山坡，然后穿过茂密的红杉林，之后沐浴在海滩的阳光下，欣赏波光粼粼的海面或是翻涌的林中浓雾，当然这些景色取决于当天的天气。

回到家后，加里开始照料他的花园，趁机放松大脑。崔西在厨房拌起沙拉时，他会在烧烤架上放一些肉来烤。睡觉前，他们会溜进房子后面的按摩浴缸，听着海浪的声音，谈论白天发生的事情。崔西是一位心理治疗师，夫妻二人彼此分享故事，相互学习。早上，他会在花园旁边亲手搭建的斜顶小木屋里冥想，从那里眺望太平洋，为等待着他的麻烦工作做好准备。[12]

加里明白他犹如生活在世外桃源中，对此他其实感到有些内疚。他非常担忧这个国家正在面临的经济不平等，他的住所对大多数美国人来说是无法企及的梦幻之地。如果他竞选委员，也许就能做出些许改变，比如开辟空间建造一些经济适用房。有了这个政治目标，一切开始变得有意义起来。

加里和邻居们的互动并不太多，那些是崔西擅长的。她会给生病的邻居带去松饼，她知道所有孩子的名字。对崔西来说，缪尔海滩小镇与其说是一个避风港，不如说是一个建立深厚友谊的地方。

实际上，卡西迪和加里散步时曾说过，她才是应该竞选公职的人。加里认为这很有道理，崔西会是一个很棒的政客。但她并不想参加竞选，加里参加了。

不久之后，加里开着他那辆深绿色的 MINI Cooper 去了选举办公室，提交了候选人申请表。

“创新派”带来的挑战

“缪尔海滩小镇充满了神秘的吸引力。”2015 年 9 月，加里在候选人演讲上对邻居们说。“这是我和我的妻子崔西看到它时的第一印象，也是我们搬到这里的原因。”加里和其他候选人并排坐在一张长桌子后面，从他们身后的窗户可以俯瞰小镇的游乐场，远处是浩瀚的海洋。

社区中心挤满了人，后面也站满了人。卡西迪一直待在家里，但加里的女儿西德尼在现场，旁边坐着用皮绳牵着小狗阿蒂的崔西。看到这么多人聚集在一起真令人兴奋。最近几周，为了给竞选做准备，加里参加了一些社区会议。很多时候，他只看到几个人——通常都是同一拨人在下面窃窃私语，对台上的发言充耳不闻。

但今晚却不同。加里以新人的身份参加竞选，他将与另一位政治新秀伊丽莎白并肩作战，对抗一群已经在位数十年的现任者。（应加里的要求，我更改了与此事件有关的人的姓名，以保护他们的隐私。加里和他家人的名字没有改变。）例如吉姆已经在社区服务委员会工作了 29 年，在某种程度上，他就代表了委员会。另一个名叫休的邻居在成为地区经理之前，在委员会工作了 4 年，地区经理主要被聘请来执行委员会的决定。在过去的 12 年里，吉姆和休已经习惯了在各自职位上紧密合作，很少受到大家的干涉。私下里，加里把现任者和他们的支持者称为“守旧派”，他和伊丽莎白以及他们的支持者是反对“守旧派”的“创新派”。

那天晚上，加里化身为现实中不存在的完美政客。当提到小镇和他的孙子孙女时，他的脸上洋溢着喜悦。他充满热情，又擅长自嘲。他真诚地倾听人们的提问，让人们感受到自己的声音被听到。他告诉人们，他想重启小镇的民主生活。

“这是一次真正的改变，”加里说，“每个人都能参与其中。”

加里的调解模式建立在每个人都需要在场的理念之上。1996 年，旧金山交响乐团罢工长达 67 天，取消了 43 场音乐会。[13] 加里和他的同事罗伯特·姆努金等人合作调解此案，他们坚持让 105 名音乐家全部参与其中，而不仅仅是派出少数代表。在传统模式中是律师和律师交流，现在则是由他们负责调解。但加里等人希望每个人都能运用慢炖锅原理，找到背后所代表的东西，否则冲突将暗中蓄力，以待卷土重来。

音乐家们向管理层提出了 65 项诉求，其中包括提高工资和福利。音乐家们表示他们的工作过于繁重，但没有得到应有的对待。对此，管理层坚称该组织出现财务赤字，满足不了"奢侈的享受"。双方都不信任对方。

1996 年 12 月，音乐家们取消了一场票已售罄的莫扎特作品演奏会，走上街头抗议。他们身着优雅的表演服，用乐器演奏了《安息号》。

"我们必须每隔三年就罢工一次，这太让人沮丧了。"小提琴家马里科·斯迈利在接受《旧金山观察家报》采访时表示。

"我相信有更好的解决办法。"看到这离奇的一幕，一位沮丧的买过票的观众说道。

为了迫使音乐家们坐下来谈判，管理层拒绝提供医疗保险福利。一名巴松演奏者在新闻镜头前抱起他生病的孩子以示抗议。音乐会观众开始要求退票，并拒绝捐赠。每个人每一天都在消耗精力。

"双方都陷入绝望之地。我们每个人告诉自己：'不用指望和那伙人谈出什么结果，他们压根不听我们在说什么。'"[14] 交响乐团的执行董事兼管理层首席谈判代表彼得·帕斯特雷希说。“这逐渐演变成极大的愤怒。”

当加里和哈佛大学法学院教授姆努金到达现场时，罢工已经结束，但交响乐团仍深陷冲突之中。音乐家们已经分裂成相互对抗的不同阵营。有些人觉得其他人太快妥协，弦乐组感到特别委屈，小提琴手和大提琴手往往比其他人演奏得更多，他们抱怨着积累性损伤。另一场罢工似乎不可避免。

在这次敌对的迷雾中，加里和他的同事们召开了一系列沟通会来引导音乐家们从“沥青坑”中脱身。首先，他们教音乐家们用一种积极倾听的方式，加里称之为“完成理解的循环”或“建立理解环路”。这是他作为调解人使用的最有成效的方法之一。简单来说，它的意思是用人们能够感受到的方式倾听。让他们看到你在听，而不是告诉他们你在听。

大多数人在很多时候都感觉自己没有被倾听，那是因为我们不知道如何倾听。我们总是急于下结论，自以为理解了对方，其实不然。对方还没说完，我们就准备好了下一个话题。

平均而言，医生听病人描述病情 11 秒后就会打断他们。[15] 可是即使医生不打断，病人也会在 6 秒后自动停止讲话。这是自我表达所需要的时间，通常只有 17 秒。但医生们几乎都不知道这个道理。

糟糕的倾听态度会酿成苦果，这种苦果是可预见的。当人们觉得自己没有被倾听时，他们会产生轻度焦虑和戒备心。他们的话会变少，而且无论他们说什么，都倾向于简化事实。他们筑起了隔绝外界的围墙。

但当人们感受到自己被倾听时，神奇的事情就会发生。[16] 他们会提出更连贯、更有趣的观点，他们会心甘情愿地承认自己的矛盾，他们变得更加变通。那些觉得自己的理财顾问听取了他们的想法的客户，更有可能信任这些顾问，并为他们的服务买单。[17] 那些感受到被倾听的员工会表现得更好，也更喜欢他们的老板。[18] 如果病人觉得自己得到了理解，他们就会满意地离开医院，更有可能遵从医嘱。[19]

夫妻之间觉得更被伴侣理解的人往往可以在冲突中趋利避害。[20] 即使仍存在分歧，有益的争吵也会让他们感觉更好，而不是更糟。这时候的冲突是健康的。

加里知道，如果没有更好的倾听技巧，就无法走出冲突陷阱。于是他把音乐家分成几组，要求他们练习建立理解环路[21]。最开始，一个人倾听另一个人去解释她为什么加入交响乐团。当说话者说出一些她认为很重要的事情时，倾听者再“回放”给她听，询问是否理解准确。倾听者不会像机器人一样逐字逐句地重复她所说的话。相反，他试着用他能想到的最优美的语言来提炼他认为她想表达的观点，然后他会确认自己是否理解准确。

“听起来你加入这个交响乐团，最初是因为你想挑战自己，想和音乐大师们一起演奏。对吗？”[22]

当音乐家们这样练习时，会有两种情况发生。一种情况是，倾听者没有像他们预期的那样经常做到准确理解。一部分原因是，当人们在听别人说话时，通常都会做出假设，其中一些假设是错误的。

还有一部分原因是，当第一次被问及某个问题时，任何人都很难准确表达自己的想法。

例如，小提琴手可能会在听到复述之后完善她的观点："实际上，我也在寻找灵感，而不仅仅是挑战。我想感受那种奇妙，我猜你会这么认为，就是小的时候对音乐产生的那种奇妙好感。"音乐家们了解到，要理解一个人真正想表达的意思，需要好奇心和反复确认。

另一种情况是，倾听者意识到人们很喜欢被倾听。当他们正确地复述说话者想要表达的意思时，说话者几乎总是以相同的方式回应——他们的眼睛亮了起来，然后说："完全正确！"对加里来说，看到这一幕非常美好。

当人们被理解时，他们会更信任对方，并继续努力把事情做好。这种反复的交流过程帮助音乐家们找出对他们这个群体来说真正重要的东西。调解的目标是找出各种诉求背后隐藏的东西，比如为什么慢炖锅或假期津贴对他们很重要？

"这对我来说是一次非常有趣的练习。"一位小提琴手说。"我和菲尔一起演奏了15年，我们讨论过很多事情，但直到现在，我们从来没有讨论过为什么我们喜欢现在所做的事情。"

通过这种方式，音乐家们找出了共同关心的最重要的问题，并列出一个精简的优先事项清单。他们想要更高的报酬，不仅仅是为了自己，还因为他们担心公正和未来：他们希望自己的薪酬与其他交响乐团持平，这样他们就能吸引新的人才。

事实证明，管理层也抱有同样的期待。但一直没有机会实现这一点，因为双方都没有真正倾听过对方的意见。“我开始明白倾听对我来说有多么重要。”管理层首席谈判代表帕斯特雷希说：“我很清楚，音乐家们跟我生气的原因之一，就是他们觉得我根本没听他们在说什么。”[23]“我觉得确实如此，”他说，“我也不认为他们在倾听我们的意见。”

一旦感到被理解，人们就会看到以往被忽略的选项。人们对寻找解决方案有了一定的自主权。即使无法如愿以偿，也更容易接受结果，因为这是人们共同塑造的。

调解过程用了好几个星期，但新协议增加了薪酬，使旧金山交响乐团成为美国收入最高的交响乐团之一，它也减轻了弦乐组的演奏压力，而且没有危及组织的财务健康。[24]音乐家们一致通过了一份为期 6 年的新协议，这是以往期限的 2 倍。在宣布这项协议的联合新闻发布会后，巴松演奏者亲吻了董事的脸颊。可以说这是另一场成功的“杰伊–洛娜离婚调解案”。

竞选获胜

在竞选演讲的那天晚上，加里想象着今后的每一次社区会议都可能有这么多人。当选的政客无法面对问题提出解决方案，但是公众会，就像旧金山的音乐家们一样。

“唉，缪尔海滩小镇已经变了。”加里告诉人们。有了几十年的公开演讲经验，他知道如何与听众建立联系。他微笑着与邻居们进行眼神交流，不慌不忙。“过去，我们在这片土地上承受的压力比我们想象中的要大得多。”[25]

他成了全场的焦点，这感觉很好。他可能是最年长的候选人之一，但他确实是后起之秀。他在做他想象中能够做到的事——把人们聚在一起，不落下任何人。政治并不一定是冷酷无情的。“我准备好迎接挑战了，”他说，“让魔力继续吧。”

在竞选的前几周，加里、伊丽莎白和崔西挨家挨户地与素未谋面的邻居交谈，号召他们投票支持变革。一位名叫塔尼娅的邻居自愿成为加里的政治顾问。她出生于一个政客家庭，她在整个职业生涯中都是一名劳工组织者，负责撰写关于如何与权贵抗争和帮助美国工人的文章。自然，塔尼娅帮忙起草了交谈要点，并为加里制定了竞选策略。她优化了加里的竞选模式，使其更像传统的政治竞选，而不是打眼一看就知道是社区竞选。“我们一而再、再而三地敲响所有邻居的家门，”她告诉我，“我们以前从来没有这样做过。”

在塔尼娅的建议下，加里采纳了竞选口号“前进还是后退”。塔尼娅一直说要赢得选举。不久后，加里确实获胜了。

像缪尔海滩小镇这样偏远且经常遭受旱灾的地方，社区服务委员会最重要的工作就是供水管理。在竞选演讲时，当有人问他在供水管理方面的经验时，加里回答得很诚实：“我对供水管理了解得不多，但我可以学习。”

这不是政客们应该说的话，所以加里才这么说。加里以打破传统政治模式为乐，他要证明还存在一种可以诚实地、包容地进行政治活动的方法。

辩论结束后，崔西和西德尼拥抱了加里，神情很是骄傲。人们走上前来和他握手。唯一的批评来自塔尼娅，塔尼娅告诉他，他不应该这么诚实地回答供水问题。她说，向对手暴露任何弱点都是错误的。

在接下来的几天里，邻居们拿着酒登门感谢加里所做的一切。在《马林独立日报》上，加里承诺如果当选，他将构建一种新的秩序，致力于为委员会和人际交往建立尊重、热情、开放的基调。[26]

2015 年 11 月 3 日，选举日，晚上 11 点，小镇在网上公布了选举结果。加里得到的选票远远超过其他候选人。伊丽莎白也获胜了。他们击败了两名守旧派成员，其中包括在位近 30 年的吉姆，他以 4 票之差落选。“我们击败了他们。”塔尼娅后来说。

加里欣喜若狂。他之所以参与竞选，是因为他相信即使是现在也有恢复的可能。如果你倾听邻居们的意见，赋予他们权利，他们就会参与进来。这是他调解冲突时的主要贡献，现在他正将其运用到政治中。不可否认，结果是有效的。缪尔海滩小镇此次选举的投票率在这次选举周期中是最高的——高达 74% 的居民参与投票。不管在这里还是其他地方，一切尽在掌握中。

加里的邻居、社区服务委员会成员乔尔告诉加里，他想成为委员会主席，这个职位由委员会其他成员在第一次会议上投票选出。但加里建议他不要这么做，加里想要自己当主席，他认为这才是最有利于社区的选择。乔尔也同意了让步。

“我们会走向团结的，”他告诉崔西，“我们要履行我们的承诺。”

第二章　二元对立

1775 年，美国革命家约翰 · 亚当斯和托马斯 · 杰斐逊作为代表，参加了英属北美 13 个殖民地的大陆会议。他们两人完全属于不同的类型。亚当斯个子矮小，爱挖苦人，话多，脾气暴躁。杰斐逊身材高大，举止优雅。他在公开会议上默不作声，却在内部委员会上畅所欲言。他为人和善，善于交际，不愿冒犯他人。然而这样两个人却成了亲密的朋友。

亚当斯把年轻的杰斐逊视作门徒。第二年，他说服杰斐逊起草了《独立宣言》，两人都签署了这份宣言。18 世纪 80 年代，他们被派往欧洲执行外交任务时，友谊变得更加深厚。

两个人都讨厌政党的概念。亚当斯称其是可以想象到的“最危险的敌人”，杰斐逊认为政党精神意味着“自由和道德的最后堕落”。他们明白将文明一分为二的危险，两个人都无法想象这个国家会被他们自己的支持者分裂。

彼时他们还是能交谈的朋友。随着时间的推移，杰斐逊和亚当斯开始对这个新国家的未来持有不同的观点。杰斐逊对强有力的政府持怀疑态度，而亚当斯则认为有必要建立一个强有力的政府。两种观点都有可取之处。他们虽观点不同，但仍视对方为朋友。

1796 年，民主共和党支持杰斐逊竞选总统，联邦党人则支持亚当斯。这是美国历史上第一次对抗性的总统选举。正如杰斐逊和亚当斯所担心的那样，美国人被分成了两派。竞选活动开始变得丑陋，两派的追随者开始用文章抨击对方。亚当斯最终获胜，杰斐逊仅以三票之差与胜利失之交臂。亚当斯心有不悦，对他来说，这种来自他的门徒的羞辱更像是打击自尊心，对此他耿耿于怀。

政治的本质将美国人变成了对立的两派：民主党与共和党、现任者与新贵、守旧派与创新派。正如杰斐逊和亚当斯所担心的那样，对立必然会引发冲突。突然之间，事情都一分为二，每个人必须选择站队。英文单词“category”（种类）来源于希腊语“accusation”（指控），这不是没有原因的。

选举结束后，杰斐逊给亚当斯写了一封信，希望缓和紧张的关系。他强调他仍会延续友谊、忠诚和尊重。多好的想法啊！他一定已经意识到竞选让亚当斯受挫，他想修复他们之间的关系。但是，曾说服杰斐逊参加竞选的党派领袖詹姆斯·麦迪逊建议杰斐逊不要寄出这封信。他警告说亚当斯的反应未必会好，而且万一这封信泄露了又该怎么办？杰斐逊的支持者可能会因为他和解的语气感到背叛。所以很遗憾，杰斐逊最终没有寄出这封信。

正如人们所期望的那样，这两个人共同执政。矮个子、爱挖苦人的亚当斯担任总统，高大而优雅的杰斐逊担任副总统，但是他们很少交谈。当他们对问题持不同的观点时，这种距离让每个人都更容易把对方往最坏的方面想。

1800年，杰斐逊再次竞选总统。这次的竞选活动更加肮脏险恶。当时候选人不亲自参加竞选活动，那是追随者的工作。但双方都在散布谣言贬低对手，这看起来更像是公报私仇。杰斐逊雇了一个职业道德有瑕疵的记者在媒体上诋毁亚当斯，以操控当时的舆论导向。

与此同时，亚当斯以为他能够连任总统，除非他自己放弃，就像前总统乔治·华盛顿一样。但是，由于被杰斐逊的党派讽刺为脱离现实的“君主”，亚当斯在连任竞选中失败了。总统以这种方式下台，这可真是前所未有。

这次失败对亚当斯来说是沉痛的，但不得不接受大局已定：他的老朋友、昔日的“门徒”取代了他的位置，即将领导一个年轻的、不稳定的国家。为了国家的利益，他们本应该共同商讨很多问题，分享经验，建立联盟，但事与愿违。

在杰斐逊就职当天，亚当斯在凌晨四点乘坐马车离开了华盛顿。他成为第一位不欢迎继任者的美国总统。

历史关注的是亚当斯和杰斐逊之间立场的差异，但这不过是又一个“慢炖锅”。冲突的根源是背叛、排斥和侮辱，是谁当上了总统而谁没当上。

杰斐逊和亚当斯的宿怨证明了他们关于党派危险的看法是正确的。任何二元对立的制度都可能导致高度冲突。如果人们坦诚地、公开地讨论冲突，并找到方法来抵制二元对立，冲突或许就不会发生。如果杰斐逊把那封信寄给亚当斯，提醒对方在加入不同党派之前他们曾是朋友和同伴，结果会发生什么？

事实上，亚当斯仍然心怀怨恨。在选举过后一年，他告诉儿子杰斐逊非常冲动，是个不可靠的人。“野心和狡诈是他唯一不变的品质。”[1] 他和杰斐逊有 11 年没再说过话。直到最后有人把他们从“沥青坑”里救了出来，就像如今加里或其他调解人做的那样。从这一点可见，哪怕是在 19 世纪，也有办法跨越二元对立的党派。

分类和指责

“过度分类也许是人类最常见的思维谬误。”[2]

——戈登·奥尔波特，《偏见的本质》

让我们把视线收回缪尔海滩小镇。在选举的准备阶段，加里不再说“我”和“你”，而是开始使用“前进”和“后退”，“我们”和“他们”。他把自己归为一类，把其他人归为另一个较小的类别。

在日常生活中，我们习惯划分各类群体。这表明我们的祖先在群居过程中曾以小规模群体的形式不断进化，这是他们探索世界的方式。科学家推测大约 200 万年前，我们的祖先就不再独居了。[3] 他们发现群居提供了一种极好的生存方式，尤其是当灵长类动物开始在白天狩猎时，因为白天他们更容易受到攻击。在阳光下，群体比以往任何时候的力量都强大。

分类为我们节省了时间和精力，因为它允许我们以同样的方式对待每个人，这样我们就不需要过于仔细地观察或思考太多。分类也让我们自我感觉良好。把“黑人的命也是命”标语牌立在自家草坪上的白人妇女，会感觉自己也属于觉醒中的一员；把一件黄背心放在汽车方向盘上的法国司机会觉得自己也是被压迫的工人，正在反抗当权派。

但是分类模糊了重要的细节。一旦我们有了“我们”和“他们”的分别心，我们就会区别对待对方。我们从世界各地数十年的研究中认识到这一点。在分类的影响下，我们不太可能与其他群体合作，而是更容易变为敌对状态。[4]我们巧妙地调整思维和行为方式，以更好地融入各自的类别。

这种倾向是自发的，甚至在人们被任意分类时也会发生。在1968年的电影《人猿星球》[5]的拍摄现场，扮演黑猩猩的演员和扮演大猩猩的演员分成两组吃午餐。他们只是觉得和穿着相同服装的人待在一起更舒服。

令人震惊的是，群体发展成部落之后就形成了偏见。它不需要竞争、仪式、动员大会或金钱的激励，它只需要一种信念，即我是这个阵营的，而不是另一个阵营的。

1971年，社会心理学家亨利·泰弗尔（Henri Tajfel）和他的同事在英格兰布里斯托尔郊区召集了48个十几岁的男孩，向他们分别展示了6幅艺术家保罗·克利（Paul Klee）和瓦西里·康定斯基（Wassily Kandinsky）的画作。[6]研究人员并没有告诉男孩们哪幅画是谁画的，而是问他们更喜欢哪幅画。他们根据自己的艺术喜好被划分为不同的组别。

这些画都是抽象作品，大约在同一时期创作。艺术品本身并没有明显的差异，男孩们在学校里也本就相互熟悉，所以彼此之间早就存在联盟。但一旦他们因艺术喜好而被分组，新的身份就建立起来，男孩们立刻确认自己是克利还是康定斯基的粉丝。

事实上，他们的分组是随机的。这是一个“骗局”，而且有点不公平。毕竟，一旦我们被告知群体的存在，大脑就会欣然接受，这不是自己可以选择的。

当研究人员要求男孩们匿名给其他人奖励时，大多数人会给他们自己组内的人更多奖励。克利组男孩更喜欢克利组男孩，反之亦然，尽管他们这样做并不会得到任何实际的好处。

人们对分类的偏好在童年时期就表现出来了。美国儿童在识字之前就把人按种族和性别分类。美国白人孩子在上小学的时候，潜意识里就对黑人面孔的照片表现出偏见。[7] 即使是在以黑人为主的学校就读的白人孩子，情况也是如此。这并不意味着这些白人孩子都在种族主义立场坚定的家庭中长大，也不意味着他们一定会根据自己的偏见行事。这只是说人们意识到身份差异提供了更好的生存条件，即人们通过各种潜移默化的方式来了解社会中哪些类别更优越。

这就是为什么强调二元对立如此危险，正如杰斐逊和亚当斯在抨击政党理念时所理解的那样，人们会看到有很多更好的执政方式，但人们很少质疑二元对立的传统。例如，全民公投似乎是民主的终极形式——问问每个人想要什么！但公投将复杂的问题分为两类：是或否、好或坏、共和党或联邦党、守旧派或创新派、克利或康定斯基。这正好印证了“我们”对“他们”固有的偏见。

2016 年，二选一的公投动摇了三大洲的政治局势。[8] 不管是什么事，选民都只被要求做出赞成或反对的选择：在英国，可能是一项脱离欧盟的计划；在泰国，可能是一部被认定剥夺了基本权利的新宪法；在哥伦比亚，可能是历时半个世纪的内战后，达成的一份长达 297 页的和平协议。

在现实生活中，大多数人对移民、全球化、民主、腐败、贩毒或受害者赔偿等问题有着复杂而矛盾的情感。人们的认知各不相同，他们的意见五花八门。但公投迫使他们选择立场，从二元对立的角度看待世界。

公投结束后，英国脱离了欧盟，泰国通过了一部新的限制性宪法，哥伦比亚拒绝了和平协议。《纽约时报》询问政治学家迈克尔·马什（Michael Marsh）公投是不是一个好办法。“答案很明显，几乎从来不是，”他说，“事实上，它既没有意义，又很危险。”[9]

创造标签是为了在特定的时间为某一类人的利益服务。这一类别自成体系。这也是公投如此危险的原因之一。一个人对某个类别的看法不同于其他人，这个类别很快就会被其他人攻击。

在缪尔海滩小镇，守旧派并不自称“守旧派”，这个标签是加里提出来的。和其他类别一样，守旧派着重于对手的一个方面，而搁置或主动忽视其他方面。比如，守旧派并不一定认为自己是一个团结的团体。他们不受政党的控制，也并不总是意见一致。他们就像是相互支持的自由主义者，一个喜欢花钱，另一个喜欢被人追捧。他们都想通过志愿服务回馈社区，就像加里一样。他们都热爱缪尔海滩小镇。一些守旧派试图给加里也贴上守旧派的标签，毕竟，他在小镇居住的时间比委员会的任意成员都长。

那加里为什么要用“守旧派”这个标签？“创新派”对他而言又意味着什么？

加里似乎想证明，这并不只是公交车站的问题。

讲故事

我第一次见到加里时正在报道政治两极分化的专题新闻。越来越多的人被划分为不同的党派，开始妖魔化对方。善与恶、红与蓝、种族主义与非种族主义被划分得太过清晰。人们开始相信他们可以在不了解对方的情况下就知道他的道德核心。有时我发现自己也会存在这种冲动并且很难摆脱。

我所从事的新闻业似乎使一切变得更糟。没有任何新闻故事能改变人们的想法——新闻只会让人们感到愤怒、厌恶或绝望。移民、警察暴行、弹劾、经济、气候变化……一切都在透过群体偏见的滤镜被重新审视。

我忘不掉 2015 年的现象级网络事件“裙子是什么颜色”[10]。数百万人看的是同一张照片，但却看到两种完全不同的颜色组合，人们对此争论不休，但都不能改变对方的意见。一些人看到了一件蓝色和黑色相间的衣服，其他人看到的是白色和金色相间。就裙子的颜色而言，我们的眼睛是关键的滤镜；就政治而言，身份认同远比事实重要。

但人们并没有为了一条裙子争论不休，而是在一些真正重要的大事上产生了严重分歧。美国一半的人把特朗普视为“救世主”，另一半则视他为“怪咖”。不管发生什么，人们的观点都不会有太大改变。

基于此，当我听说加里的工作是探究冲突的本质时，我就产生了好奇。我想知道是否还有另一种报道方式，一种让冲突再次有趣的方式。

第一次采访加里时，我问他最近是否看到什么感兴趣的政治报道。我希望他有其他的消息来源，某些我不知道的来源。但他实事求是地说：“没有，记者们完全陷入僵局。故事已经没有转变的余地了。”

故事可能发生的“转变”是什么呢？他说：“你需要知道这场冲突的本质是什么。”

这是一个近距离观察过数千场冲突的人，而不是一位无知的理想主义者。他告诉我，我错过了真正的故事，因为我和其他人一样困在“沥青坑”里。

采访过后，加里邀请我参加他的下一次培训。他以前从未培训过记者，但我所做的事情和优秀调解人所做的并没有本质上的不同。我们都想帮助人们更好地了解自己——了解自己的问题以及了解所处的世界。

当我来到墨西哥接受培训时，我很快怀疑自己做了错误的决定。这个小组由律师、治疗师和我，还有加里和他的同事凯瑟琳·康纳组成。培训从早上7点半开始，在加里的朋友、禅师诺曼·费舍尔的带领下进行一个小时的冥想。我开始焦虑，整整一个小时！难道每天都要冥想吗？而且还要持续一个星期？[11]

但其他人都同意了，我也只好同意。

整整一个小时，我们一动不动地围坐在一起。在冥想训练之前，我只有在牙医那里才能保持清醒静下来这么久。这比那种情况更糟。加里解释说，冥想有助于训练大脑，使其更加善于反思和更加灵活，即使在冲突中也是如此。可见这是他的重要“工具”。我知道，理论上他说得没错。我读过研究报告，冥想可以降低血压，缓解焦虑和抑郁，帮助人们改善睡眠。对其他人来说，锻炼、园艺、祈祷或听音乐也有类似的效果。它能帮助稳定思绪、享受当下。

对我而言，静止不动和享受当下并不能给我力量。所以，我利用第一个小时的静坐来寻找借口，以便在接下来的时间里摆脱冥想。

然后我们开始学习建立理解环路，我对此充满信心。我想我一定会碾压他人，因为我这辈子大部分时间都在听别人讲故事。我可是以讲故事谋生的。我认真地摆好架势，点头附和，微笑应对，还会在适当的时候皱起眉头。天啊，我真是太优秀了！

“但这不是倾听。”加里说。“证明你在听某人说话和表现出来你听到了有很大的不同，”他说，“人们马上就能感觉到其中的区别。”

我们两人一组试了一下，确实感觉和平时听别人说话不一样。

建立理解环路首先迫使我真正地去倾听，中间不去想我的下一个问题，或者什么时候我可以再去喝一杯咖啡。这有点可怕，因为这意味着对方在引领节奏，而我只能跟随。

当我检查自己是否理解了对方说的话时，我发现自己理解错的次数比预想中要多。然后我会反复尝试，直到理解准确。

接下来，当我们交换角色时，我感受到了被倾听。我不得不承认加里是对的。你可以知道别人是否真的在听你说话，这可不只是点头和微笑就能做到的。

那个星期从根本上改变了我的工作方式，比我当记者二十年来做的任何事情都让我印象深刻。[12] 加里的技巧中有各种让冲突变得更有趣的方法：从建立理解环路到提出更深层次的问题，再到探究冲突的根源。

从那时开始，每当我采访别人时，我都会与他们建立理解环路。我开始教我的家人、朋友，甚至是飞机上坐在旁边的陌生人。我并不总是能做好，有时甚至很糟糕。但当我建立起理解环路的时候，我觉得事情变得更有意义了。

有时我会采访一些我完全无法认同的人。此时，建立理解环路变得尤为关键。即使在我不想倾听的时候，它也能起到促进作用。这需要大量的练习，但它帮助我体验了求同存异是什么感受。事实证明这是可能存在的，两者可以兼得。如果你想摆脱“沥青坑”的话，你可以而且必须这样做。

我还在办公室的墙上贴了一张便笺，上面写着加里的一些问题，每当我采访被卷入冲突的人时，我就会问他们这些问题。

“如果你在这里得到了你想要的，会发生什么呢？”

“你希望你的对手了解你什么？你想了解他们什么？”

我也开始冥想——每天足足 10 分钟。这对我来说已经是不短的时间了。

加里和我一直保持联系。他提到他最近在小镇参加竞选，事情的进展出乎他的意料。

“不能翻白眼”

2016 年 2 月 3 日，加里作为缪尔海滩小镇社区服务委员会主席参加了自己的就职仪式。

加里提出了一套“统一性规则”，这是在社区组织者和他最亲密的顾问塔尼娅的帮助下起草的。他把这些规则张贴在社区中心，那里是委员们开会的地方。

“尊重他人。”

“一次只能一个人发言。”

“不能骂人。”

“不能翻白眼。”

在公开发表意见期间，每人的发言时间不得超过 3 分钟，并且需要遵守以上规则。这样，过去在社区会议上长篇大论、令人生厌的人就无法占据主导，更多的声音将会被听到。当加里提出这个时间限制时，一位委员表示反对，但委员会还是以四比一的投票结果迅速采纳了这些规则。投反对票的是守旧派的一员。对此，加里并没有放在心上。

加里和伊丽莎白重新布置了会场的椅子，这样每个人，包括委员会成员，可以围成一个大圆圈坐在一起。这样做的目的是让会议更具包容性，把权力交还给个人，就像加里在他的调解培训中所做的那样。

当人们说话时，加里会与他们建立理解环路。他把他们说的话提炼成简短的语言，然后确认他的结论是否正确。他还成立了十几个不同的小组委员会并向所有人开放，希望能让更多的居民来管理这个小镇，就像他在旧金山交响乐团调解案中把所有的音乐家聚集在同一个房间里一样。

有一个小组委员会专门负责社区参与、社区审查、社区道路，以及所有与社区居民有关的事情。人们可以参加小组委员会的会议，但只有小组委员会的成员才能发言，这样会议才不会陷入僵局。

加里说："我非常欢迎任何想加入委员会的人，人越多越好。"

加里在做他承诺过的事——向当地政治注入新的活力和文明。他的盟友们喜欢这些新规定，这感觉不错。但也有人嗤之以鼻，他们称新规定是"加里的一厢情愿"，他们对此不屑一顾，还一次性违反了多项"统一性规则"。

在加里的领导下，有一些事发生了变化——没有了户外野餐，社交时间也减少了。加里认为人们完全可以自己支配时间，决定什么时候这样做。

加里主持的第一次会议正好用了两个小时，同计划的一样。看着时钟，他骄傲地笑了。过去，沉闷的会议一直持续到晚上 9 点还不结束，耗尽了每个人的精力——至少加里这么觉得。准时结束似乎是另一种成功，这是对人基本的尊重。

“这一切都太令人兴奋了，”他说，“我觉得自己是个正义的英雄。”他把政治真正带给每个人。“太神奇了，”加里说，“强大的力量促使自己完成了某件事，这多么令人振奋啊！”

崔西一个小时后离开了会议，她说小狗阿蒂变得焦躁不安。

正义感

加里对政治中特有的对抗文化并不陌生。实际上，你可以说他天生就是干这行的料。早在加里搬到加州之前，他在康涅狄格州布里奇波特的一个诉讼律师家庭长大。他的父亲是律师，他的叔叔也是。

作为一名犹太律师，在 20 世纪三四十年代开始律师职业生涯对加里的父亲来说并不容易。在康涅狄格州的许多地方，白人基督徒默默达成一致，不把房子卖给黑人、犹太人或其他少数族群。许多乡村俱乐部和律师事务所明里暗里地将他拒之门外。

加里的父亲从不展示弱势的一面，哪怕在面对自己时也是如此。加里说：“他是榜样，一个即使失败了也从不言说的榜样。”在餐桌上，每次谈论谁才是那个应该受到责备的人时，答案从来不会是父亲。如果父亲输了诉讼，那一定是因为陪审员喝醉了，或者是法官有偏见。“外在的问题从来都是‘我们没错，错的是别人’。”加里说。

从很小的时候起，加里就在思考父亲的故事里缺少的那一部分。他不能把结论说出来，但他也不相信父亲是公正的。

必须说，正义在法庭上经常起作用，有时还会带来重要的道德胜利。有时候，“我们”在与“他们”对抗时，正义是所有可行策略中唯一的好的选择。

1940 年，一名格林尼治村的白人妇女指控她的黑人司机在一天夜里强暴了她四次，然后把她绑起来，扔进了一座水库，并试图用石头砸死她。这名司机承认与他的雇主发生了关系，但坚称这是双方自愿的。警方声称他对犯罪事实供认不讳。显然有人没说真话。

这起耸人听闻的案件登上当地新闻的头版头条，促使一些白人家庭解雇了他们的黑人雇员，以防自己也遭遇同样的事情。当时，加里的父亲和叔叔接手了司机的案子。他们和全美有色人种协会的黑人律师瑟古德·马歇尔一同受理此案。

律师们合力找出这名妇女离奇的控诉中相互矛盾的地方，他们意识到检察官为当事人准备的证据太少了。加里的叔叔断定检察官是个偏执狂。“他恨所有人，”他后来说，“不论是波兰人、犹太人，还是意大利人。”[13]

在法庭上，律师们无情地击破了这名妇女证词的可信度。他们想尽一切办法引起人们注意这起公诉案件中的疑点。加里的叔叔反复盘问那个女人，向她提出各种问题。为什么她只穿着一件浴袍邀请司机进她的卧室？为什么她不拿起电话提醒接线员她遇到了麻烦？然后他拿出一条手帕，让加里的父亲像她所描述的司机行为那样把自己的嘴塞住。他向众人展示，那晚当警察拦下他们的车时，女人可以毫不费力地呼救，陪审团对此表现得非常惊讶。

由白人组成的陪审团商议了近13个小时。最后的判决结果是黑人司机无罪。

这是一个震撼人心的故事，加里在整个童年时期常常听到这个故事。按照他父亲的说法，这展示了一名伟大的律师的精髓："英勇无畏，绝不妥协，为弱者而战。"世界被清晰地划分为善与恶、对与错。你要一直战斗到你的持方，也就是正义的一方获胜。这才是辩护的终极目标。

加里后来进入法学院，毕业后加入了家族律所。他在弗里德曼律师事务所当了5年的辩护律师，他的咄咄逼人、尖刻敏锐使他格外胜任这份工作。"我是一只攻击犬。"即使证人说的是实话，他的反复盘问也会使证人看起来在说谎，他喜欢这种让自己肾上腺素激增的感觉。他感受到了力量。但从一开始，他就对整个事业深感不安。这就和他小时候在餐桌上怀疑父亲的故事时的感觉一样。"我不得不把这个复杂的世界过于简单地划分为'对'和'错'两个阵营。"[14]

在1973年的一起案件中，加里为一名在红绿灯前被汽车追尾的妇女辩护。她以自己在车祸中受伤为由，起诉对方的保险公司并索要赔偿。但她的胜算不大，而且加里要面对的是一个更有经验的律师——一个令人讨厌、自视清高、典型的预科型对手，他根本不把加里放在眼里。

加里想出了一个策略，在整个审判过程中，尤其是在结案陈词期间，加里把他的当事人描绘成一个值得同情的女人。她很安静，有点微胖，是一名年轻的作家，正努力挣钱维持生计。陪审团应该相信谁呢？相信她还是相信一家大型保险公司？

陪审团判给加里的当事人 5 500 美元[15]，大约相当于现在的 32 000 美元。加里庆祝了一番，拥抱了他的客户，感受到胜利的喜悦。就在这时，他转过身来，看到了对方律师的表情。那位律师看起来很沮丧，也很丢脸。加里知道他还得回到公司，解释为什么他几个星期前没有花更少的钱搞定这个案子，那时他明明有机会获胜。“我记得我当时非常高兴，然后又感到非常难过，”加里说，“我不喜欢他，但我对他的失败深表同情。”加里转移了目光，无法与那位律师的眼神接触。后来又经历了几次案件、几次判决，每次胜利都让他觉得好像失去了什么，那是一种说不清道不明的东西。

三十岁的加里在即将升任父亲律所的合伙人时辞职了。家里顿时炸开了锅。他的父亲一生都在为子承父业而筹谋。法官们把加里叫到法庭，告诉他他犯了一个严重的错误，但是加里依旧不为所动。

加里和崔西搬到了加州，在那里开创了一种新的执业方式。从想离婚的朋友杰伊和洛娜开始，他把冲突双方拉到一起，共同倾听和理解彼此。他的父亲不赞成像加里那样，真正的男人会在法庭上付诸实践，一直坚持到胜利的那一刻。但加里觉得他这辈子第一次做了正确的决定。

个人的旋律

其实创新派和守旧派都很温和，加里也并没有全盘否定他的对手。但这些标签被人为地做了区分，比如克利和康定斯基，它们以有利于加里的方式简化了选举。加里和他的盟友是变革的代表，守旧派是维持现状的代表。

问题是标签的效用从选举结果出来的那一刻，也就是执政将要开始的时候就开始衰退。彼时人们需要合作来完成工作，但是在计票结束后很长一段时间里，竞争产生的对立感觉依然存在。事实上，期望一个领导人在赢得一场激烈的选举后真正团结一个社区是不符合人的心理的。

一般而言，一旦加里获胜，冲突心态会变得激烈，而不是得以改善。胜利会让获胜的一方更具有攻击性。在任何事情上获胜都会使人肾上腺素急速上升。[16]

当加里谈到那次选举结果时，他总是称之为“史无前例的压倒性胜利”。他不只是赢了，他还做了别人从未做过的事。他的语言有些夸张。在他看来，风险非常高，远比我这个旁观者所看到的要高。

到了夏天，会议开始变得更加紧张。加里花了很多精力来维持统一性规则。

“我希望今晚能把大家的时间控制在3分钟之内。”他在6月会议开始时告诉参会者。

当有人试图问另一个问题时，加里就打断他：“今晚不讨论这个问题。”

那个人提高了音调：“好吧，在我有机会公开发表评论之前，我是不会离开的。”

“你可以整晚都待在这里，”加里说，“但我们今晚不会解决这个问题。”

那个人坚持提问，但加里没有屈服：“我得打断你了，你有点过分。”

9 分钟后，加里正式开启了公开讨论时间，并允许该男子发言。“你有 3 分钟的时间，”加里提醒他，“程序很重要。”

那天晚上，当加里回到家时，他听到了更多反对的声音，这次来自他最亲密的知己——他的妻子。崔西告诉他，他在打断别人，这会伤害别人的感情。“你把这些会议安排得太满了。所有的一切都有时间限制，”她说，“我还以为你一定能给会议带来魔力，但现在看来，你正在反其道而行之。”

加里为自己辩护。他告诉她，守旧派一直派他们的成员去开会，阻挠变革且批评每一项倡议。不管他怎么解释，甚至用上“攻击”这个词，崔西仍旧没有意识到他正在遭受攻击。他希望小组委员会代表包容和新思想，但守旧派只看到了官僚主义——既浪费时间又没必要，他所做的一切似乎都遭到新的攻击和嘲笑。

加里认为他对缪尔海滩小镇的喜爱是显而易见的，他对公平和包容的信念也是坚定的，他认为他创建小组委员会的目的是有目共睹的。正如他一直强调的那样——让更多的人参与进来。千真万确！为什么人们不信任他！

他的对手就是想让他难堪。或许有时候确实是这样。我们都在沟通中饱受错觉的折磨，这也是事实，我们高估了自己表达意图和想法的能力。

我们认为人们能读懂我们的思想，因为我们非常了解自己的思想。加里认为他执行 3 分钟规则并创建小组委员会的目的是显而易见的。但真是这样吗?

沟通的错觉

如果你现在在桌子上敲出《生日快乐》歌曲的节奏，你猜其他人能否轻易猜出你敲的是哪首歌? 你不妨试试，随便挑一首流行歌曲，然后敲出来，看看有没有人能猜出是什么。

当大学生们被要求敲出 25 首知名歌曲中任意一首的节奏时，他们预测听众能正确猜出其中的一半。毕竟，敲击者能够在脑中“听到”旋律、乐器甚至是歌词。这太容易了!

但是，最终的结果是听众只猜对了不到 3%。[17]

这就是沟通的错觉。我们总是高估自己的沟通能力，对自己头脑之外的世界缺乏同理心。听众处在不同的现实中，他们听到的只是一连串沉闷乏味的敲击声，一个接一个，听起来什么都没有。

有句话说：“沟通中最大的问题，就是幻想事情已经发生了。”[18] 这种错觉来自人类犯下的两个严重错误：第一，人们认为自己清楚地表达了自己的意图和欲望，但实际上并没有；第二，人们并不真正知道自己的意图和欲望是什么。在许多冲突中，人们对冲突根源的掌握是最薄弱的，既包括自己的根源，也包括对方的根源。

当加里在敲击时，他很难摆脱自己的观念去认为这个世界在其他人眼中有多么不同。守旧派也是如此，他们没有听到加里所听到的，他们听到的是自己的旋律。实验表明，人们总是以为别人会发现自己开心、惊慌、紧张或是说谎。我们以为自己是一本打开的书，但事实并非如此。[19]

当我们行为不当时，很自然就会考虑导致这些不当行为的所有细节以及外因。我还记得多年前我在得克萨斯州不小心闯过一次红灯。那时是在一个陌生的城市执行任务，我在找一个地址，没有看到交通灯。有人朝我按喇叭，我过马路的时候正好抬头看到了红灯。我感到震惊、尴尬，也庆幸没有出意外。我从没想过自己竟然也如此冒失。

相比之下，当我们考虑他人的行为时，我们会本能地责备他们内在的道德缺陷。几天前，我在华盛顿的家附近看到有人闯红灯，马上断定那个司机傲慢自大。他是个目无法度的家伙！即使在我写本书的时候，我仍然相信我的判断，哪怕背后隐含着伪善。

现实中，一些闯红灯的人确实是傲慢的，还有人是因为当时注意力不集中或者心情差，又或者正因为其他事情生气。许多二十多岁鲁莽的司机在四十多岁时会变得更加稳重，但是我们很难想到这种复杂性，所以就默认他们是白痴，尤其是面对我们不认识或者不信任的人时。

事实上，人们不信任加里，加里也不信任他们。这种不信任使白痴–驾驶员反射模式[20]更难被打破。加里的邻居们带着自己的情意和提案来参加会议，这是他们自己的归属感。加里的变革举措颠覆了大家共同建立的传统。邻居们把餐食带到会议上，认为这些细节的仪式感很重要，是一种热情展示邻里之间友谊的方式。加里所认为的改变习惯性认知，在某些人看起来更像是一种斥责。

即使加里的改变是好的，对一些人来说未免也太快。他没有像曾经作为调解人那样倾听每个人的意见。他无法像在工作中那样，倾听别人提出问题和解决方案。他觉得作为委员会主席，他必须全权负责，因为他要对结果负责。他对守旧派的抱怨背后隐藏的风险并不感兴趣，因为他已经不再居中调解双方的矛盾了。他成为冲突中的一部分，甚至在某种程度上，是他制造了冲突。

加里着力于建立理解环路，快要忙疯了，但似乎总是同一批人一次次地要求被倾听。他不能让他们霸占会议时间，必须留出空间让其他邻居说话，但大家都去哪了？

这涉及另一个问题：除了那些大肆抱怨的人，加里正在尽其所能让更多的人“进入房间”，但这些人没有出现。社区里最通情达理的人对委员会决定把晚上的时间花在他们身上并不太在意。那些鼓励他竞选的人和那些说过他们希望改变的人都没有参加会议。任何担任过公职的人都会认识到这个问题。极端分子的影响力很大，因为他们总是在别人都待在家里的时候出现在会场。当其他人都在过着自己的生活时，他们却日夜活跃在推特上。

这种缺席在某种程度上像是一种背叛，在更深的层次上，这种感觉像是宣告一个人的失败。加里是一个调解冲突、帮助人们团结起来的人，但他的身份正受到威胁。他协商分歧的手段——建立理解环路、沿着为什么的道路走下去、让每个人都有发言权、尊重过程——都不再起作用，而这对他个人来说是毁灭性的。就像他办公室里的那对夫妇一样，慢炖锅不只是一个慢炖锅，背后的利害关系远比看起来更严重。

加里没有意识到发生了什么，就卷入了冲突的陷阱。他为解决冲突所做的每一件事——邀请更多的人、执行更加文明的规则——似乎使情况变得更糟。这就是又一个“沥青坑”里发生的事情。

“这种感觉就像我们在战斗”

就在这个时候，加里犯了一个战术错误。缪尔海滩小镇需要提高水价，尽管供水管理成本增加了，但在过去 7 年里，水费一直没有上涨，小镇一直在用其他来源的资金弥补差额。但加州法律规定，水费必须是用水的费用。因此，为了遵守这项法规，加里支持将水费提高一倍。

守旧派勃然大怒，他们提醒大家，加里在竞选演讲时曾说他对供水管理一无所知。他们怎么能让他把水费提高一倍？“水费不需要提高一倍，”休在一次公开会议上说，“这简直是天价了。”

没人愿意看到自己的水费翻倍。对于住在缪尔海滩小镇的大多数家庭来说，每年增加的额外费用大约是 300 美元，这是一笔不小的数目，但请记住，这发生在一个相对富裕的社区——平均家庭收入为 11.2 万美元，几乎是全美平均水平的 2 倍。对大多数居民来说，300 美元不是一笔大钱。为了以防万一，提案还给出予以年收入低于 9 万美元的家庭水费五折的优惠。

但是，提高水费的提议受到反对不仅仅是钱的问题，这也关系到白痴–驾驶员反射模式。加里的邻居很容易对水费上涨做出最坏的设想，把加里的提议归因于他固有的性格缺陷，而不是当前形势所迫。邻居们会想他一定是一个傲慢自大、渴望权力或者无能的人，就像闯红灯的人一样。不然还有什么能解释他在会议上打断别人，并创建不必要的小组委员会呢？在某种程度上，这一切都说得通。

现在回想起来，如果加里提议在 5 年内逐步提高水费，结果可能会更好。他曾考虑过这个选择，但后来被说服了：守旧派无视亏空是错误的，现在是时候为社区做点对的事情了。他认为在大家接受翻倍提价之前，肯定会有一些抱怨。然而，这一举动激怒了他的反对者。反对者开始指责加里浪费开支，他们为下一次选举发起了一场回归竞选活动，这加剧了小镇的分裂局势。

2017 年 10 月，《马林独立日报》在新闻标题中用到了加里创建的标签："缪尔海滩小镇选举引发新旧两派大战。"[21] 分歧现在已出现。只是这一次，"叛乱者"不是加里和伊丽莎白，而是吉姆和休——两个守旧派成员，他们决定参加竞选来阻止加里和伊丽莎白。加里的标签被别人使用了。

紧张的氛围笼罩着小镇。当地另一家报纸也刊登了一篇关于"两个阵营"的报道，这一次引用了小镇的一名妇女的话："在街上碰到某些人时，我觉得很不舒服。"[22]

那时，加里已经开始在全美新闻中看到自己所在小镇的政治报道。他认为就像电视上的政客一样，他的批评者也在耍手段，他们利用半真半假的陈述和恐惧来让人们反对他。加里现在承认，当时的语言确实浮夸，但那个时候却觉得非常恰当。他给守旧派贴上了一个新标签，一种新的叙述，这甚至比之前的更有力，他还把特朗普归类为守旧派。

“我无法把它从我的脑海中赶走，”他说，“这种感觉就像我们在战斗。”社区的分歧已经演变成高度冲突，一场消耗巨大、超越时间的冲突。“我之后再也没见过这种局势，”加里后来告诉我，“我失去了分寸，感觉自己迷失了。”

委员会的分歧与加里的调解案件不同。其实它们并没有完全不同，对加里来说，只是感受不一样。他解释说：“两派敌对的焦点不是对方，而是我。”这让他很痛苦。他是著名的冲突调解专家，他本可以在世界各地演讲、写更多的书、接手酬劳丰厚的案件。但是，他选择把大把的时间奉献给工作——义务帮助他的小镇。人们的感激之情到哪里去了？

这种不被邻居认可，甚至被拒绝的感觉很强烈，它就像是一种毒药。他想知道，为什么这让他如此烦恼？

网络球

20 世纪 90 年代中期，社会心理学家开始在实验室中研究排斥、拒绝和放逐的影响。他们发现可以轻易地、戏剧性地诱发人们产生这些感受。例如在托莱多大学，心理学家吉卜林·威廉姆斯（Kipling Williams）以头脑风暴训练为由，把228名大学生逐一带到实验室。在训练开始之前，等候室里的另外两个人（他们在实验室工作，大学生并不知情）会在一堆东西中“发现”一个球，然后开始互相掷球。起初，他们在等候室的三个人之间掷球。之后，在一分钟愉快的掷球游戏后，“卧底”研究人员开始排斥实验对象，只是与另一位研究员互相掷球，没做任何解释。他们这样玩了4分钟，直到主要研究人员回到房间。

当掷球游戏发生变化时，被排斥的实验对象一开始会大笑，并与掷球者进行眼神交流，试图重新融入游戏。当这不起作用时，实验对象通常会停止微笑、退缩、变得安静，或者突然在背包里翻找东西。虽然这种煎熬只持续了四分钟，但气氛对所有参与者来说非常不舒服。研究人员发现游戏很难继续下去，其他旁观的研究人员从镜子中看到都觉得尴尬。这种排斥在每一个目击者身上引发了一种近乎本能的痛苦感。

在后来的实验中，心理学家们发现他们可以通过一个简单的网络游戏（他们将其命名为“网络球”[23]），带来同样的排斥感。两三个玩家与被试者一起玩一场在线接球游戏，然后突然停止抛球给他。（事实上，这两三个玩家都是由程序员控制的虚拟人物。）尽管是虚拟人物，但还是出现了与面对面实验相同的结果，被排斥的玩家只需要几分钟就会感受到明显的悲伤和愤怒。

目前至少有62个国家的5 000多人参与了网络球实验。研究人员观察其中一些人在玩游戏时大脑区域的变化。功能磁共振成像扫描仪显示，与身体疼痛相关的大脑区域被激活。威廉姆斯把这种被拒绝和放逐的结果称为“被社会排斥的痛苦”。

值得注意的是，被社会排斥的痛苦似乎不会因一个人的性格而变化。我们为什么会在与虚拟人物那么短暂的接触中感受到那么明显的痛苦呢？这么没有人情味的东西怎么会让人心理变化这么大呢？

人类有某些基本的情感需求，包括归属感、自尊、控制以及有意义的生活。这些需求对我们来说几乎和食物、水一样重要。社会排斥威胁了这些需求。

对加里来说，在委员会任职触及了四项基本需求：他对自己的社区不再有归属感；为了证明他能够把人们团结在一起解决冲突，他那与之紧密相连的自尊心也在破裂；他精心制定的程序，包括小组委员会和会议发言时间限制，遭到了所谓的守旧派的嘲笑；他的调解技能在他自己的小镇不起作用了，这对他毕生的工作意味着什么？他的整个职业生涯都成了笑话吗？

被拒绝会削弱我们的力量，尤其是在我们措手不及的时候，就像加里的遭遇一样。在实验中，那些期望被接受却惨遭拒绝的人往往会做出更有敌意的反应。这是因为意想不到和不可预测的威胁会让我们觉得更危险。[24] 在加里的例子中，他受到邀请以“救世主”的身份参加竞选，而他却被看成（至少在一些人看来）是一个唠叨鬼、小丑或恶棍。在不损害自我意识的前提下，唯一理性的解释方式就是责怪守旧派。

多项研究发现，被排斥的人通常会有同样的反应。首先，他们试图重新赢得他人的喜爱，他们急于顺从（或试图这么做）。如果这不起作用，他们就会变得咄咄逼人。而像加里这样感觉不被尊重的人，比仅仅感觉不受欢迎的人的反应更有攻击性。[25]

不论如何，他还是受到了指责。“我变得有防御性，”他后来向我承认，“我变得咄咄逼人，我开始注意策略了。”

攻击性通常会导致更多的社会排斥，但它从某种意义上来说是有帮助的：它让我们对环境有了一种新的控制感，从而恢复了我们最基本的需求之一，即使只是暂时恢复。同样，如果我们视对方为异类，这能帮助恢复我们受损的自尊——“我们”是好人，“他们”是坏人。妖魔化也能赋予我们一种使命感：我们在与邪恶做斗争。还有什么比这更有意义呢？

当人们鼓起勇气反抗并大声指责政客的谎言和不当行为时，他们往往会被排斥。经历着巨大的被社会排斥的痛苦，这要么迫使他们回归阵营，变得过于顺从，要么迫使他们猛烈抨击他人以保护自己。

这就是为什么羞辱政客通常会适得其反。它会让你的感觉好起来，暂时恢复主导，但羞辱是社会排斥的一种极端形式。相当于那些在乎你的想法或因为某种原因需要你的支持的人施加的压力，后者会产生推动效果。羞辱大概率会让对手变得更强大，尤其是另一组的人来羞辱的时候。它加剧了分裂，让另一方在恐惧或愤怒中更加紧密地团结在一起，使他们更加肆无忌惮。

它使“我们”坚信自己站在善的一边，而“他们”站在恶的一边。2018 年 6 月，弗吉尼亚州一家名为“红母鸡”的高档乡村餐厅的老板要求特朗普的发言人萨拉·赫卡比·桑德斯和她的家人离开，理由是她支持特朗普的同性恋政策。[26] 随后，一名服务员在社交媒体上写下这件事，记者们开始联系桑德斯做出回应。她站在道德高地回应道："昨天晚上，红母鸡的主人让我离开……我礼貌地离开了。她这波操作只会自毁声誉，而不是毁掉我。"桑德斯在推特上对她的 420 万名粉丝写道："我总是尽最大努力尊重他人，包括那些我不赞同的人，我会继续这样做。"

特朗普总统后来插手此事，对他的 7 140 万名粉丝说这家餐厅"肮脏"。针对餐厅老板、镇长、警察和为餐厅供货的农民的威胁接踵而至。75 人出现在这家餐厅外抗议并互相谩骂，那时餐厅已经关门 10 天了。桑德斯最终得到了特勤局的保护。三 K 党的传单出现在餐厅周围的社区。"沥青坑"里一天比一天拥挤。

"我觉得我们已经失去了你"

2017 年夏天，加里的儿子卡西迪开始从认识的人口中听到一些攻击性言论。"'主席'怎么样了？"人们会用这种头衔称呼他的父亲，边说还边翻白眼。他不知道该怎么回答，只好微笑着转移话题。

加里的妻子崔西注意到有些人不再与她交流。"这让我很难过，也很痛苦，"她告诉我，"我成了'加里的妻子'，但人们不喜欢加里。"有一天，她告诉加里，她觉得自己在小镇已经没有朋友了，她开始害怕每月一次的社区会议。

这场冲突也困扰着加里。他会在夜里两点醒来，脑子里思绪杂乱。他会想象他如何迫使守旧派最终公开承认他是对的，自己是错的。他会在脑海里一遍又一遍地回放那些会议。他尝试在海边的斜顶小木屋里花更多时间冥想，但并不起作用。“如果你认为冥想是解决一切问题的办法，那还是再想想别的办法吧。”他对朋友们说。

加里在职业生涯中第一次不能靠骑 42 分钟的自行车回家来逃避冲突。这场冲突笼罩着他的社区。“这是我住的地方，这是我的子孙来看我的地方。”当他牵着阿蒂出去散步时，他会感受到某些邻居的敌意。有人告诉他，守旧派的成员休说加里是“拿破仑”，根本不听别人的意见。“这可太难以置信了。”加里说。培训成千上万的人学会倾听的他反而不知道如何倾听？他质问休，但休否认说过这样的话。

加里感觉进退两难。“仇恨的感觉扑面而来，令人厌恶，尤其是在你遛狗的时候。你知道人们会说一些关于你的不实言论，你又不能反驳他们，因为如果你反驳了，你就坐实了这些言论。”

听到加里的这些话，既让人心安，又让人担忧。一方面，既然连调解冲突的大师都无法避免陷入冲突陷阱，那么我们的片刻狭隘就都能得到原谅。另一方面，这也给人不祥的预感，如果加里都抵挡不住这些陷阱，我们其他人还有什么希望？

那年夏天，加里发现自己总是在小事上执拗，还把它们升级成大问题。在家庭聚会上，他总是不停地谈论邻里纠纷的细节：关于爱彼迎和其他度假租赁项目的争论，这似乎在缪尔海滩小镇随处可见，与美国国家公园管理局的紧张关系也一直持续。加里总是没完没了地谈论委员会上开展的每一场辩论。他没有开启调解模式去审视这些冲突：将其视为一个需要调查的系统，倾听人们更深层次的担忧，将他们从敌对状态推到共同解决问题的状态。

“加里太往心里去了。”卡西迪说。“他开始变得自我防备。有‘好’的团队，就有‘坏’的团队；有支持他的人，就有反对他的人。他觉得不再有理解环路，只有喃喃自语。”

加里的家人试着把他拉出来。一天吃午饭时，卡西迪质问他的父亲：“屋子里弥漫着一种有毒的空气，你为此失眠，但你依然视而不见。老实说，作为‘调解大师’的儿子，看到你对 99% 的事情都有深刻的洞察力，然而剩下的 1% 却总是被你忽略，这就等于没有洞察力。”

加里的女儿西德尼在那个时候生下她的第一个孩子，但父亲满脑子都是委员会，少言寡语，这种冷漠让她很伤心。像她哥哥一样，她也觉得自己不得不说点什么。“我觉得我们已经失去了你。”她对父亲说。

崔西抱怨她已经认不出加里是谁了。这是陷入冲突的人对所爱之人经常说的话，他们认不出自己的配偶、兄弟姐妹或朋友。有一天，崔西说她想搬离缪尔海滩小镇，这话让加里很崩溃。他在脑子里一遍又一遍地想，为什么他试图保护缪尔海滩小镇的魔力反而被扼杀在这里呢？”

一封信

“在冲突中很少有一方完全正确，而另一方完全错误。”

——加里 · 弗里德曼，《内外战术》

加里的任期为 5 年，但他的盟友伊丽莎白早在 2017 年 11 月就准备再次竞选。那时候，社区会议已经变得紧张起来。当时，政府要求必须用更高浓度的氯来净化地下水，以保护居民免受细菌的侵害，守旧派大肆宣扬大量危险的氯进入供水系统得到了加里的允许。加里对这一指控震惊了，他们无所不用其极，既粗鲁，又可恨。[27]

这是我们陷入冲突陷阱的一种模式：如果我们认为某人是可恨的，我们就不会试图去理解他，甚至不会再和他对话。“轻蔑是爱情的硫酸。”研究婚姻的心理学家约翰 · 戈特曼说。他发现“轻蔑”是离婚最有力的预测指标，即使没有表现出“轻蔑”，人们也能感受到它。[28]

加里和创新派的成员认为他们在管理小镇时更道德，也更正确。守旧派的成员也这么认为，他们认为自己非常了解供水系统，他们为这个小镇奉献了多年，但却被那些自大、无知的政治新手抛弃和轻视，其中一位只以区区 4 票的优势获胜。

在 2017 年大选前几天，加里意识到他的团队可能会输。守旧派可能会赢得足够的席位来夺回委员会的控制权。劳工组织者、加里最亲密的政治顾问塔尼娅建议他采取大动作，向当权者说出真相。他们一起起草了一封批判守旧派的信。加里签了名，并发布在小镇的网站上。“我所能做的就是反击。”加里说。他逐个反击，彻底驳斥了那些反对之声——不管怎么样，这都是他的真实想法。

加里在信中写道：“你们辜负了缪尔海滩小镇对你们最基本的信任。”他指责小镇过去没有进行财务审计。“前委员会领导层处理我们社区纳税人的宝贵资源的方式，用‘不计后果’这个词来形容再贴切不过了。”

加里觉得迫切需要为自己和伊丽莎白辩护，塔尼娅也表示赞同。“你需要写一封信来揭露这些谎言，这就是对付右翼暴徒的方法。”一些抨击水费上涨的人，正是那些在他上任之前没有进行审计的人。这种伪善太过极端，很难让人视而不见。

“你们现在批评审计的细节以及过去完全被你们忽略的文件，这一事实让我感到震惊，这足以证明你们缺乏谦逊，没有任何羞愧、悔悟或责任感。”

在信中，加里6次提到“连续8年”没有进行审计。他写了6次数字“8”，然后用符号重点标注这个数字。这读起来就像几十年前他在律师事务所写的法律文书的摘要。他不再是调解人加里，他是出庭律师。

当然，他想既然他已经列出了事实，人们将不得不承认他是对的。“在我看来，”他写道，“目前，你们很幸运地避免了基于你们故意和多次违反法律所引起的行政、民事甚至刑事调查。”

当他准备发出这封信时，他感到一丝不安。好像有些地方不太对劲，似乎是语气问题。他有些不好的预感。

但他还是把信发出去了。

那些家伙才是最差劲的！

人们总是觉得别人容易陷入高度冲突，而自己不会。即使听了加里的故事，我们也会暗示自己，这是加里的自负、盲目造成的。他真是个可怜的人。我们当然是不一样的，我们不会像他那样失去理智。

的确，有些人比其他人更善于处理压力和冲突。即使在极端的情况下，他们也能控制自己的情绪，和他人保持合作。这就是美国国家航空航天局（NASA）寻找的宇航员。最近的 11 名宇航员是从 18 353 名申请者中选出的，入选率大约为 0.06%。这意味着进入哈佛大学比进入 NASA 要容易 75 倍。[29]

面对如此多的申请者，NASA 花了很大的力气来挑选那些适应力特别强的人。“你们需要相互依赖，真的。”[30] 前宇航员小杰·巴基说，他在太空中帮助宇航员疏解人际关系压力。“能够避免真正有害的冲突是非常重要的。”

除了其他测试，应征者还要接受心理面试，能通过的人往往具有很强的适应能力：善于社交，精神稳定，身体健康，特别擅长在压力下与他人共事。

宇航员被录用后，将接受冲突管理和沟通技能培训，模拟如何处理与其他宇航员的冲突，这些培训可以提高他们的心理能力。与其他人相比，他们不太可能出现“压力荷尔蒙”急剧升高，这种激素会在我们害怕或愤怒时削弱我们清晰思考的能力。

事实上，可能没有人比宇航员更能对抗冲突了。那么任务中都发生了什么呢？或者说每次模拟任务都进展顺利吗？

冲突肯定是不可避免的。“你不可能找到一个从不与他人发生冲突的人。”金·宾斯特德说，他是 NASA 夏威夷长期太空探索模拟项目的主要研究员。“你可以选择一个戏没有那么多的团队，而不是一点戏都没有的。”[31]

宇航员不会轻易陷入冲突，他们花费的时间往往更长——当然比我要长得多——但最终还是无法避免。如今这个问题比以往任何时候都更重要，因为 NASA 预计在未来十年将宇航员送上火星。这项任务长达 520 天，超出了任何人所能对抗冲突的极限。

2010 年 6 月，在莫斯科进行的一次时间超长的深空模拟生存训练中，来自 4 个国家的 6 名男宇航员模拟登陆火星，他们在一座狭小的混凝土建筑中生活了 17 个月，过着与外界隔离的生活，也无法与地球上的家人定时联系。每周他们都会参与一项关于人际冲突的调查。

他们一共报告了 49 场冲突。[32] 据推测，还有更琐碎、更令人恼火的冲突没有记录下来。可以肯定地说，外层空间和地球上一样，存在着无限多的冲突导火索。测试者们因为家里传来的坏消息而苦恼，然后互相发泄，睡眠不好也容易使情绪变得急躁。

有一种特殊的冲突几乎肯定会发生：宇航员和地面控制人员之

间的冲突。这又是一组二元对立的力量。冲突中存在两个组：一组在太空，另一组在地球上。因此，很多宇航员的挫败感都传回了地面控制中心。

在那次火星模拟生存训练中，宇航员报告的与地面控制中心的冲突是宇航员之间冲突的5倍。这是又一个“创新派”和“守旧派”的故事。在太空中，宇航员称地面控制人员为“脱节的地勤人员”。

宾斯特德说：“宇航员认为地勤要求太多，不讲理，反应迟钝，在不知道现场真实情况下提出各种不可能的要求。”他列举了地勤人员“脱节”的各种表现，而地面控制中心的人想的是，“他们为什么这么自以为是？我只是要求他们做一件事而已！”

当然，地面控制中心很容易让人烦躁。他们不在现场，无法同情宇航员的遭遇。而在火星模拟生存训练中，向他们发送信息并收到回复往往需要40分钟。在外太空无法与地球进行电话或视频通话，所有的对话都是通过电磁波传递信息的。这意味着沟通滞后且无法令人满意。如果没有肢体语言和有声语言的细微差别，文字沟通肯定会带来误解。

宾斯特德是太空旅行界的“加里·弗里德曼”。她非常了解冲突，但当她自己被封闭在一个模拟的太空舱内4个月后，她也经历了团队和地面控制中心之间的冲突。即使早有预期，她还是陷入了冲突陷阱，就像加里一样。整整13年过去了，当她和我共进午餐谈起这件事时，她仍然很生气。“我想说，直到今天，我都觉得地面控制中心做错了。”

测试者开始新的模拟项目之前，宾斯特德都会警告他们：这种地面控制人员与宇航员之间的冲突必然会发生。他们听了之后点点头，通常会想，既然他们知道了，这种事就不会发生在他们身上。“肯定会发生。”宾斯特德说。她顿了顿，又笑着补充说，“当然有例外是再好不过了！”

即使是在更短的太空任务中，你也能从 NASA 存档的斯多葛式互动中感受到紧张的氛围。以下是 1965 年宇航员与地面控制中心的一次常规通信。宇航员艾德 · 怀特正在向地面控制中心传送宇宙飞船的空间坐标。

怀特：“01，34，0，0，9。”

地面：“好的，艾德，我得纠正你的错误。是 013，40，09。”

怀特：“我就是这么说的。”

地面：“啊，不，我觉得你说的是‘01，34……’。”

怀特：“好吧……我第一次读对了。”

地面：“好吧，你读的数字是对的，但你的节奏不对。”

怀特：“什么不对？”

地面：“你的节奏不对。”[33]

宇航员怀特并不是那么容易被激怒的人。在同一次任务中，他成为第一个在太空行走的人，你可以听出来他对地面控制中心的不屑，他似乎在压抑心中的怒火。

乔希 · 埃利希是洛克希德 · 马丁空间系统公司的系统工程师，也是一名有抱负的宇航员。2017 年，在一次火星模拟生存训练中，他和 5 个陌生人一起封闭相处了近 8 个月。当我们在华盛顿一起喝咖啡时，我觉得他是一个讨人喜欢、积极向上的人，但他也经历过与地面控制中心的紧张关系。他说，最让他吃惊的是，这种紧张实际上加强了他与其他宇航员的关系。

“有时候你会收到来自支持部门的邮件，你会纳闷‘这个人在想什么呢？他真是疯了！’然后你会告诉同伴：‘嘿，看看这个！’那个时刻会带来一种亲密的体验。”

我们希望有群体归属感，就像我们希望被理解一样。一种迅速建立联系的方法是以牺牲另一个群体为代价的，无论是地面控制中心、民主党还是位于旧金山的公司总部。那些家伙才是最差劲的！

“这是人身攻击”

> “当冲突占据上风时，它就会制造现实。”
>
> ——加里·弗里德曼、杰克·希梅尔斯坦，《挑战冲突》

加里刚刚宣布会议开始，乔尔就打断了他。这是选举前的最后一次会议。

乔尔说：“加里，我真的很失望，我特别要求你把三个项目列入议程，而你在慎重考虑后却都给排除了。”乔尔的声音发紧，“我认为这些都是重要的事项，是委员会需要讨论的议题”。

乔尔也是委员会成员，就是两年前加里曾劝他不要竞选委员会主席的那个人。那时候，加里很喜欢乔尔，期待在社区会议上看到他，但现在他发现乔尔很难相处。在加里看来，他话太多，太容易发脾气，而且喜欢找麻烦。

乔尔所说的“三个项目”之一，就是加里在委员会网站上发布的那封信。乔尔认为这封信“完全不合时宜”。“我非常失望，因为在这次会议之前很长时间，我就向你提出了这个要求，而你却坚决拒绝把这些问题列入议程。”乔尔说。

加里被迫做出回应：“我确实这么做了，谢谢你的评论，但我们不能谈论它们，因为它们不在议程上。”

这听起来有些无厘头。加里拒绝把这些事项提上议程，因此委员会不能讨论它们，前提是因为它们不在议程上。

“如果我们要讨论这些问题，我们必须提前通知委员会把它们列入议程。”加里继续说道。“所以它们不会出现在今晚的议程上，这并不是说它们不重要，或是说不值得讨论。我们有机会把它们列入未来的议程。”另一位委员会成员抱怨说，她的问题也没有列入议程。加里坚持说：“这不在议程上。”一名参会者喊道：“破个例吧！”

“说得没错！”另一个人喊道。加里逐渐失去对会议的控制，而这才刚刚开始，他们甚至还没有通过那个惹怒众人的议程。

“等一下，大家慢一点，慢一点！”加里对人们大喊。“请大家，哦，不，嘿，等一下，等一下，我正在主持这个会议，我正在尽我所能，请大家先不要发表评论。”

乔尔又提起了那封信。“我很想知道，而且应该在这里讨论，一封非常不恰当的信是如何出现在网站上的。”

这一次，加里立即打断了他，甚至没有提及议程的事。“好吧，我对回应人身攻击不感兴趣。”

“这不是人身攻击。”乔尔回答。

“这是，”加里坚定地回答，“而且是对我的人身攻击。”

在加里的内心深处，他意识到把这封信发布在小镇的网站上是个错误。很久以前，他也是这样批评他父亲的所作所为的。当发布这封信时，他感到一丝不安，而现在乔尔正强迫他公开承认自己未能兑现诺言。

然后，乔尔做了一件令人震惊的事，一件加里不曾预料的事。他说：“我对你担任委员会主席的能力完全失去了信心。”他呼吁立即将加里撤职。

“我要提议——”

加里打断了他，语气绝望：“你无权提议，这不在议程上。”

“加里，这件事没必要必须在议程上。”

加里被逼到了绝境。就在两年前，就在这个地方，加里曾说过要把魔力带回缪尔海滩小镇，他的家人也从观众席上对他微笑。他和乔尔一直友好相处。几年前，他甚至为乔尔的儿子调解过一次冲突。然而现在，他却在这里主持一场拙劣的小镇社区会议，还差点被踢出这个不知名的小镇志愿者办公室。事情是怎么发展到这个地步的？

加里的信成为触发所有冲突的导火索。为自己辩护没错，而攻击他人造成伤害和愤怒则不行。不是因为它是错的，而是因为它不起作用。指责就像羞辱一样，会让我们的对手激烈反抗。这就像物理定律一样很容易预测，加里应该比任何人都清楚。

“那时我坚信自己是对的，我在替上帝行事，我在反抗特朗普保守派。”实际上，加里和他的对手正在为上调300美元的水费而吵得不可开交。这不足以危及美国民主的未来，也不会给人造成生命危险。他们都是非常幸运的人，住在海边一个名副其实的天堂里，为小事争吵不休，但这无关紧要。冲突定义了一切。

针对乔尔的“政变”，加里指出委员会的规章制度不允许这样做。加里就像一个溺水的人，拼命坚守着程序和协议。会议断断续续地进行着，两个小时后，加里终于开放了公众评论。一位名叫威廉的邻居走到麦克风前。

“那封信，”威廉说，“充满了谎言、不准确和诽谤性的言论，非常卑鄙。”

加里再也受不了了。他跳起来为自己辩护，椅子在社区中心的地板上发出刺耳的摩擦声。

加里：“好吧，我只想说，我坚持信上的观点！”

威廉：“不，让我说完。”

加里：“不行，3分钟时间到了！”

威廉：“不，没到。”

加里：“是的！时间到了，我在给你计时。威廉，你的确不能再继续了。”

事实上，威廉只用了90秒的时间，但加里觉得他别无选择。他必须制止这些攻击。他必须保护自己。

威廉：“事实是——你越界了。”

加里：“威廉，这是人身攻击，我不会接受的。3 分钟时间到了。不，停止！停下来！你的 3 分钟发言结束了，谢谢。听着，人身攻击是不被允许的。我们要遵守统一性规则。”

陷于冲突之中的加里是不可能看出其中的讽刺的。

大家开始讲他的闲话。2 分钟后，加里提议休会。这是他作为主席主持的最后一次例会。

“我很敬重他”

当加里参加竞选时，守旧派的休已经与他做了 23 年的邻居。事实上，几年前他曾向加里寻求帮助，来调解与小镇上一位邻居的财产纠纷，所以他最初认为加里是委员会主席的理想人选。

“对于这份工作，我最信任的人莫过于加里，”休告诉我，“我很敬重他。”

当休听说加里要参加竞选时，他非常激动。事实上，他曾问过当时的委员会主席吉姆，如果加里获胜，加里能否成为委员会主席。

“我以为我能心平气和。”休冷冷地告诉我。

那么在休看来，到底发生了什么？谈到这件事，即使是在信件事件两年后，休听起来还是既悲伤又有些困惑。

休在社区工作了 16 年，先是当选委员会成员，然后是地区经理。他对社区道路和供水系统很了解，他认为自己擅长这份工作。

加里上任之前，休一直努力提高工作效率。他承认，他并不总是把所有事情传达给每个人。虽然没有全体委员的概念，但他试图打造一种社区意识。每个月他都会给出席社区会议的每个人带咖啡和零食，而且对发言没有时间限制。

之后加里上任。不到一年，加里就成立了 23 个小组委员会。休至今仍记得这个数字。

休两年前帮助启动的一项主干道维修工程陷于停工僵局。加里故意抹杀了休所做的一切，至少在休看来是这样。

起初，尽管心存疑虑，休试图赞同这个新制度，但当他想加入新的委员会时，却被告知加里不希望他加入。“加里觉得社区太依赖我了。”他甚至都不知道成立了一个新的供水管理委员会。“我有点厌烦，”休说，“我知道如何修建道路、人行道和管道，我获得了市政饮用水处理证书，我觉得我具备所有必备的技能。”

加里本想更包容一些，但他把休排除在外。就好像加里和伊丽莎白突然不再把球抛给休一样，休不知道是什么原因。

直到跟我交谈之后，休才知道这么多年加里一直称他为“守旧派的一员”。他自己根本不这么认为。在缪尔海滩，休是基础设施建设方面的专家，是实际做事的人，这就是他对自己在社区中的角色定位。在加里的治理下，这些事情不再重要。休考虑过搬家。他告诉自己已经成年的孩子们，他只是不再喜欢缪尔海滩小镇了。就像加里的妻子一样，他不再确定自己是否属于这里。

最后，休决定和吉姆一起，在下次选举中与加里的盟友伊丽莎白竞争。实际上，他的对手是加里，尽管加里的任期还没结束。他有自己的团队，敦促他参与竞选，重回“政坛”。“社区里很多人希望一切能恢复原样。”

之后加里就写了那封信，指责他和吉姆管理不善。“我惊呆了，”休说，“我进入了防御模式。”竞选活动变得丑陋不堪。休希望马上结束战斗。真正刺痛他的是，实际上他最初支持了加里的竞选。和加里一样，他希望自己的所作所为能得到别人的赞赏。结果恰恰相反，他被排斥了。

被社会排斥的痛苦会传染。休越痛苦，加里就越痛苦。

麻木无感

加里说，选举的准备阶段就像一个“污水坑”。镇上的人投票反对提高水价，加里所做的一切都被否决了。他痛苦不堪，但已经麻木无感，他什么也做不了，只能眼睁睁地等待噩梦结束。就像休一样，他迫不及待地想结束这一切。

冲突陷阱让我们一旦陷入困境就难以自拔。我们知道内心想要的是和平，我们知道为了达到目标愿意做哪些妥协。对方也是如此。我们如此相近，却发现寸步难行。那些把我们拉进“沥青坑”的无形力量，包括二元对立、被社会排斥的痛苦、沟通错觉和白痴-驾驶员反射模式，都变得更强大了。

即使愿意，我们也不想成为第一个提出和解的人，因为我们担心这会被视为软弱的表现，然后我们会被要求放弃更多。我们不相信对方真正想要讲和。对和解的每一次拒绝都直接表明了我们的偏见和刻板印象。我们无法不去权衡双方立场。

即使在更大、更棘手、更严重的冲突中，这种情况也会发生，例如2/3的巴勒斯坦人和2/3的以色列人支持过去提出的各种和平计划。人们想要和平的生活，不再受到岗哨的恐吓与威胁，也不再因为爆炸感到恐惧。然而，冲突仍在继续。

伊兰·哈尔佩林是一名研究冲突问题的以色列心理学家。每当他在以色列演讲时，他总是提问现场有多少听众听说过《阿拉伯和平倡议》。这是2002年3月沙特王储阿卜杜拉公布的一项和平计划。根据这项倡议，以色列从1967年以来占领的阿拉伯领土上全面撤出，阿拉伯国家将与以色列建立正常关系并实现永久和平。与以往的立场相比，该倡议是阿拉伯国家一次不同寻常的让步，赢得了世界各国的好评。同年，该倡议得到阿拉伯国家联盟所有成员的赞同，并在2007年和2017年再次获得支持。

哈尔佩林没有问听众是否支持《阿拉伯和平倡议》，他只是问他们是否听说过这一倡议。19年来，这一倡议一直是新闻媒体的例行报道。[34]

“我从未见到现场超过5%的人举手，”哈尔佩林告诉我，“媒体确实在报道，但人们并不想听，这与他们对这场冲突的看法完全矛盾。”《阿拉伯和平倡议》是切实可行且意义重大的，但人们对此一无所知。人们对阿以冲突已经充耳不闻，心灵的眼睛被蒙蔽了。“如果你相信对方永远不会改变，总是试图欺骗我们，我们是最终的受害者，那你就没有理由费心去寻找这个机会了。”哈尔佩林说。

美国人也被冲突蒙蔽了双眼。民主党人认为共和党人比现实生活中更富有、年龄更大、更冷漠、更不讲理。共和党人认为民主党人比实际中更偏向于支持无神论者和同性恋，也更激进。[35] 热衷政治的两个党派对彼此的误解最深。

两个党派的美国人都猜测，对方持有极端观点的人数几乎是实际人数的两倍。[36] 民主党和共和党也大大高估了对方对他们的厌恶程度。[37]

这些误解听起来微不足道，但它们也会引发灾难性的后果。如果你感受到了威胁，你就无法保持好奇心。如果你认为对方比实际中更极端、更可恶，那么不管看起来多么精神错乱或分裂的一个人，你都宁愿把票投给他而不是投给对方。2016 年，大约一半的美国选民表示，他们的选票都是出于保守才投出的，更多是基于他们反对谁，而不是支持谁。[38]

与此同时，那些旨在帮助我们获取更多信息的机构似乎达到了相反的效果。美国人花在各种新闻来源上的时间越多，他们对对方的看法就越不准确。尤其是民主党人接受的教育程度越高，他们对共和党人就越不理解。持有研究生学历的民主党人对共和党人的认知，不准确程度是高中就辍学的民主党人的 3 倍。[39]

选举日那天，加里最亲密的盟友伊丽莎白被赶下台。这是加里最可怕的噩梦。她和乔尔被休和吉姆取代，他们是加里最激烈的守旧派竞争对手，他那封惹怒众人的信就是写给他们的。加里的任期直到 2021 年才结束，但他在委员会已经没有明确的盟友了。

“这真是当头一棒，他们就是这样对伊丽莎白的。”塔尼娅说，

“自私、歧视女性，太可恶了。”塔尼娅认为，加里的信不是问题所在，问题是缺乏后续行动。“这封信很伟大，但你知道他们会采取报复的。”塔尼娅告诉我，加里应该继续采取行动，他应该写一份请愿书，呼吁停止敌对的语言和谎言，他应该去敲更多人的门。

新委员会几乎撤掉了所有小组委员会。“我也成为‘奥巴马’了。”加里说。守旧派正在迅速毁掉他取得的一切成就，就像同一时期数千米以外的华盛顿，特朗普毁掉奥巴马的政治遗产一样。“他们几乎削弱或逆转了一切。”

“我感到深深的羞辱、痛苦和悲伤。”加里说。他以戏剧性的口吻描述这次选举：“我们被重创。情况不能更糟。”

加里的这番话让我感到错愕，他好像中了什么魔咒，我想摇醒他，提醒他曾教给我和成千上万客户的一切。难道他看不出自己陷入冲突并已经被冲突控制了吗？

两党派系

现在，我们假设政党是代议制民主正常运作必不可少的恶魔。正如我们所见，美国的开国元勋们极力反对政党制度。亚历山大·汉密尔顿称政党是受拥护的政府“最危险的敌人”[40]。乔治·华盛顿在他的告别演说中警告说：“随着时间的推移和事态的发展，它们很可能成为强大的引擎，那些狡猾、野心勃勃而又毫无原则的人会利用这股力量颠覆个人的权利，篡夺对政府的控制权。”[41]

汉密尔顿、华盛顿、杰斐逊和亚当斯都认识到对抗体制的力量会触发最坏的发展倾向。华盛顿一家之所以来到新大陆，是为了避免 17 世纪英国内战中使国家四分五裂的派系争斗所造成的暴力。当人们被归类为对立的派系时，高度冲突发生的概率会更高，这是精心设计的结果。

在法律领域，加里创造了一个全新的局面，并制定了一套新的规则来处理冲突。事实证明很有效！世界各地的人们蜂拥而至寻求调解，这证明对抗不是管理冲突的唯一方法，也不是最好的方法。

但当加里试图像改变法律一样去改变政治时，他听取了塔尼娅的建议，使用了旧的对抗性策略。塔尼娅用二元对立的思维看待这个世界，即世界存在一个“我们”和一个“他们”。加里试图在旧规则下玩一个新游戏。这就好比他走上法庭，在法官和陪审团以及检察官面前开始大讲特讲慢炖锅的故事。那永远行不通。

但这种“我们和他们”之间的对抗是不可避免的。当涉及政治时，游戏规则又会是什么样子呢?

当下就有 500 万到 700 万人明确采取对抗主义政治态度。他们为美国民主所做的，就像加里及其同事为法律制度所做的那样：创造了一种全新的非对抗性游戏，一种旨在激发合作而非竞争本能的游戏。

接下来要说的不是一个国家或一个城市，而是一个教派。在写本书之前，我对它一无所知，但请耐心听我说完，因为它是现实生活中的实验，已经在世界各地持续了一个多世纪。

巴哈伊教信仰的主要教义是万物彼此相连，不区分“我们”和

“他们”。巴哈伊教接纳耶稣基督和先知穆罕默德，相信宗教同源。该团体始于19世纪中叶的伊朗，现在几乎遍布世界各地，在美国有15万教徒，最大的信教群体在印度。他们没有教士阶层，也没有专职掌管事务的神职人员。那么教徒们是如何做决策的呢？

每年春天，在17 000个巴哈伊宗教社区里，教徒们聚在一起选举委员会成员。这非常接近理想状态下的政治生活，由此产生的灵体会负责全球233个国家和地区的巴哈伊宗教社区的运转。

有一个不同之处在于，这些选举是为了减少高度冲突的可能性。巴哈伊教没有派别之分，不允许二元对立。教徒不允许竞选某个职位，甚至不允许讨论谁是最好的候选人。他们只讨论候选人最需要哪些品质。

祈祷结束后，每位巴哈伊教徒都会写下他们认为具有领导经验和特质的9个人的名字。不记名投票清点完毕后宣布9位“获胜者”，之后不举办庆祝活动。

当恩万迪·劳森第一次当选为佐治亚州亚特兰大市地区灵体会的成员时，她还是佐治亚州公共广播公司的高级政治记者，主持一档名为《立法者》的政治节目。她有太多的事情要去处理。事实上，她当晚很早就离开了会场，去哄她蹒跚学步的女儿睡觉。

当天夜里，一位巴哈伊教徒敲开她的门，递给她一个礼品袋，里面装着一些香味乳液，说道：“你当选了。”

“哦，”劳森说，“好吧。”

不管是否愿意，她都将任职一年。劳森知道，这是履行巴哈伊教徒的职责。不过，她还是对自己当选感到惊讶。

“我把票投给了别人，我从没想过自己会当选。”劳森告诉我，“我那时还只是个新人，我很乐意让其他更有经验的人来管理社区。”

正是这种想法让劳森非常适合这份工作。巴哈伊教试图选择那些不渴望被关注、无心权力的人。巴哈伊教的发言人詹姆斯·萨米米·法尔说：“当选并不是身份的象征，而是对继续保持谦卑的呼吁。”

当然，这与传统的选举正好相反，传统的选举是那些渴望得到认可的人的自我选择。还有谁愿意连续数月不知羞耻地在政治演讲和竞选刊物中吹嘘自己？还有谁会一遍又一遍地向纳税人张口要钱？对于美国来说，这在国家层面尤为正确。除了自恋者，谁还会有动力忍受一场既耗时又有争议的选举，同时忍受巨额花费、身心俱疲和详细审查？

当选后，劳森开始参加灵体会的每周例会。他们负责监督巴哈伊教徒的婚礼、教育等项目，处理她所在社区大约 80 位巴哈伊教徒的财务预算。

巴哈伊教徒试图约束自我，引导团结。在每次会议上，他们都遵循一种“协商”的协议，旨在让人们放下个人尊严说出自己的想法。例如，如果劳森建议该组织与当地一家非营利组织合作来扩大他们的教育项目，那么这个想法在她说出的那一刻就会成为该组织的共有财产，不再是恩万迪·劳森个人的主意。如果有人提出替代方案或批评，她可以不必为自己的想法辩护。这不再关乎她个人了。

劳森告诉我，这些都不是容易的事。“因为我们确实有自我。如果有人否定了你的想法，事情就会变得很困难。”记住协商应遵循的原则是有帮助的，包括谦卑和耐心，而劳森并不总是能做到。这是一项持续不断的工作，为了提醒自己，她在冰箱门上贴了一张原则清单。“每次我去拿牛奶、鸡蛋或黄油时，我都会再看一遍。”

经过深思熟虑后，如果她的巴哈伊小组投票赞成某一想法，每个人都要承诺全心全意地参与实践，包括那些最初不同意的人。如果反对，小组将举行另一次协商重新评估。“‘我早就告诉过你’是不允许说的。”劳森笑着说。

多年来，通过不断学习，她已经越来越善于放松对自我想法的控制。不仅在她的教胞之间，在其他场合也是如此。她在工作和家庭中也会使用协商模式。这种模式让会议更和谐，也会产生更具有创造力的解决方案。

在劳森以巴哈伊教徒的身份学习如何履行民选职务时，她对传统政治的看法也在瓦解。20 世纪 90 年代初，她刚开始在美国有线电视新闻网（CNN）工作。她被自己报道过的一些政客的风范和才华激励，哪怕是她反对的政客。到了 21 世纪初，她就觉得没什么可敬佩的了。“随着时间的流逝，我觉得这就是人们之间的争吵罢了。”

她在巴哈伊宗教社区的经历改变了她对一个不同目的的政治体系将会取得怎样的成就的理解。她总结道：“有更好的方法来解决问题，实际上这是一种自由的体验。”

“我们的目的不是为自己赢得荣誉，也不是为了炫耀自己，而是为了解决问题。”刚开始时，她对自己所在的“民选议会”在一次会议上能完成多少工作感到惊讶，所有议程都需要达成共识。一旦人们开始积极地抛开自我、一起努力，事情就会变得容易得多。

如果社会学家设计出一种宗教，它会是相似的。数十年来对群体行为的研究得出的关键结论并不是说群体总是会妖魔化对方。人类并非天生暴力或邪恶。事实上，战争是人类历史长河中一个相对近期的现象，最早出现在大约一万年前。[42]当时简单的狩猎采集群体开始定居下来，社会关系变得更加复杂，开始争夺资源。考古学家发现，在那之前的18万年里，人类并没有参与集体暴力的行为。

最值得吸取的教训是，人类可以去妖魔化，或者说转向合作。传统和制度的重要性远远超过我们的想象。“对于同一群人，如果我们将他们放入这样一个社会世界，他们就会宽容地对待彼此。”社会学家尼古拉斯·克里斯塔基斯（Nicholas Christakis）在《蓝图：好社会的八个特征》中写道：“但是如果我们把他们放入另一个社会世界，他们就可能非常卑鄙或对他人漠不关心。”[43]这个见解可以回答如何解决社交媒体和互联网上出现的问题。优兔和脸书等社交平台的设计初衷是耗尽人们的注意力，分裂人们，但它们可以被重新设计为激励合作和包容，这并不难实现。

自第一次当选以后，劳森已经多次连任，在不同的职务上任职长达18年。地区灵体会选举产生9人的国家灵体会，国家灵体会再投票选出9人，在以色列海法组建世界正义院。同样的原则也适用于各级治理中，督促教徒约束自我。

所有这些传统都是为了帮助人们理解彼此和解决问题，而不是让彼此失去人性。如此看来，巴哈伊选举之于政治选举，就像调解之于法律——二者是完全不同的游戏。它旨在恢复人类的合作本能，而不是相互竞争。它并不完美，但它展现了人类在完全不同的游戏中能够达成什么。

模糊的界限

我们习惯了透过我们和他们、赢家和输家的视角来看待每一个政治故事。巴哈伊教的模式似乎遥不可及，但有一些渐进的方法能够减少政治中的二元对立。它不是什么秘密，也不从属于某种教派。

首先，给人们两个以上的选择。它并不能解决所有问题，但它降低了二元对立的危害性。复杂性的提高不会轻易沦落为“我们”和“他们”的对立。排序投票制就是其中一个方法。[44] 选民们不仅会有第一选择，还会有第二选择和第三选择，以防第一选择得不到足够的选票。这样，我们的专注力才会得以分散，更多的人感到被倾听，即使他们的第一选择落选。这不是孤注一掷的命题。

比例代表制有助于减少二元对立，它按每个政党赢得的选票比例分配席位。[45] 通过这种方式，小党派即使没有赢得多数选票，也可以赢得席位。即使是少数，人们仍然有发言权。

在全球范围内，我们可以看到差异。研究人员发现，生活在比例代表制国家的人们往往更信任彼此。他们较少受到两极分化的影响，并认为他们的政治制度更加公平。这是有道理的，因为这样更公平。即使他们支持的政党没有获得最多的选票，他们仍然有发言权，仍然可以被听到。现在看来，达成这一点就取得了一半的成功。

很多国家采用比例代表制，拥有两个以上的政党。美国与之不同。从心理学的角度来看，美国对赢者通吃制度和二元政党的依赖导致了高度冲突。这可能有助于解释为什么今天的美国比世界上大多数国家更加两极分化。

当然，投票形式只是解决方案的一部分。许多多党制国家，包括法国和巴西，两极分化也非常严重，但一般而言，二元对立越少，越会降低冲突。举个例子，如果加里除了“守旧派”和“创新派”之外，还提出来第三个标签，让我们想象一下，不妨称这群人为“安全派”，指的是那些不喜欢冒险的人，毕竟这样的人是存在的。这将提高标签的准确性，减少讽刺感。有“我们”，有“他们”，还有另一个“他们”。

二元对立消除了所有的细节和矛盾，使我们在善与恶、对与错之间分出一条清晰的界限。它需要更多的认知来维持这种错觉在其他系统中的运行。在一项实验中，1 000 名美国成年人被随机分配参加虚拟的选举活动。[46] 按照“赢者通吃”的传统方式进行选举的美国人认为，与按照比例分配席位的选举制度相比，这种选举不太公平。“赢者通吃”的参与者在失败后对他人也会变得不那么宽容。他们有些怀恨在心。这就是二元对立系统的运作原理，它在滋生怨恨。

在比例代表制下，占主导地位的政党仍然需要与实力较弱的政党合作来共同完成工作，他们必须建立联盟。这是我的团队，这是你的团队，还有需要达成共识的属于我们的团队。可以这么说，更多的人“进入房间”。这和加里的调解模式不太一样，但很接近。它的对抗性较小，因为不同类别是相互纠缠在一起的。

有不同的方法来减少二元政治，但更大的教训显而易见。李·德鲁特曼（Lee Drutman）在《打破两党末日循环：美国多党制的设计》一书中写道：“我们需要一种政治，通过保持政治联盟的流动性和灵活性，允许敌人和盟友发生改变的方式，来打破我们以二元视角看待世界的固有倾向。”

它也适用于政治之外。在任何需要合作的情况下，保持团队的灵活性，避免指定一个赢家和一个失败者，一个内部小组和一个外部小组的模式，要尽可能地融合不同身份。

想判断所在的教会是否应该允许不同宗教信仰的人结婚吗？无论你怎么选择，都不要设计投赞成票或反对票。想在布鲁塞尔或底特律开设分公司吗？那就定期轮换你的员工，不要让团队停滞不动。如果你有敏感的事情要说，就不要用 Slack（聊天软件）、推特、脸书、电子邮件、聊天或短信来交流。除非你是在火星执行任务，不然总有更好的方法。

就像我们天生会把人归为不同的类别加以歧视一样，我们天生也会合作。不同之处在于如何布局。“好的制度滋养人们内心的天使，恶的制度唤醒人们内心的恶魔。”德鲁特曼写道。

有时候，二元制度也是合理的存在。例如团队运动项目在大多数情况下都有明确的赢家和输家。（除非发生暴力，或是人们为了获胜而不惜一切代价来作弊。）但很多时候，在企业、社区、家庭和国家中，模糊“我们”和“他们”之间的界限就像为自己的理智购买保险一样，会带来更健康的冲突。

有的时候，这种模糊是偶然发生的。我之前在《时代》杂志担任过专栏记者。当时，作者们因为对编辑不满而团结在一起——编辑们删除了我们巧妙的措辞，他们让我们的故事更短也更无聊，至少我们是这么认为的。后来有一天，编辑们集体罢工，留下我们收拾残局。这种情况以前从未发生过。通常而言，记者们很少休假，但不管出于什么原因，我们不得不各自编辑好自己的专栏，以确保周五晚上之前准时交付。

一开始我们都很兴奋——我们终于当家做主了！世界上的一切都变得美好！然而一周后，这种热情逐渐消退。我们不想因为将一个作者的故事重新分配给另一个我们认为更好的作者而伤害彼此的感情，所以我们被迫做出妥协。我们必须实事求是，并且在最后期限前完成。在一周的时间里，工作轮换混淆了类别。我们领略到作为“他们”是什么感觉，这让我们以后不再想当然地理解编辑的工作。如果这是有意为之，那么会是一个明智的干预。如果你是白痴，你就不能轻易地默认白痴-驾驶员反射模式。

了解了群体中的行为，我开始更加关注二元对立的力量。我避免随意使用“他们”这个词来形容其他人。我注意到当我的朋友或家人谈论“我们”时，指的是他们的共和党或民主党同胞（10年前还没有这种指代，但现在经常这么说）。我问我的朋友和家人“他们”指的是谁，以此为缓和二元对立做出小小的尝试。他们现在为美国民主党全国委员会工作吗？当人们谈论“他们”的时候，真的是在概括他们不认识的所有人吗？在工作中，我尽量不为了抱团而随便说编辑或年轻一代记者的坏话。如果我的门徒哪一天当选了总统，我可不想最后坐上马车逃离。

但说实话，我总是失败。正义感的感召、夺回主导权、推卸责任、占领道德高地……这些是难以抗拒的。尝试至关重要，但如果连加里都无法摆脱冲突陷阱，就更别说我们了。

所以下一个问题是，一旦我们掉进了冲突陷阱，我们该如何摆脱？

第三章　冲突的引燃器

在肯塔基州和西弗吉尼亚州的边界，大桑迪河的支流塔格佛克河沿岸，哈特菲尔德和麦考伊两个家族世世代代和平相处。[1] 两个家族都建造了木屋，日常耕作、打猎。他们在内战中共同支持南方邦联，家族之间世代通婚。半个多世纪中，没有任何已知证据表明两家之间存在宿怨。

1878 年的一天，伦道夫 · 麦考伊参观了弗洛伊德 · 哈特菲尔德的农场，他认为其中一头猪是他的。他断定是哈特菲尔德偷了他的猪，但却说服不了他归还。于是麦考伊向当局投诉，当局组织了一次审判。

法官任命了一个由哈特菲尔德和麦考伊家族成员组成的陪审团，每个家族有六个人。然后，令人惊讶的事情发生了——麦考伊的一个亲戚背叛了他，导致他输掉了审判和那头猪。

麦考伊痛心于受到的损失，但他接受了审判结果。他没有报复那个叛徒亲戚，也没有在夜里抓起步枪暴力抢回他那头猪。这场争端似乎已经平息，一切尘埃落定。

然而，在审判整整一年半之后，他的两个侄子与一名在审判中反对麦考伊的证人发生了争执，他们把证人打死了。就在那之后，哈特菲尔德家族和麦考伊家族之间的不和愈演愈烈，一场小小的争执演变成了一场棘手的冲突。

在接下来的十年里，又发生过一起袭击事件、一连串维持治安人员被枪击案件、地方武装团伙火并案，以及一起最高法院审判——一座房子被夷为平地，一个人被绞死，妇女遭到殴打。总之，这个地区总共有 80 个人卷入了争斗。

损失越来越大，至少有十几人死亡。哈特菲尔德和麦考伊家族之间的争端变得臭名昭著，成为典型的血仇。

“我的斗志已经消退”

这本书的第一个谜团是加里·弗里德曼的故事：我们是如何陷入毁灭性的冲突，即那种让我们失眠、无暇关心身边亲人的冲突的？我们的生活因为冲突每况愈下，为什么我们不能阻止这种恶性循环呢？即使那些更明事理的人也不能摆脱吗？

我们已经明确一些无形的力量在起作用，比如二元对立（创新派和守旧派、民主党和共和党）造成一种“我们对抗他们”的思维模式，打破了原有的复杂性。感知到的或真实存在的“被社会排斥的痛苦”带来攻击性，而在大多数情况下，攻击性会加重恶性循环，一个简单的掷球游戏就能看得出来。我们已经知道确认偏误是如何造成进一步冲突的，因为它导致我们对重要的细节视而不见。

在这场情感的旋涡中，我们越来越难接近冲突的根源，那也是我们战斗的真正原因。因此，我们陷入了一场关于慢炖锅（或猪）的拉锯战，而更深层次的冲突正在底下熊熊燃烧。

冲突就像野火，会以不同的方式蔓延。有些会熄灭，有些隐隐燃烧了几十年。可这有什么区别呢？确认偏误很强大，但它本身并不会导致战争。为什么有些冲突会爆发，像传染病一样蔓延，让整个社区多年来局势紧张，而其他冲突却可以朝好的方向发展？哈特菲尔德和麦考伊两家族的冲突始于个人之间的人际冲突，与加里和守旧派之间的冲突没什么两样。在这两个例子中，卷入冲突的邻居在各自的角落里划分不同的盟友，他们用不同的方式讲述着自己的二元对立的故事。

就像加里和他的邻居一样，哈特菲尔德家族和麦考伊家族除了暴力之外还有其他选择。他们是自由的白人，有着正常运作的法律制度。当时塔格谷的村民很少有血海深仇，那么到底发生了什么？

我们先回到加里的故事，看看他接下来做了什么，以及他是如何在当地政治的“沥青坑”中挣脱的。他没有辞职，但是他做了更令人惊讶的选择。

接下来我们将关注冲突是如何爆发以及何时爆发的。我们总结出冲突的四种引燃器，在任何冲突中，这些都是需要注意的催化因素。

- 群体认同
- 冲突操纵者
- 侮辱
- 腐败

四种引燃器加速了冲突的升级。它们使冲突比以前更有意义、更加必要，这也意味着冲突更难被中断。

但也不是完全没有可能。

1891 年，哈特菲尔德船长——就是那个曾被指控偷猪的人的远方表亲，给西弗吉尼亚州当地报纸的编辑写了一封信。他宣称战斗已经结束。“我不想让宿怨继续下去，我想每个人都像我一样厌倦了‘哈特菲尔德和麦考伊’这两个名字，”他写道，“我的斗志已经消退，我真诚地为未来的和平前景感到高兴。”[2] 事情就这样结束了。

长达 12 年的争斗之后，终于出现了一个多世纪的和平。

即使是暴力冲突也能够减速，控制在可以忍受的范围之内，有时甚至变得有益。毕竟，大多数冲突都是正面的。它使我们能够为自己辩护，说出我们的想法，并促使自己变得更好。

为此，引燃器必须失效，要么被破坏，要么被更换。这是必要条件。为了理解人们如何摆脱暴力冲突，我们需要了解他们是如何卷入冲突的。

"它没有表面看起来那么简单"

我认识柯蒂斯·托勒[3]已经4年了，我从没见过他不戴棒球帽的样子。他的帽子看起来很新，就像从没戴过一样。他很强健，肌肉紧实，体型完美。

每次我们见面时，他刚开始都很警觉，双臂交叉抱在胸前，表情严肃，不苟言笑。我都担心他厌倦了与我交谈，这是因为我占用了他很多时间，采访他关于冲突的问题，然后听他讲故事，讲一些生动有趣且难忘的故事。我们就这样聊上三四个小时。

20年来，柯蒂斯在芝加哥领导一个大帮派，为一起几乎和他年龄一样大的宿怨报仇雪恨。他一共中过6次枪，在监狱里也中了2次枪，但他知道，他的遭遇是完全可以避免的。每一场冲突都有隐秘之处，包括他自己的经历。他花了很多时间研究自己生活背后的故事。

"我不相信我生来暴力。"他告诉我。"我想知道，为什么我最终变得如此暴力？"

现在，柯蒂斯的全职工作就是预防高度冲突。要做到这一点，他必须理解冲突，像研究藏宝图一样研究它，这是他喜欢做的事。"我一直对自己和他人的行为非常好奇。"

柯蒂斯的后半生是他的前半生的翻转——他还是原来那个人，但一切都颠倒了过来。他在芝加哥的一家组织工作，该组织的服务对象是那些最容易被枪击或枪击他人的年轻人。他倾听这些年轻人，给他们建议，即使没人前来咨询，他也会如期出现。

柯蒂斯也是一名演员。他在 Showtime（美国一家电视网）的短剧《芝加哥故事》中扮演过去的自己，这部短剧讲述的是芝加哥南区的生活。这是一部高质量的短剧，但对柯蒂斯来说有点小儿科。“我总是告诉编剧，‘这不够暴力！’”他笑着说，“‘这里可是芝加哥！让故事更真实一点吧。’”

在他遇到的每一场帮派冲突中，柯蒂斯都试图探究冲突的根源，或者他所说的“本质原因”。例如，曾经有一场血腥的帮派斗争持续了多年，至今仍未结束。所有参与人员一度都是朋友。他们在同一个街区长大，上同一所小学和中学。

柯蒂斯开始关心冲突是怎么引起的。他问了很多人，包括那所高中的校长，最终他知道了故事的原委——起因是一块手表。柯蒂斯告诉我，然后开始大笑，直摇头。我发现每当他说一些令人不安的话时，他就会这样笑，好像在说：“你敢相信吗？人们不觉得很不可思议吗？”有人在一场篮球比赛中把他的手表放在了球场边，比赛结束后手表不见了，这块表就好比矛盾中的“慢炖锅”，是多年暴力的直接原因。

柯蒂斯停止了大笑，他又把声音压得很低。“这块手表不仅仅是一块手表，”他说，“事情总是没有表面看起来那么简单。”

他发现，冲突的起源常常被忘得一干二净。有的时候，恩恩怨怨世代相传，今天的人们甚至都不知道恩怨由何而起。“在芝加哥，大多数冲突都是由非常小的事情引发的。”

转向左边的帽子

柯蒂斯在芝加哥南区长大，他从小喜欢跳舞，但不是所有舞蹈都喜欢，他喜欢震感舞和锁舞。街舞让他觉得自己好像置身于闪光灯下尽情舞动——尽管并没有什么闪光灯，他依然可以忘我地突然定格在某个动作，再律动，再定住。

柯蒂斯的舞蹈有种让人停下来微笑观赏的魅力。在这方面，他很像他的母亲丽塔。作为一名模特和舞者，她是柯蒂斯最初的舞伴，一生活跃在各种派对上。

到了 11 岁，柯蒂斯可以完成所有的动作，从定格到慢动作再到滑行。通过练习，他学会了控制身体的每一块肌肉。看着他跳舞就像在看一段出了故障的视频，随着音乐节拍断断续续。他喜欢做别人认为不可能做到的事，让人刮目相看。长大以后，他变得更强壮，学会了更多的身体技巧。他和最好的朋友杰西去公园里玩，在一垛矮墙上练习后空翻。一遍又一遍，他们会随着远处音箱传来的低沉的节奏，从那垛墙上跳下来。两个青春少年在空中不停地翻转。

那年春天，柯蒂斯在电视上看到了迈克尔 · 杰克逊在底特律 25 周年演出中第一次展示太空步。他一直很喜欢迈克尔。迈克尔站在舞台上，穿着闪闪发光的舞蹈服，随着《比利 · 金》的旋律后退滑行。柯蒂斯盯着屏幕，眼睛一眨不眨，泪水顺着他的脸颊流了下来。

那天晚上，柯蒂斯开始练习太空步。他戴上祖母在教堂里戴的白色手套，推开走廊里的全身镜，一遍又一遍地练习后滑步。他非常开心他的妈妈允许他熬夜看晚间新闻，因为新闻会重播迈克尔的舞蹈。

柯蒂斯也爱打篮球。他不是特别擅长篮球，但篮球在芝加哥是一种“信仰”，每个人都会练习。在 1983 年，离他家不到一个街区的福斯特公园就是这种信仰的圣地。

有一天，福斯特公园发生了不同寻常的事。有一个球员带着场上其他球员，这个人身高超过 2 米，是柯蒂斯见过最高的人。但让柯蒂斯着迷的是这个家伙在球场上的优美表现：他在球场上健步如飞，像飞人一样弹跳扣篮，仿佛能够摆脱地心引力。“你可以看出这个人的与众不同，他非常熟练流畅。”柯蒂斯说。

他就像是篮球场上的迈克尔·杰克逊，让你不由得倒吸一口气。在恰当的时刻，他会突然发力，急停跳投，就像发生了奇迹一般。

柯蒂斯听说过 NBA 球员有时会在福斯特公园打球，他想这个家伙一定是个专业人士。

“那是谁？”柯蒂斯问站在他旁边的女孩。

“他是本杰。”她说。

几乎所有女孩都知道本杰·威尔逊的名字，但本杰不是职业球员，至少那时候还不是。他在上高中，年轻英俊，有一双会说话的眼睛，脸上常挂着微笑。

值得一提的还有一件事——那天在球场上，本杰把他的棒球帽转向左边。柯蒂斯知道，把帽子转向左边意味着这个人是“公民国家”的成员，“公民国家”是一个黑帮联盟，其中就包括以芝加哥黑石大道命名的“石头帮”。

这个事情很重要。因为不久之前，柯蒂斯也成为石头帮的一员。

柯蒂斯想，他和本杰是有联系的，于是脸上露出了笑容。他看本杰打球时的敬畏之情开始转变成另一种感觉，那是一种填满胸膛的自豪感。他和这个闪闪发光的年轻人就像是一家人。

感同身受

我们每个人都有各种各样的身份，我们身处一个不断变化的等级体系中。我们既属于我们有意识承认的群体，也属于我们不承认的群体。设想一下，如果你所在的群体受到攻击，你会保护它们中的哪一个？你会和哪一个群体感同身受？

你首先想到的可能是自己的家人。那你的邻居呢？我猜有些人会，有些人不会。那些和你很像的人呢？那些跟你一样投票的人呢？还有你的同胞呢？

你可能感到惊讶，忠诚是会变化的。如果你的同胞遭到外来者的攻击，你会保护他们，但在其他时候，你不会这么做。你甚至会觉得某些同胞是要防备的。

奇怪的是，当我离开美国时，我才深刻体会到自己的美国人身份。在其他国家，人们视我为异类，我会感到自己与众不同，我的国籍变得非常重要。我试图向别人解释美国。突然之间，我觉得我可以代表 3.29 亿美国人。这很荒谬，但却发生得很自然。在这些时刻，我能很快认识到自己国家的弱点，但当外国人提出相同的指责时，我就会感到恼火。他们怎么敢这么说？我会立刻想到用几个能摧毁他们国家的指控加以反击，但我克制住了这种冲动。

如果你退后一步看，这基本上是一种错觉。我永远不会见到、认识到甚至听到绝大多数美国人的事情，但它仍然是一种强大的感觉，一种断断续续困扰我的感觉。

人类历史的大部分时间里并不存在民族国家，也没有国家身份。[4] 人类不会认为自己与数百或数千米以外的人有任何共同之处，但自从人类发明了国家身份，我们就非常相信它的真实性，甚至愿意为之杀戮和牺牲。

一旦我回到自己国家，我的身份就会下意识地被重新界定。我成了作家、邻居或父母，这取决于不同的场景。在我看来，其他美国人又成为由个体组成的松散群体，不同之处多于相似之处。

群体认同是一种复杂、多变和强大的力量。他们是柯蒂斯故事中的第一种引燃器。像帮派成员这样强大的群体身份会让冲突变得更容易爆发，它们施加的力量比冲突本身更大。不论是宗教、帮派还是军队，群体都能产生间接的连接，像地震一样传递痛苦和骄傲。群体可以扩大冲突，会将一个常规的冲突陷阱升级成冲突监狱。

从某种意义上说，群体就像冲突本身：大多数时候，这是一股向善的力量。群体给了我们组织、安全和目标，促成最伟大的成就。没有群体，就没有大教堂，没有金字塔，没有世界杯，没有交响乐，没有根除天花行动。

那么是什么让群体冲突——人类故事的核心——演变成地方性暴力呢？又是什么让整个社区——甚至整个国家——陷入影响数代人的困境之中呢？

19 世纪末，哈特菲尔德和麦考伊两大家族的争端最初只是一场关于农场动物的小争端。当时并没有什么特别之处，但当本案的法官选择了一半由哈特菲尔德家族组成，一半由麦考伊家族组成的陪审团时，事情的性质就变了。现在，这是一场全面的群体冲突，一场考验人们忠诚度的冲突。

陪审员必须具有不同的群体身份，其中一些与争端双方有重叠（男性、农民、退伍军人）。原告麦考伊和被告哈特菲尔德也有很多相同的身份。从表面上看，他们并没有太多不同。

最明显的不同是他们的家庭身份。名字区分了陪审员，因此这个身份必须突出并作为审判中的重点。如果情况稍有不同，会发生什么呢？想想会很有趣。比如哈特菲尔德家族的一名男性被指控殴打麦考伊家族的一名女性，那么这种情况下哪个身份应该被突出呢？

实际上，法官在选择陪审团时必须充分考虑对家族的忠诚度。这一点对对抗双方尤为重要。后来，麦考伊家族的一个亲戚在审议中反对他，使判决结果变得不利。对麦考伊的判决不仅是一次失败，也是一次公然的背叛。这种背叛激起了被社会排斥的痛苦，就像加里被邻居拒绝一样痛苦。

尽管如此，麦考伊还是接受了判决。之后整整一年半的时间里没有发生重大事件，但是群体是很难被控制的，因为包含太多不稳定因素。这就是为什么群体认同是如此强大的引燃器——只需要一两个流氓亲戚就能制造混乱。

在表亲将证人殴打致死后，冲突迅速升级。每当另一个家庭成员或盟友受到伤害或被羞辱时，群体中的其他人也会经历同样的痛苦。

研究发现，当人们看到所爱的人受到轻微电击时，他们大脑中负责评估疼痛的部分就会被激活。换句话说，他们的大脑会做出反应，就好像他们自己被电击了一样。对于大脑中的神经元来说，个人疼痛和集体疼痛之间没有明显的区别。[5]

我们真切地感受着彼此的痛苦，以及彼此的骄傲和喜悦。篮球迷在看到自己支持的球队获胜后会有不同的表现，与失利球队的球迷相比，他们的自我感觉更好。[6]他们甚至觉得自己会在拼图和其他游戏中表现得更好。由此看来，这是人类的一种迷人的特性。我们活在别人的幻影里。我们高估了自己的能力，沾沾自喜于与自己毫无关系的胜利。

当柯蒂斯看到本杰在三分线后投出完美的一个球时，他切身感受到胜利的喜悦，就像自己进球了一般。同样，在哈特菲尔德和麦考伊的恩怨中，每一次新的失败或胜利都不只是一两个人的问题，而是 80 个人感同身受。在每一次报复行动中，80 个大脑都会以同样的方式被激活。这就是群体冲突蔓延的方式。

“你不是拉丁裔，伙计！”

柯蒂斯第一次加入帮派时，误入了一个不属于他的帮派。当时他 9 岁。他肤色浅，祖母只能买得起雅达利游戏机给他，因此总是受人欺负。他是三个兄弟姐妹中年龄最大的一个，母亲在 16 岁单身时生下了他。他没有哥哥或父亲在身边保护他，或是给他建议。孩子们一直说他看起来像拉丁裔，因为他的肤色很浅。他其实不太知道拉丁裔是什么意思，但他知道拉丁裔会加入“拉丁国王”帮派，所以他去了自认为属于他的地方。

帮派入伙仪式发生在一天放学后。帮派的其他人把柯蒂斯绑在一棵小树上殴打他。一般他们都是殴打身体，但有一拳打中了他的嘴。在那之后，柯蒂斯被告知他必须和同样想加入该帮派的朋友史蒂夫打架。之后两个男孩还要跟其他人打架。他们过关了，柯蒂斯感到很自豪，好像自己是个英雄一般。

这种感觉并没有维持多久。“那是什么鬼？你……加入了‘拉丁国王’？疯了吧！”他的表亲说道。他们狂笑不止：“你不是拉丁裔，伙计！”

这太令人尴尬了。柯蒂斯想要归属感，但却感受到羞辱，这个群体毕竟不是他的群体。他开始寻找其他选择。不久之后，他找到了帮派“罪恶领主”。有人说他有亲戚在这个帮派，他就知道这么多，也许这就是他的群体。

柯蒂斯加入“罪恶领主”后的一天，他骑着自行车前往西区的基督教青年会排练戏剧。他当时大约10岁，扮演一名海盗。他戴着一顶黑色和金色相间的海盗帽——那是“罪恶领主”的颜色，骑着自行车穿过城市。他的声音很大，非常骄傲，引起了路人的关注。一群石头帮成员看到了他，把他痛打一顿，还抢走了他的自行车，那是他最好的自行车。就这样，柯蒂斯第一次在芝加哥街头被人袭击。

这是一次教训。柯蒂斯这才明白自己被监视了。有人负责放风，有人负责接应，组成一个闭环，不可能一个人完成。

一年后，当他的家人搬到福斯特公园时，柯蒂斯毫不犹豫地加入了石头帮，他想和附近社区的其他孩子一样。他想要归属感，所以他需要一个新的群体。尽管一年前他们把他打了一顿，但这并不重要。

关于群体有个棘手的问题：群体可以点燃冲突，也可以扑灭冲突。这是高度冲突的第二个悖论。群体带来了义务，包括伤害他人的义务；或者，在其他时候、其他群体中，也有不伤害他人、制造和平的义务。当人们找到解决暴力冲突的方法时，几乎总有一个群体在背后发挥作用。

一切都取决于群体的规范和传统。处理冲突的正确方式是什么？什么是冒犯？什么时候该逆来顺受？大脑如何对疼痛或威胁做出反应，这在一定程度上取决于该群体的领导者。

冲突操纵者

特里西娅·尼克松和朱莉·尼克松是一对亲密无间的姐妹。她们互相在对方的婚礼上担任伴娘。当她们的父亲在水门事件后成为第一位辞职的美国总统时，她们仍然形影不离。记者玛格丽特·卡尔森写道：“她们在一千多张照片里一起微笑、挥手或哭泣。她们站在父亲身旁，彼此相伴。”[7]

然而在 1997 年，她们的父亲去世 3 年后，也就是水门事件 25 年后，姐妹俩爆发了高度冲突。她们在由家族管理还是由外人管理父亲的图书馆问题上无法达成一致。

我们都听过兄弟姐妹疏远的故事。[8] 女演员琼·方登和姐姐奥利维娅·德·哈维兰在她们的母亲的葬礼结束后就不再往来，38 年后方登去世时，她们的关系仍然疏远。在德国，阿道夫·达斯勒和鲁道夫·达斯勒兄弟二人共同创办了一家运动服装公司，但最终因态度和猜忌分道扬镳，分开后的公司阿迪达斯和彪马至今仍是竞争对手。

实际上，当谈论兄弟姐妹时，我们想象的互相关爱的理想状态是相对罕见的。大约只有三分之一的美国成年人表示他们与兄弟姐妹有密切关系且相互支持。另外三分之一表示要么存在敌对关系，要么就是竞争关系。其余的人对他们的兄弟姐妹漠不关心，或者说他们爱自己的兄弟姐妹，但很少沟通交流。

兄弟姐妹是大多数人一生拥有的最长的关系。如果幸运的话，我们的父母会在我们的生命中相伴大约 50 年，但是我们的兄弟姐妹可以和我们相伴七八十年。这是一段漫长的时间，足以产生误解、滋生虐待、建立怨恨。所有兄弟姐妹之间的关系都始于冲突，因为孩子们会争夺父母的注意力，慢炖锅问题会不断积累。这就像一场持续一生的“政治竞选”。

与此同时，父母和亲朋好友会左右冲突的发展。他们可以降低兄弟姐妹之间冲突的危害，但有时他们的作用也会恰恰相反——他们加重了偏执和敌意，播下怀疑的种子和流言蜚语。这些人就是我们所说的冲突操纵者，是继群体认同之后的第二种引燃器。

在尼克松姐妹不和的案子中，家庭成员和图书馆工作人员各执一词，律师也卷入其中。图书馆馆长被指控煽风点火。一位图书馆董事会成员说："他做了所有讨厌尼克松的人都做不到的事——离间家庭。"[9]

另一位图书馆工作人员说："两姐妹之间彻底决裂了。"[10]互相指责的信件被泄露，由此引发两起诉讼。

由于两姐妹意见不合，一份捐赠给图书馆的2 000万美元被搁置。

这是一场典型的高度冲突。除了律师，每个人的情况都变得更糟。"我觉得这很可悲。"在争端发生5年后，朱莉说："这非常令人心碎，因为我非常爱我的姐姐。"[11]无论她多么想结束这场冲突，但是冲突仍在继续，甚至可能一直持续到其中一个人死去。很多兄弟姐妹之间的冲突都是这样。

后来，一个人打断了这个循环。法官命令姐妹俩解决冲突。"我会安排一场调解，"法官说，"每个人都要来。"[12]

2002年一个温暖宜人的夏日，两姐妹在迈阿密市中心比斯坎湾豪华的洲际酒店闭门会面，两名不当班的法警守在房间外。一名由法庭指定的调解员还有一群律师到场，他们发誓不会干涉。姐妹俩一度离开人群独自攀谈。快到夜里两点时，她们达成了协议。

一场持续了5年的冲突在不到24小时内得到了解决，最终的协议只有两页长。冲突操纵者下场以后，这对姐妹最终释怀。冲突开始朝着好的方向发展。她们在门外深情拥抱。"朱莉和我疼爱对方50多年，"特里西娅说，"我们将永远爱对方。"[13]

防止高度冲突的一个方法是学会识别你周围的冲突操纵者。注意观察谁以争斗中的每一次转折为乐？谁能迅速触发悲痛之情？谁能指出别人都未指出的错误？我们都遇到过这样的人，和他们保持安全距离很重要。

实际上，这是很难做到的，尤其是对深陷其中的人来说。因为冲突操纵者在人们的生活中非常重要。他们或许很可爱，有说服力，有魅力。优秀的人总能让自己不可或缺。他们成为一个群体认同的核心，没有他们，就很难感受到“我们”的存在。

帮派之家

领袖带领石头帮成为一个特别强大的团体。该组织是 20 世纪 60 年代由一位名叫杰夫 · 福特的传奇青年与他人共同创立的，他曾在全美高声反对种族不平等。[14] 福特以不同寻常的方式施展他的魅力，他为当地政客们提供消除贫困的建议，还受邀参加了尼克松总统的就职典礼。

随着柯蒂斯慢慢长大，福特在社区的声誉日渐传奇。当福特和他的追随者路过小学操场时，孩子们会蜂拥到围栏前看他一眼。福特宣扬伊斯兰教教义和黑人权力，并给予年轻黑人空间——一个真正的空间——齐聚一堂。帮派在南德雷克塞尔大道买下一栋建筑供年轻黑人使用。（到 20 世纪 80 年代，福特又创建了一个名为埃尔鲁克斯的新帮派，柯蒂斯后来也加入了该帮派。为了避免混淆，我将继续像柯蒂斯如今所说的那样，称这个组织为石头帮。）

这栋建筑被称为“圣殿”，有一扇钢制门，门上有三把锁。这里被用作迪斯科舞厅、军火库，每周五还会举行集体礼拜。福特坐着一辆配有专职司机的凯迪拉克豪华轿车，在保镖的陪同下在城里四处游逛。他甚至在法庭上都戴着墨镜。“圣殿”里有一个属于他的宝座——一个真正的宝座，至少据说是这样。他给没鞋的孩子们分发新鞋。对柯蒂斯这样的男孩来说，福特就是权势的代名词。

从一开始，福特就明白芝加哥的男孩和男人们多么想要加入比他们自身强大的组织。这就是为什么他成为一个很好的引燃器。他本能地理解冲突心理。他为所有帮派成员制作了 T 恤，并制定了一份神圣的帮派价值观：爱、真理、和平、自由和正义。帮派内有特殊的握手方式，特殊的戴帽子和扎皮带的方式，这代表了石头帮的生活方式。

当年龄较小的男孩想加入这个帮派时，他们必须得到父母的许可。福特迫使黑帮成员完成高中学业，远离毒品和酗酒，但石头帮同时在芝加哥组织了一个贩毒团伙。[15] 到 20 世纪 80 年代初，如果没有得到石头帮的同意或是不上交份子钱，就无法在南区贩卖兴奋剂、镇静剂甚至大麻。据传言，石头帮在密尔沃基市、明尼阿波利斯市和俄亥俄州的哥伦布市都有分支。

柯蒂斯想加入该帮派。所以在中学的时候，他伪造了一封母亲的信，加入了石头帮。他的朋友杰西也顺利加入。杰西练体操，他很强壮，因拳头厉害而出名。如果柯蒂斯和敌对帮派发生纠葛，杰西就会出现，把对方赶走。柯蒂斯也会为杰西和其他帮派成员做同样的事。对柯蒂斯来说，他感觉自己终于找到家人了。每天，他都把他的帽子转向左边，他知道自己并不是孤身一人。

一半是真相，一半是谎言

一开始，群体的建立是为了帮助人们解决某些问题。群体可以拥有共同的种族、宗教或祖先，也可以因为某些东西凝聚在一起。群体的性质随着问题性质的改变而改变。群体可以维持和平几十年，之后随着土地、金钱或政治争端的发生，抱怨和不满逐渐生成。

群体中既有真相，也有谎言。冲突越严重，谎言就越大。

在叙利亚，大约 50 万人在最近的内战中丧生。这场内战被视为一场毁灭性的种族和宗派冲突，但内战最初的起因并不是群体分裂，而是一次乱写乱画引起的。

2011 年 3 月，在一个名叫德拉的宁静的边境小镇上，一群十几岁的男孩在一所高中的墙上涂上“自由”、“下一个就是你，医生”等字样，暗示叙利亚总统巴沙尔·阿萨德——一位接受过眼科医生培训的独裁者，即将在席卷突尼斯、埃及和利比亚的“阿拉伯之春”运动中下台。

作为回应，阿萨德的安全部队立即行动，逮捕了这些男孩，并拒绝告诉他们的父母他们被关押在哪里。这些青少年遭到数周的殴打和折磨。当地群众抗议时，安全部队向人群开火，造成数人死亡。抗议活动蔓延到其他城市，当局动用了坦克和空军残酷镇压抗议。

在这场暴力冲突中，人们退回到群体中寻求安全，唤醒了古老且隐藏的身份。无论是肉体上还是精神上，人们都在寻求活下去的方式。在这场大屠杀中人们需要引领，很多人因此求助于最容易的方式。

阿拉维派[16]是叙利亚的统治阶层，属于伊斯兰教什叶派的分支，阿萨德是其中的成员，该教派只占叙利亚总人口的12%。逊尼派在叙利亚占多数，但几乎没什么政治权力。随着政权暴行的消息传开，一些逊尼派开始仇视执政的阿拉维派，对他们发起攻击。而阿拉维派则担心，如果阿萨德政权被推翻，他们会在逊尼派的报复性杀戮中惨遭屠杀。他们寡不敌众，因此一些人开始组建民兵组织来自我保护，这也证实了逊尼派的担心。

“作为叙利亚人民，我们不希望本国人之间发生任何事情。”2011年，一位名叫穆罕默德的逊尼派男子告诉记者：“但当局正诱使我们去憎恨阿拉维派。”[17]当时冲突已经持续了三个月，后来逐渐演变为内战。

穆罕默德可能感受到，一场由阿萨德和其他机会主义者掌控的群体冲突正在酝酿。即使他被卷入其中，也能看清局势。穆罕默德的一位阿拉维派挚友给他发短信，问他的家人是否安好。他告诉这位25年的朋友真相：他的两个姐妹刚刚在他所在城镇的一次政府镇压中丧生。

很快，隐藏的群体认同在叙利亚苏醒，各派分歧加深。这是一种最恶劣的反馈循环。古老的宗教和种族的灰烬沉寂了好几代，在冲突操纵者的推波助澜下熊熊燃烧。“种族战争不是凭空发生的，”

政治学家加里·巴斯（Gary Bass）写道，“它们是被制造出来的。”[18]

引燃器一样的领导者能够抓住冲突中潜藏的机会，并将其转化为自己的优势。阿萨德政权需要将矛头转向叙利亚人民和其他国家，因此阿萨德政权有意帮助反对派中更激进的分子。他们释放了极端主义囚犯，甚至向抗议者输送武器。[19]

这听起来很疯狂。为什么像阿萨德这样的独裁者会帮助试图推翻他的人？因为他懂得恐惧的力量。他知道恐惧会强化群体认同。他需要把冲突的焦点放在打击恐怖分子上，而不是他对本国民众犯下的罪行。

对于读到这本书的很多人来说，叙利亚非常遥远，但随着我对冲突越深入了解，我就越熟悉这些模式。在世界各地，引燃器一样的领导者都在有意操纵着我们的身份认同。[20]

印度的纳伦德拉·莫迪、波兰的雅罗斯瓦夫·卡钦斯基、美国的唐纳德·特朗普和土耳其的雷杰普·塔伊普·埃尔多安，他们都是引燃器“大师”。他们故意煽动敌对身份，以提高自己的声望和权力，就像黑帮头目一样煽动蔑视，以邻为壑。

身份操纵是很难摆脱的，因为我们都是人类，但并非完全无法摆脱。首先，保持警惕非常重要。我们要注意自己的某种身份何时被激活，并问这样一个问题：这一身份是为谁服务的？

正如人性中最糟糕的本能会被利用一样，内在最好的自己也可以被唤醒。我们每个人都有不同版本的自己，是被召唤，还是被压制，一切取决于时间。

希望的象征

在福斯特公园的篮球场上第一次看到本杰后，柯蒂斯又去看了几次本杰打球。“那就是大本！”当他看到这个又高又瘦的小伙儿在球场上驰骋时，他会这样说。有时，他会站在边线上看着本杰罚球，眼睛盯着球从本杰的手中投入篮筐，就像中间有磁力一样，非常迷人。

当柯蒂斯这样盯着他的时候，本杰并没有把这个小伙儿赶走。他只是不停地投篮，就像是在全神贯注地工作一样，眼睛锁定自己的目标。

1984 年，本杰带领他所在的西蒙职业高中球队获得了州冠军。芝加哥首位黑人市长哈罗德·华盛顿来到这所位于文森斯大道的学校，向他们表示祝贺。那年 3 月，本杰的名字出现在《芝加哥论坛报》不下 20 次。他成了当地的名人，即将闻名全美。该报甚至在头版刊登了一篇关于西蒙高中的文章，标题是“胜利者的学校”[21]。

这对柯蒂斯而言意义非凡，因为他身边的社区正在发生变化。“红线政策”（银行拒绝向某些黑人聚集区的人提供贷款）[22]虽然已被正式宣布为非法，但背地里仍然存在。柯蒂斯的邻居大多是黑人中产阶级，他们的收入相当于或高于全市平均水平，但他们很难获得贷款来修缮自己的房子或购买新房。该社区的 121 栋建筑中，超过一半是空置的。[23]

可卡因当时还没有流入芝加哥，但很多孩子都知道他们的某个叔叔或婶婶在吸食海洛因或其他毒品。曾经熙熙攘攘的第79大道商业街变成了毒品、卖淫和酒类商店的聚集区。

但本杰·威尔逊的存在让人无法忽视。当本杰奔跑在球场上时，他点亮了整个球场，他是福斯特公园的希望。既然都在同一个街区，本杰就属于南区所有的孩子，尤其属于石头帮。课间休息时，当12岁的柯蒂斯冲到球场上疯狂投篮时，他觉得自己就是本杰·威尔逊。

下一学年，《体育新闻》杂志将本杰评为全美第一的高中篮球运动员。本杰所在的西蒙高中球队正朝着再次赢得州冠军的方向前进。本杰的名气越大，他就越努力。如果说他去年在福斯特公园每天投篮300次，今年他就会增加到400次。

11月，本杰把前三所大学的选择范围缩小到伊利诺伊大学、德保罗大学和印第安纳大学。当他参观德保罗大学时，站在离篮筐5米远的地方投中了20个球，他只漏了3个球。德保罗在全美排名第二，但他们球队中没有人能比得过本杰。

那年秋天，迈克尔·乔丹来到芝加哥，开始为公牛队效力。很明显，他是球队里最好的球员，柯蒂斯为他的家乡球队感到骄傲。他希望本杰有一天也能为公牛队效力。乔丹来自北卡罗来纳州，这没什么问题，但本杰来自南区的石头帮。

11月的一天，就在感恩节前夕，柯蒂斯躺在沙发上，像往常一样和祖父一起看晚间新闻。突然一则新闻惊得他坐了起来。播音员说，当天中午，高中篮球明星本杰·威尔逊连中两枪。这起枪击案发生在西蒙高中所在的文森斯大道上，当时他正和女朋友在午休时间一起散步。

“他们枪杀了那个男孩？”祖父平静地问道。

柯蒂斯没有回答，他在努力消化新闻的内容。当时，医生正在给本杰做手术，子弹穿透了他的肝脏和主动脉。孩子们在医院里守夜。他们说本杰的情况很严重，但他才 17 岁，而且身强力壮。柯蒂斯祈祷上帝保佑他能继续打球，本赛季他的第一场比赛就在第二天晚上。

当新闻结束时，他和祖父一起观看了接下来播放的比赛，但柯蒂斯一直在想刚才的新闻——本杰·威尔逊竟然中枪了，就在文森斯大道上，那条他多次走过的街道。本杰·威尔逊？这不可能吧！本杰没有敌人，为什么会有人伤害他？

第二天早上 6 点，本杰去世了。

柯蒂斯在福斯特公园听到了这个消息，这让他感到窒息。

随之而来的是疼痛，那种蔓延全身的疼痛，就像硫酸一样从体内逐渐侵蚀着柯蒂斯。

柯蒂斯知道，很多人甚至在 12 岁时就死了。不仅老年人，很多年轻人也被卷入毒品交易的暴力之中，但是英雄不会死去，至少不会以这种方式死去。他的脑子开始急速运转。

为什么偏偏是本杰遭受厄运呢？

他呼吸急促。

——还有谁？

——没有其他人了。

“你猜怎么着，”一个孩子说，“比利和奥马尔杀了他。”

柯蒂斯的胸口又挨了一拳。

比利和奥马尔？柯蒂斯知道他们，他们住在拐角，他们只是普通的孩子，无名小卒而已。

报纸上说，16 岁的比利 · 摩尔用一把 .22 口径的手枪近距离射击，他的朋友奥马尔 · 迪克森站在身边。一名警探告诉《芝加哥论坛报》："这是一起随机的、无目的的枪击事件，只是街上发生的一起意外而已。"[24] 但柯蒂斯无法接受随机和毫无目的的说辞。在某种程度上，他不认为这是随机无目的的。

不，比利肯定认出了本杰。他是附近最高的孩子，非常有名，不会认错。比利一定是嫉妒本杰，一定是这样。

现在怎么办呢？

谣言在福斯特公园传开。有人说，比利追杀本杰是因为本杰的帽子转向左边。

因为本杰的帽子转向左边。

"他们在哪儿？"柯蒂斯恳求道。他知道怎么去比利和奥马尔家，他想让别人感受到他此刻的痛苦。他们杀害了他的家人，夺走了整个城市的希望，到底为了什么？他的痛苦逐渐升级成愤怒。

葬礼在感恩节后的两天举行。本杰穿着蓝色和金色相间的西蒙篮球队服躺在棺材里。棺材旁边摆放着一个篮球形状的花团，上面装饰着本杰的号码 25 号。上万人涌上街头。在长达三个小时的仪式上，悼念者们通过安装在车上的扬声器听着悼词。华盛顿市长讲话时声音沙哑，他承诺将采取新的措施结束帮派暴力。杰西 · 杰克逊牧师对这种毫无意义的枪杀案表示惋惜："一位明日之星被无情地枪杀，而他手无寸铁。”[25]

柯蒂斯没有参加葬礼。他忙着复仇。那个周末，柯蒂斯偷走了他祖父的马格南左轮手枪，开始了一场持续数年的追击。

“情感核弹”

当被社会排斥的痛苦变得无法忍受时，冲突就会爆发。当它变得比排斥更严重，上升为侮辱时，高度冲突就会爆发。

“侮辱是一种‘情感核弹’。”心理学家兼医生伊芙琳·林德勒（Evelin Lindner）写道：“它是对个人或群体的强制贬低，是一种征服的过程，会损害或剥夺人们的荣誉和尊严。”[26]

这就是为什么它是继群体认同和冲突操纵者之后的第三种引燃器。侮辱构成了一种存在性威胁，它能危及我们内心最深处对自我意义和自身价值的感知。

人们需要肯定自我价值。它是生命的基本需求，就像氧气一样。我们对自我价值的需求隐藏在各种群体冲突之下。当我们像柯蒂斯一样发现自己群体中受人尊敬的一员能够被轻易杀害时，很容易得出的结论是我们也无关紧要。这是一种碾压式的打击，就像缺氧一般。

请注意，柯蒂斯听到本杰的死讯后，首先想到的是他在这个世界上的位置——还有谁？——没有其他人了。侮辱制造了绝望。

在对索马里和卢旺达 200 多名卷入冲突的人进行的采访中，林德勒发现侮辱渗透在他们受迫害的故事的各个角落。这些故事通常是由同一群人讲述。屈辱感驱使屈辱行为，如此循环往复。她发现侮辱可以让人上瘾，“和任何形式的痴迷或依赖一样消耗巨大”[27]。

这就是为什么一旦侮辱长时间被忽视，结果会令人如此惊讶。你很少在历史书或政治冲突的新闻报道中读到关于侮辱的内容。《纽约时报》专栏作家托马斯·弗里德曼在环游世界时注意到了这一点：“如果说我在报道国际事务中学到了什么，那就是国际关系中最被低估的力量就是侮辱。”[28] 大多数记者更关注战争、土地、石油或权力，但如果忽视侮辱，就会错过重要的根源，从而引发各种冲突。它折磨着首相和将军们，就像折磨着游击战士和黑帮成员一样。

作为一名监狱精神科医生，詹姆斯·吉利根多次采访被判犯有严重罪行的犯人。他发现侮辱与暴力的关系就像烟与火。他写道：“我从未见过哪种严重暴力的行为不是因为感到羞耻、被侮辱、不受尊重或嘲笑而引起的，没有人试图阻止或消除这种‘丢脸’的行为。”[29]

对某些人来说，这种循环永远不会结束。“有些人以侮辱为乐。”林德勒写道：“他们沉迷于羞辱他人，习惯性地挑起矛盾，并实施侮辱行为来‘报复’曾经折磨羞辱自己的人。”[30] 林德勒警告要提防这些人。如果这种人获得了巨大的权力，并在国家层面展开侮辱，战争和种族灭绝就会随之到来。

但是什么是侮辱呢？这是一个很难回答的问题。二战期间，大屠杀幸存者告诉心理学家尼科·弗里达（Nico Frijda），集中营的看守命令囚犯们一次又一次地整理床铺，直到变得完美无缺。[31]男性幸存者表示这种经历让他们感到羞辱，但女性幸存者并不觉得丢脸。他（她）们对此有不同的解释。不管怎样，狱警都在折磨囚犯，但是否感到羞辱取决于一个人的身份和他（她）的世界观，他（她）认为生存的意义是什么，以及什么重要和什么不重要。

事实证明，侮辱不是一个客观问题。它是一种情感，我们的文化和价值观塑造了我们如何解释我们的情感。这并不是说侮辱是虚构的，反而这种痛苦是真实的、极度痛苦的。现代科学最惊人的发现之一就是情感和思想是分不开的，它们相互交织。

我们感到羞辱，是因为大脑对事件进行了快速的评估，并将其融入我们对世界的理解中。我们感到被贬低，首先是我们把自己放在了高处。举个例子，我一生只打过一次高尔夫球。我对高尔夫球完全不感兴趣。如果我用尽全力挥动球杆，却完全没有击中球（之前确实出现过这种情况），我就会觉得自己有些愚蠢。我会嘲笑自己，但我不觉得丢脸。因为擅长打高尔夫不是我的身份的一部分。如果高尔夫球冠军泰格·伍兹有此等遭遇，他可能会感到羞辱，尤其是被摄像机拍到的时候。

最严重的是公开侮辱。2004 年在北爱尔兰举行的和平谈判中，爱尔兰共和军同意销毁武器。反对派要求爱尔兰共和军拍照来证明他们的承诺，声称这只是透明度的问题，仅此而已。爱尔兰共和军加以拒绝，并表示拍照的要求有些过分。和平谈判陷入僵局。"彼之蜜糖，吾之砒霜。"[32]爱尔兰共和军政治翼领导人格里·亚当斯说道。

如果侮辱是引爆冲突的情感核弹，而侮辱又是主观的，那么它就具备可操控性——它可以被故意煽动。这种观念很激进。今天，可能更多的人认为情绪是由事件触发的条件反射。这就是许多大学校园里安全空间概念的由来——人们需要保护自己不受情绪因素的影响。

然而，一个世纪的研究仍未能确定全体适用的情感机制。例如因文化而异，受时间、理解和表达方式的影响，愤怒的情感体验没有可识别的、一致的、客观的衡量标准。换句话说，情感是受社会影响的。我们推动了情感的建立。

在这种情况下，侮辱就不会压得人喘不过气。它在一定程度上是我们的思想和经验的产物。情感是真实的，就像国家认同一样，但它们不是客观事实。

不管怎样，柯蒂斯在本杰去世的那天感到痛苦，但设想一下，在平行宇宙中，柯蒂斯可能会以不同的方式来应对本杰的死亡。

请记住，本杰并不知道柯蒂斯的名字。他们不是朋友。本杰去世后，柯蒂斯的日常生活不需要改变。可以想象一个场景：当本杰被杀时，柯蒂斯会经历深深的悲伤甚至恐惧，但不是侮辱。

当时的真实情况是，柯蒂斯立即感到本杰的死亡在他内心深处激起恐惧的波澜，是对自我价值的打击。他设身处地感受到情绪的翻滚，这不只是为了自己，而是他和他的朋友们看本杰打篮球时感受到的集体自豪感的另一面，这是一种集体羞辱感——当一位英雄被剥夺了生命，其追随者就会感受到这种屈辱。这是一种把一个高高在上的人强行拽下神坛的行为，而且是在众目睽睽之下。

许多原因和经历造就了柯蒂斯对本杰之死的理解。很重要的一部分是他的个人经历。从大约 7 岁开始，柯蒂斯就目睹过各种暴行。不仅是黑帮成员之间，还包括他最亲密的家人。他一次又一次地看到自己的妈妈被她的男朋友们殴打。他自己也曾被其中一个男人骚扰。

柯蒂斯很早就决定他不会让发生在妈妈身上的悲剧在自己身上重演。用他自己的话说，他不会成为“猎物”。因此，他需要时刻保持警惕，以保护自己避开这些难以预测的威胁。他的大脑必须从最微小的事物中寻找线索和警告，可能是别人看他的眼神，或者帽子转向哪一边。世界充满了威胁，他必须高度警惕。

这就是长期压力和创伤对人的影响。任何让我们想起以前受伤经历的东西都会被解读为威胁，即使它并不构成威胁。冲突因此变得难以避免。

还有其他原因塑造了柯蒂斯对本杰之死的解读。群体塑造了成员看待世界的方式，在成员脑中设置默认标准来引导他们理解正在发生的事情。领导者会按优先顺序回应某些情绪。[33]

这就是为什么某些表达情感的词汇出现在这种语言而不是其他语言中。例如在芬兰语中，单词“sisu”（发音为“SEE–su”）的意思是“内心的一团火”，形容战胜巨大困难时坚强的意志。这是一个很重要的词，可以用来诠释芬兰人取得的成就，比如在冻土中种植土豆，或是建立当今世界最好的教育体系，但是英语中没有 *sisu* 这个词。

20 世纪 60 年代，人类学家琼 · 布里格斯（Jean Briggs）和北极圈的屋库因纽特人[34]一起生活时，注意到他们很少生气。从当地文化角度来解释，生气是不被允许的。小孩子可以生气耍闹，但6岁以上的所有人都得具有一种叫作伊胡马的品质，这是一种内在的自控力，它允许平静、欢笑，而不是愤怒。人们仍然会生气，但不会放任这种情绪。

在很多帮派中，他们的文化与屋库因纽特人截然相反。生气就是强大的表现。一点儿小事，比如被盯着看、被骂为婊子或被推搡，都被视为潜在的威胁。这不仅危及帮派成员的人身安全，也影响他的男子气概和自我价值。就像屋库因纽特人压抑愤怒一样，帮派中的其他情绪也会被抑制。例如恐惧是不被容忍的，尤其是面对不尊重的时候。如果不回应，就等同于受到侮辱。因此，在帮派中，侮辱成为一种默认的红线，任何混乱和不公都将因它而起。

从小时候起，无论是感知到的还是真实存在的，柯蒂斯身边都充斥着各种威胁。他看到了太多证明他无关紧要的证据。因此，柯蒂斯在黑帮里寻找后援，他学会了用压倒性的力量应对任何让他觉得自己渺小或害怕的事情。

枪击事件发生后，比利和奥马尔立即被捕并被关押在监狱。作为回应，杰西·杰克逊和其他领导者呼吁加快对青少年的起诉。“如果本杰明·威尔逊在太平间度过感恩节的话，”杰克逊说，“那么凶手就应该在监狱里度过圣诞节。”[35]

但监狱对柯蒂斯来说并不代表正义。他必须想办法制止这种痛苦。柯蒂斯知道比利和奥马尔是敌对帮派“门徒”[36]的成员。本杰的死是私人恩怨，不是随机事件。柯蒂斯听人说过，他们杀了本杰，是因为本杰的帽子转向左边。这是有道理的。因此，他接下来的所作所为也就说得通了。

石头帮中一个心爱的兄弟被黑帮门徒杀害了。如果他无法找到比利和奥马尔报仇，其他黑帮门徒成员也可以。群体包含众多成员。

“我对黑帮门徒一无所知，只知道他们穿着相反颜色的衣服，戴帽子的方式不同。”柯蒂斯说。“然后人们开始给你讲黑帮门徒对石头帮做过的事情。”

就这样，“石头”们在心中种下了他们对“门徒”的仇恨。石头帮成员说：“黑帮门徒既无知又卑贱。”石头帮称呼黑帮门徒为“肮脏的人”。“门徒”地位低下，“石头”高高在上。

“我们比那帮人要强，这种思想根深蒂固。”柯蒂斯说。“我们高高在上的优越感一直存在。而且我认为，只要有了相互比较，就有了爆发冲突的空间。”

如果门徒们用枪，他也需要一把枪。他必须保护自己，他必须寻求报复。很快他就朝比利所在街区的门徒们开枪了，几个星期前他还和他们一起练习太空步。

他不记得自己是否有过任何怀疑，他也没有怀疑的余地。

如果本杰是被自己帮派的成员杀死的，而不是门徒呢？这种情况也不是没有可能。这类事情发生在混乱的街头，很难想象他当时会作何反应。

“应该会很受伤，但我想，在我看来，这可能会更容易，对吧？”他说着，朝远处望去，“我认为这应该是更加内在的问题。它会伤到内心。也许我会憋在心里，坐在角落里哭，但我也不太确定”。

当时，柯蒂斯的朋友杰西对本杰之死的反应和柯蒂斯稍有不同。他的感情很复杂，偶尔也会加入与门徒的战斗中来。

他会说："伙计，帮派斗争不过如此，但我想做点不一样的事。"杰西是个能干的人。他开始在离福斯特公园不远的一家药店的停车场卖热狗。这个生意有利可图。

本杰被杀后不久，杰西就被发现死在了停车场，他是被一块插着钉子的木头打死的。

当柯蒂斯看到杰西躺在敞开的棺材里，头部因受重伤而戴着假发，看起来像个陌生人时，柯蒂斯的内心发生了变化。很难不去得出这样的结论：杰西的生命并不重要，这意味着柯蒂斯的生命也不重要。

柯蒂斯再次遭受突如其来的毁灭性打击，这又固化了那种执拗到病态的解释——药房是门徒的地盘。大家都知道杰西是石头帮成员，他们因为他的身份杀了他，就像他们杀了本杰一样。

没有任何理由，没有任何悔恨，就因为他们所属的群体，年轻人随时都可能被杀害。柯蒂斯进入了战斗状态。

可以说，随着暴力行为的累积，柯蒂斯认为黑帮之间早晚都会爆发冲突。群体竞争为人们提供了目标，确定了秩序，人为设置了一致性。事情不是无缘无故发生的。

我们都试图用一种叙事解读世界。比如阴谋论盛行，导致很多人认为"9 · 11"事件是美国政府的阴谋。康涅狄格州纽敦市发生的枪杀 20 名学生的大规模枪击案一定是一场骗局。这些谎言会起到不合情理的安慰作用。阴谋论使我们确信，生命并不脆弱和混乱。

事实上，有权势的人一直在幕后操纵，一切都是故意安排的，必须阻止他们。

杰西的死使柯蒂斯从一个普通黑帮成员进化为一名成熟的黑帮成员。他从携带武器者变成使用武器者。冤案不断堆积，因果关系似乎都指向“门徒”这个唯一的凶手。

识别法

“战争的持久诱惑性在于：即使带来破坏和屠杀，它也能赋予我们生命中渴望的东西——目标、意义和生存的理由。”[37]

——克里斯·赫奇斯，《战争是赋予我们人生意义的力量》

群体冲突不像人们描述的那样简单。它们是由情绪和偏见推动的，这种解读过于简单。在这些方面，群体冲突类似人际冲突，就像加里的案例一样，但群体冲突可能持续得更久，原因有两点。

首先，群体会将冲突扩散到各地。[38] 在马克·吐温《哈克贝利·费恩历险记》中，一个名叫巴克的男子讲述了一场困扰他家族长达30年的恩怨。巴克说：“世仇是这么回事：两个人吵架，其中一个失手把另一个打死了，另一个的哥哥又把他打死了。然后，双方的弟兄们打得你死我活。接着，双方的堂兄弟、表兄弟也参加——到后来，大家都死光了，就不再有世仇了。不过这个过程很漫长，要花很长时间。”[39]

其次，情绪比病毒更具有传染性。人们仅靠一些传闻就能感染同一种情绪，不需要与他人接触。人们在冲突中经历各种各样的情绪，憎恨是最难处理的一种。如果说侮辱是情感核弹，那么仇恨就是核弹爆炸后的放射性沉降物。“仇恨”假定敌人是无法改变的。如果敌人永远都是邪恶的存在，就没有理由去考虑开创性解决冲突的方法。敌人永远不会改变。[40] 从这个意义上说，仇恨不同于愤怒，愤怒为更好的未来提供了可能性。愤怒的潜在目的是纠正他人的行为，仇恨的逻辑是奔向毁灭。

仇恨能够延长和升级冲突，还会激发人们进行屠戮。下面是一名亲历者描述她对巴勒斯坦人的仇恨时，对以色列研究人员埃兰·哈尔佩林说的话：“他们永远不会改变。他们生而不忠，死去的时候依然不忠，即使在坟墓里躺了 40 年，你也不能相信一个阿拉伯人。”

在煽动者和新成员的加入下，群体冲突持续不断。久而久之，侮辱和仇恨不断累积，冲突成为必然。人们在冲突中投入越多，就越难退出，即使退出对他们自身有利。任何从混乱中脱身的人意味着他背叛了整个群体。

这就是为什么群体冲突能够持久延续——目标无穷大。如果你找不到元凶，你还可以瞄向他的孩子或朋友，哪怕只是住在同一个街区的人。

群体的第二个作用是会加速冲突过程。群体能够跳过某些步骤，导致冲突加速升级。为了识别朋友和敌人，群体成员往往寻找甚至创造便捷的方式。在 20 世纪 80 年代的芝加哥，门徒们穿着篮球明星查克·泰勒代言的匡威运动鞋，划掉鞋上的星星，因为它看起来像石头帮的金字塔符号。他们穿着蓝色和黑色相间的衣服，石头帮则穿着黑色和红色相间的衣服。门徒们把他们的帽子和皮带扣转向右边，而石头帮，大家都知道，是转向左边。黑帮成员甚至可以从他们的姿态认出对方：石头帮交叉手臂时右臂在上，而黑帮门徒则相反。

石头帮穿着 Polo 衫和乐福鞋。[41] 他们走的是学院风，他们的祖父母有工作，庭院中有草坪。门徒成员往往来自低收入家庭——至少柯蒂斯这么认为。阶级分化是存在的，尽管很小：一些门徒成员很穷，一些石头帮成员也很穷，但他们自认为并非如此。就像大多数群体冲突一样，存在真实的差异，也存在虚构的差异。这两种差异使冲突持续不断。

事实是，这些区别完全是武断的。如果柯蒂斯住在五个街区之外，他或许会加入黑帮门徒，把他的帽子转向右边。柯蒂斯觉得这难以想象。他深深地感受到自己对石头帮的忠诚和对门徒的憎恨，但就像大多数卷入群体冲突中的人一样，无论涉及宗教、政治还是犯罪，他的命运都被一时的念头、家庭和地理位置左右。

在 20 世纪的北爱尔兰，3 600 人死于一场被称为“北爱尔兰问题”的冲突之中。双方用各种办法划分彼此，就像石头帮和黑帮门徒一样。新教徒大多希望留在英国，他们支持的是民主统一党。而大多数天主教徒支持从英国独立出来的统一爱尔兰，他们支持天主教民族主义者。

民主统一党和民族主义者表面上看起来是一样的。他们庆祝同样的节日，向同一个上帝祈祷，在阳光下看起来，他们都来自同一个祖先，很容易被误认为攻击对象。所以为了区分彼此，他们会根据名字或运动衫来猜测对方的身份，比如新教徒更喜欢看英式足球、橄榄球等典型的英式运动，天主教徒更喜欢爱尔兰式曲棍球等盖尔式运动；名叫威廉（William）或维多利亚（Victoria）的人会被认为是新教徒，名叫谢默斯（Seamus）或西沃恩（Siobhan）的人则被认为是天主教徒。

他们尤其关注地理位置。众所周知，天主教徒住在这个街区，而新教徒住在另一个街区。现实区别和臆想的区别之间没有固定界限。很多人说他们可以根据眼睛的间距、头发的颜色甚至佩戴的珠宝数量来区分天主教徒和新教徒。这种分类过程后来被称为“识别法”[42]。

20 世纪 80 年代初，福斯特公园有两个住着很多黑帮门徒成员及其家人的街区。本杰和杰西被杀后，柯蒂斯选择在那里发泄愤怒。两个街区成了战场。

即使在暴力程度较低的群体冲突中，人们也会进行“识别”。大多数民主党人是白人、中产阶级和异性恋者[43]，大多数共和党人也是白人、中产阶级和异性恋者。如何区分他们呢？美国人现在根据彼此的饮食、驾驶和饮酒习惯来猜测彼此的党派倾向。[44] 比如民主党人去星巴克或契普多墨西哥餐厅，共和党人经常吃唐恩都乐甜甜圈或福乐炸鸡。基于这些不可靠的线索，被调查的美国人表示他们愿意与其他党派的人一起生活、工作或游玩。

帮派冲突和大多数宿怨相比，政治倾向比我们想象中的更为极端。绝大多数美国人并非“选择”了他们的政治观念，而是“遵循”了父母的政治信仰。他们不是在对所有选择进行多年研究的基础上做出理性的政治选择——就像他们在研究所有宗教之后才选择一种（或一种都不选）一样，通常来说是偶然为之。

将北爱尔兰与美国相提并论，或者将帮派斗争与政治两极分化相提并论似乎有些愚蠢。但是，当群体对一些肤浅的线索赋予某些意义时，就会引发重大的后果。敌人被丑化，变得滑稽。毕竟漠视和贬低一个卡通恶棍要容易得多。在冲突中，你多少会蔑视那些滑稽人物；在和平时期，你会避免与他们讨论政治。所有这些都阻止我们真正了解彼此，从而使冲突持续下去。如果明天美国某个城镇的民主党和共和党将爆发暴力冲突，像咖啡杯和三明治包装这样的线索可能会成为生死攸关的决定因素，就像一顶朝向左边的帽子。

报复[45]起了作用

本杰和杰西死后，柯蒂斯就很少跳舞了。他的身份被重新定义，可转圜的余地越来越小。最重要的是，他是石头帮的一员，这屏蔽了他性格中的其他部分——做一个硬汉的同时还继续跳舞，这太难了。它们就像是对立面，不可共存。

此外，到了 20 世纪 80 年代中期，浩室音乐成为芝加哥的流行新风向，震感舞和锁舞不再流行。这种新的电子舞曲是在芝加哥地下俱乐部创作形成的。这个城市最著名的 DJ 都是同性恋，夜总会里也挤满同性恋，柯蒂斯与这些毫不相干。

黑帮告诉柯蒂斯，真正的男人应该咄咄逼人、脾气暴躁。这伙人设定了侮辱的标准，这个标准非常低——绝不允许谁对谁不尊重，否则将永无宁日。当孩子们取笑他跳舞时，他再也不去福斯特公园或其他地方跳舞了。他在胸前文了一个金字塔文身，这是石头帮的标志。他丢弃了所有不符合帮派对男人的定义的东西。

八年级的时候，一个女孩叫柯蒂斯“基佬”。当他听说这件事后，去教室里找到她，当着众人的面狠狠地扇了她一耳光。他因此被勒令停学，但他觉得自己别无选择。他的朋友们说柯蒂斯有一个绿巨人浩克开关——他有时很友好，很冷静，然后砰的一下，他就启动了伤害别人的模式。

报复是摆脱屈辱之痛的一种方式。至少在短期内，报复是合理且有效的，它可以重新平衡这个等式，但最终可能会导致更多的损失。

柯蒂斯并没有沉浸在毫无意义的生活中——在一个失业率达40%、政客腐败、警察不可信、学校破败的社区里悲惨度日，他找到了更大的价值。他成了石头帮的一员。

暴力冲突给了人们一种他们不想失去的意义感。冲突越激烈，意义感就越强烈。引燃器加速了这一过程。冲突操纵者鼓励人们在冲突中找到意义，这并不难做到。将一些事件构建成“侮辱”，他们就能引爆情感核弹。

冲突操纵者利用绝对的言辞和笼统的语言，使人们更沉迷于冲突之中而难以脱身。这就是加里的顾问塔尼娅在缪尔海滩同样做过的。她用她在劳工组织工作中使用的那种浮夸的语言来描述加里与守旧派的斗争。“在我的世界里，”当我们在缪尔海滩附近共进晚餐时，塔尼娅对我说，“有两个阵营，这是一场战争。”

在我们的谈话中，塔尼娅 3 次将守旧派比作特朗普，将创新派比作奥巴马。她谈到了社区里的“好人”和“坏人”。在加里失去委员会权力整整两年后，她似乎准备再次开战。“我觉得，我们应该组建一个竞选团队，把他们踢出局，”她说，“只是为了证明我们能够做到。”

当我写到这里的时候，感受到一丝讽刺。谁会这么形容社区选举呢？但是就个人来说，塔尼娅是有魅力的。她的信念如此强大，她如此能干，就像有一股力量从内心照亮了她。这种力量很难抗拒。

这让我想起了另一个坚称我们处于战争之中的人。我当时是《时代》杂志的记者，曾就国土安全问题与时任国土安全部长迈克尔·切尔托夫交谈。我们坐着他的黑色轿车里在华盛顿特区超速行驶，过程中他对我的提问毫无兴趣。“9 · 11”事件已经过去 5 年多了，他仍旧面带忧虑。他想让我知道一些关于恐怖主义的事情——这是一场战争——他不停地告诉我，即便我没有这样问他。

我在曼哈顿报道过“9 · 11”事件，我和丈夫当时就住在那里。我记得飞机划过天空的声音；我目睹了成千上万满身尘土的美国人逃向街头，远离废墟；之后几周空气中都弥漫着苦涩的恶臭。我花了几年时间报道这些袭击和其他事件，倾听受害者和幸存者的故事。在此基础上，我写过一本书。对我来说，恐怖主义并不遥远，我明白它的威力。

那天在迈克尔·切尔托夫的黑色轿车里，我提到从恐怖主义的运作方式来看（与战争时期的民族国家相比），很多恐怖主义专家建议把恐怖分子当作犯罪组织来对待。这立刻遭到他的反对。切尔托夫说，恐怖主义与犯罪完全不同，恐怖主义是一种“存在性威胁”。这对他、对他所在的国土安全部门以及对国家安全预算来说都至关重要。

不可否认，这些话出自切尔托夫之口要比出自塔尼娅之口更有分量。但是，当有人使用这类语言时，我学会停下来再次问自己一个问题：这是为谁服务的？冠冕堂皇的语言是冲突操纵者操纵情绪的一种方式。它阐明一切，隐藏重要细节，激励别人去战斗，去不计代价地付出生命。

2015 年，极端组织“伊斯兰国”（ISIS）在巴黎发起了一系列袭击，造成一百多人死亡。三周后，心理学家丹尼尔·罗文波（Daniel Rovenpor）和他的同事邀请一批巴黎人阅读一篇关于法国政府预防未来恐怖袭击计划的文章。一个版本将这些行动描述为“有计划的”和“有节制的”，另一个版本则使用更具有煽动性的语言，比如“比预期更强大的”“全面战争”。与读到克制版内容的巴黎人相比，那些读到煽动性语言的巴黎人更有可能说他们在冲突中找到了意义。他们也更可能同意这样的说法，即“最近的恐怖袭击使我在生活中有了更明确的目标感”[46]。

复仇可以把某一群体团结在一起，在他们中间传递一种躁动。冲突操纵者明白这一点，所以他们谈论冲突就像它本身是一种宗教，一种理解我们在世界中的位置的方式，一团永远不会熄灭的圣火。

复仇可以平息羞辱带来的痛苦，但它需要付出惩罚性代价。它需要全身心的投入，这种投入最终会变成一种枷锁。无论走到哪里，柯蒂斯都会扫视街道，看看谁来了，哪些车正在无故减速。他尽量成为最后一个离开房间的人，这样他就不会背对着任何人。放学后他也会从不同的路线回家。

最终，有门徒成员的家庭不得不搬离福斯特公园。邻里之间越来越缺乏宽容。很多街区柯蒂斯都去不了。12 岁时他中了两次枪，一枪打在脚上，一枪打在侧面。你觉得是谁开的枪？当然是那些门徒。

谋杀之都

冷战结束以后，各种战争急剧减少。即使发生战争，死亡人数也比过去少。

这是为什么呢？部分原因是人类在预防战争和维护和平方面做得更好了。我们越来越依赖联合国和第三方组织帮助促成和平协议，并监督协议执行情况。[47] 尽管这些机构的设定并不完美，都是为了激发合作本能，而不是敌对本能。就像巴哈伊教不允许竞选上任一样，他们在内部的机制中设置了很多屏障来防止高度冲突。

这些机制通常会失败。人类作为一个物种，在创建互惠合作关系上还显稚嫩，我们还有很长的路要走。但不可否认的是，随着时间的推移，战争和暴力死亡已经变得越来越少。

今天，大约每 10 起暴力死亡事件中就有 8 起发生在公认的冲突地区以外，比如芝加哥。[48] 2015 年，在没有“战争”的巴西，被杀的人比遭受战乱的叙利亚还多。在很多地方，这种残酷的暴力看起来就像柯蒂斯在芝加哥长大时遇到的帮派冲突和日常暴行，在其他地方还有杀戮和有组织犯罪。

如果我们在阻止某些地方发生战争方面取得了进步，那么我们在遏制世界各地这种长期的非战争暴力方面还有很长的路要走。例如为什么 2018 年芝加哥的暴力事件比洛杉矶或纽约等城市严重得多？为什么距离芝加哥不到 500 千米的密苏里州圣路易斯的死亡率几乎是芝加哥的 3 倍？ 2018 年圣路易斯的谋杀率高于哥伦比亚的卡利、墨西哥的奇瓦瓦或危地马拉市。[49]

几个世纪以来，学者们一直试图找出导致地区性暴力的原因：是因为贫穷还是文化差异？是关于资源竞争吗？还是关于敌对群体的数量？

种族或宗教群体的存在并没有使一个国家更容易陷入内战。[50] 一些存在多元差异的地方也充满和平。例如阿姆斯特丹拥有大约 180 个不同国籍的居民，其中，每两个居民中就有一个是第一代或第二代移民。但在 2018 年，阿姆斯特丹只有 14 个人被杀——没错，是 14 个人。那一年，在我的家乡华盛顿特区，一个稍小的城市，被谋杀的人数是阿姆斯特丹的 10 多倍。

那枪支使用问题呢？肯定地说，这在一定程度上的确有影响。如果没有强大的武器，就很难杀死这么多人。美国人拥有全世界近一半的民用枪支，尽管美国人口还不到世界人口的 5%。[51] 正如你所料，美国的凶杀率比发达国家平均水平高出 50%。[52]

如果群体可以升级冲突，那么枪支让冲突更多以谋杀告终。但就像其他复杂的社会问题一样，暴力冲突取决于不同事物的相互作用，就像一个化学方程式。枪很重要，其他事情也很重要，这是多重因素共同作用的结果。

那么薄弱的警力或政府呢？当政府摇摇欲坠或面临倒台时，暴力就会填补空白。这是有道理的。但是是什么导致了一个国家的衰落呢？这不仅仅是经济衰退的问题。在大多数情况下，暴力犯罪的上升或下降并不与 GDP 同步。[53]

外交政策学者雷切尔·克莱因菲尔德发现，尤其对于西方政体而言，最棘手的问题可能是一个串通一气的国家。[54]

普通人知道他们不能依赖政府，所以他们通过其他方式寻求正义。暴力变得正常化，社会逐渐丧失文明。克莱因菲尔德写道："普通人变得冲动，更容易愤怒，更容易将暴力视为正常现象。"到那时，政府要恢复秩序就会变得更加困难。国家制造了一个怪物——一个失控的怪物。

在芝加哥，第一批黑帮是白人帮派，当地警方无力应对这些帮派。[55] 当专业人士接管了芝加哥的消防工作后，这些帮派转移到了附近的小酒馆。在那里，政客们开始资助他们。19 世纪末，这些政客创立了"运动俱乐部"。俱乐部主要由爱尔兰移民组成，他们恐吓选民塞满投票箱，以确保他们的金主连任。在接下来的 50 年里，这些帮派也实行了种族隔离：芝加哥的政客们制定了限制性的种族契约，禁止黑人在白人居住区购买或租用房产。法律无法限定的事情，黑帮都能做到。他们攻击那些投票反对主导芝加哥政治的民主党人的非裔美国人，他们使用暴力和恐惧来确保黑人家庭远离白人社区。

政客们为了保住自己的权力，把他们想做的脏活都外包出去。当时，政府与芝加哥黑帮串通一气。黑帮老大阿尔·卡彭在芝加哥建立自己的基地，这并非巧合。20 世纪 20 年代，他在芝加哥经营着走私、卖淫和赌博等非法生意。与此同时，芝加哥的凶杀率是全美城市平均水平的 24 倍，因此被称为“谋杀之都”[56]。

美国其他城市也开始失控后，市长理查德·戴利继续像封建领主一样统治着芝加哥。从 1955 年到 1976 年，戴利控制了大约 35 000 个赞助岗位。他利用这些岗位要求民主党人尽忠，同时排挤共和党人。

自从柯蒂斯出生以来，芝加哥已有 30 多名市政参议员被判腐败罪。[57] 在此期间，几乎每 5 个议员中就有一个被定罪。芝加哥因政治腐败被指控定罪的人，比美国其他任何大城市都多。[58] 收受回扣和贿赂屡见不鲜。被判操纵谋杀案调查的美国法官之一就来自芝加哥，他被判操纵三起涉及帮派冲突的谋杀案。[59]

今天的芝加哥无法与巴基斯坦相提并论。但是，政府支持暴力的历史以及州和市两级的腐败传统使暴力持续升级。虽然情况已经发生了改变，但改变远远不够。如果不了解这个根源，就不可能了解今天芝加哥街头发生的流血事件。

每起命案都使芝加哥市损失大约 150 万美元，但大多数谋杀案都没被侦破。如果凶手在芝加哥谋杀了一个白人，他大约有 50% 的机会逃脱惩罚。[60] 2019 年芝加哥公共广播电台调查发现，如果凶手谋杀了一名黑人，他有 78% 的机会逃脱惩罚。警察、市政府和州政府都不被信任。[61]（在对州政府的信任度方面，伊利诺伊州在全美排名最末。）暴力群体介入并要求伸张正义。

今天，芝加哥最严重的暴力事件只集中在少数几个街区。在这些地方，群体加速了对抗，使血仇长期存在，它们和世界上最不稳定的国家一样危险。大多数暴力事件与毒品市场无关，相反，它从个人恩怨开始，逐步升级为仇杀，在社交媒体上发酵，在现实生活中引发枪战。[62]

其中一个发生枪战的街区就在福斯特公园附近，柯蒂斯就是在那里长大的。

“一种美好的感受”

> “暴力帮助个人摆脱无足轻重的存在感，填补他生命中的空白，并给他提供超越自我和他人权力的兴奋体验。”
>
> ——艾莉森·贾米森，《核心攻击：意大利的恐怖主义与冲突》

柯蒂斯和妈妈非常亲近。然而，就在他成为石头帮成员的时候，他的母亲又嫁给了一个男人——一个吸食可卡因和海洛因的大块头。[63]

于是柯蒂斯养成了一个新的爱好，与跳舞不同，这个新爱好与他的新身份非常契合。他得到了一套健身设备，把它放在厨房里，锻炼变得越来越强壮。他需要保护自己和他妈妈免受卧室里那个怪物的伤害。

柯蒂斯也开始踢足球，他踢得很好。他的家人谈论大学和职业球赛，谁知道未来会发生什么。足球让他情绪稳定。每天坚持训练让他减少了帮派活动的时间。柯蒂斯作为八年级毕业生的代表致辞，他考入了一所非常好的科技高中，他的生活中还有比帮派更重要的东西。

就在毕业典礼之前，黑帮门徒的一个人认出来柯蒂斯，他戴着帽子，把帽檐转向左边。这个人在邻居那里抓住了他，用棒球棍殴打他。柯蒂斯醒来时发现自己已经在救护车上。由于脑震荡，他无法完成毕业致辞。他的头被打得肿胀起来，无法戴上毕业帽。

高中的时候，柯蒂斯坐在朋友车的后座上，他们撞上了一根电线杆。柯蒂斯的前交叉韧带撕裂，从此结束了足球生涯。

最让柯蒂斯伤心的是他母亲的眼神，这不仅仅是失望，在他看来更是一种嫌弃：她那个跳舞的儿子不再跳舞了；她那个足球运动员儿子无法踢足球了；他曾是他们家未来生活的入场券，但他自己把入场券扔了；他的足球教练来家里给他送之前的高光记录，作为纪念。

道路越来越狭窄，使冲突变得更难以解决，可转圜的余地越来越小。他和家人突然感到前途渺茫。有些日子里，他似乎只剩下与黑帮门徒的冲突，无休止的冲突。

1989年3月，17岁的柯蒂斯在一条小巷里发现了母亲的尸体。她被继父刺中心脏。[64]继父杀了她之后拿走了她的钱包，用这些钱买了毒品。

柯蒂斯终究没能保护自己的妈妈——哪怕他锻炼身体，哪怕他在帮派里找到了靠山，哪怕他曾提醒妈妈那天晚上带上枪——可他还是没能阻止他最害怕的事情发生。他当时还拄着拐杖，未从车祸中痊愈。他是妈妈的保护者，而现在他失去了最亲密的知己、舞伴。他的生活支离破碎，从此以后孤身一人。

柯蒂斯当时只想杀了凶手。他想慢慢地、痛苦地完成这件事。他必须找到一种方法来减轻自己的痛苦。根据他小时候在芝加哥石头帮学到的一切，复仇是讨回公正的唯一方法。警方是靠不住的，他只能请求他的帮派兄弟帮助他。

他们一起去了继父家。柯蒂斯拄着拐杖，身边跟着他的帮派成员。他砰砰砸门，无人回应。他用那只没受伤的脚踢开门。最后，有人出来了，坚持说他继父不在家。他并不相信。

柯蒂斯带了一瓶用爱尔兰野玫瑰酒瓶装的莫洛托夫鸡尾酒，他想扔向窗户点着整个屋子，这会吓跑所有人。他走到车上去拿，但他还没来得及扔，一个黑帮成员制止了他。“我们是来找你继父的，不是找他的家人。”柯蒂斯做出了让步。这就是前面讲的高度冲突的第二个悖论，群体可以煽动暴力，也可以压制暴力。

四天后，柯蒂斯的继父被捕。他被指控犯有一级谋杀罪，被判处39年监禁。

没有律师出现在柯蒂斯家。他的祖母来帮忙，但忙于抚养他的弟弟妹妹，自己也沉浸在丧女的悲伤中。在那些日子里，他只有石头帮的“家人”。

从那以后，暴力更容易发生。每次柯蒂斯扣动扳机，他都会看到继父的脸，这使伤害他人变得有满足感。与黑帮门徒的冲突演变成信徒之间的战斗，或者在心理学上叫作移情：他不能拿枪指着芝加哥腐败的政府机构，也杀不了他的继父，更杀不了射杀篮球英雄本杰的男孩。他看不到造成他痛苦的真正原因。然而，这并没有阻止他继续战斗，相反起到了推动作用。

“愤怒让人感觉活着，”美国作家托妮·莫里森（Toni Morrison）在《最蓝的眼睛》中写道，“一种真实和存在感；一种价值感；一种美好的感受。”[65] 控制一个人，不论是谁，都会让人感受到满足。

同年 10 月，联邦调查局在星期五祷告时突袭了该团伙的圣殿。50 多名联邦警察包围了这个地方，用大锤和喷灯破门而入。[66] 他们围捕了该团伙的大部分高层，以敲诈勒索、谋杀、绑架、持枪、贩毒等罪名起诉了 65 名成员。当时，石头帮的创始人杰夫·福特也被关押，他被判犯有精心策划国内恐怖主义组织罪。

这些逮捕行动抓走了帮内的头目，柯蒂斯得以一路跨级晋升，在自己迫切需要被领导的时候成为一名黑帮老大。

柯蒂斯也成了他家人的守护者——他不会让他的弟弟妹妹或任何亲人像他母亲那样死去。他的亲人也学会了在遇到问题的时候打电话给他，他会派一队人前去救助。

“最疯狂的是，你还是小孩，大人们却开始害怕你。”柯蒂斯说，“这在你无力的时候能给你带来力量。”

一天，柯蒂斯去看望在麦当劳工作的女友。他走进去，像往常一样扫视四周，确认是否存在威胁——油炸锅前的那个人帽子朝右。柯蒂斯看了他一眼，径直走向经理。“那个家伙必须离开。”他告诉经理。他不能让门徒在那里工作，不能让门徒出现在他的女孩旁边，绝无可能。

当他之后再来的时候，发现门徒仍然在那里，帽子仍然转向右边。柯蒂斯简直不敢相信，那顶帽子就像是无情的嘲弄，直接打到他的脸上。他还能做什么呢？柯蒂斯和他的朋友翻身跳过柜台开始殴打经理。一个成年人就这样畏缩在他们面前。

有一天，他的祖母参加完社区警务会议，回到家哭了起来。“整个会议都是关于你的，”她告诉柯蒂斯，“你和你的朋友们正在摧毁这个社区。”他永远不会忘记那一刻，他的祖母，他认识的最坚强的人，在不停哭泣。“你是我的孙子，但他们却说你是个怪物。”

有的时候，他感觉自己就是绿巨人，他不记得自己曾经是个练习后空翻的男孩；有时他的境况很可怕——这就是柯蒂斯不喝酒不吸毒的原因，他不想比当下更失控。

他的母亲去世一个月后，柯蒂斯和其他帮派成员用一个破瓶子殴打了一名男子。[67]他们把他伤得很重，那家伙最后瘫痪了。

不久之后，柯蒂斯再次中枪，这次是在头部。他和罪恶领主这个帮派的一员发生了争执，但他和那个家伙在街上协商解决了问题。几秒钟后，另一名罪恶领主成员对柯蒂斯开了枪——他并不知道冲突已经解决。帮派里有太多成员。

他当时没死真是个奇迹。柯蒂斯躺在门廊上说不出话来，听到一名警官说他们可以不逮捕他。

后来他毕业了。但是在他 19 岁三个月的时候，他在离福斯特公园四个街区的地方被捕了，当时他手里拿着一把上了膛的史密斯·韦森左轮手枪。一名妇女报了警，声称柯蒂斯去过她家，威胁要杀了她的亲戚。柯蒂斯表示认罪，被判两年半监禁。由于他的帮派影响力，他被送到史泰维尔惩教中心，一个最高安全级别的监狱。

他想，也许他会在监狱里找到杀害本杰的凶手，或是他的继父。这一点值得期待。

催眠

读到这里你可能会想，我不是什么帮派成员，也没什么血海深仇，至少现在还没有。这和政治两极分化有什么关系？这和去年圣诞节我和哥哥吵架有什么关系？

柯蒂斯的故事是个极端的例子，但只有通过极端的例子，才能让我们更能辨别日常生活中的情况。幸运的是，我们并非都生活在一个暴力正常化或煽动暴力的世界里。但我们很多人都知道被困在“沥青坑”里，或是陷入一场代价远大于收获的争论中是什么感觉。这也许是与配偶、同事或你不认识的人的冲突。你可能会想象和这个人交谈的情景。每当愤怒开始消退，你就会发现自己正积极地恢复这种感觉，找到所有让你感到委屈的原因，甚至还能发现新的原因。

这就是群体的力量：一旦你转移了生活的注意力，群体就会提醒你冲突的发生；其他成员不断地提醒你犯下的所有错误，永远不让火苗熄灭。电台谈话节目和推特起到了推波助澜的作用。群体使冲突不朽，就像永恒的火焰，从来不需要多加照料。

当然，这也发生在监狱里。在监狱中，柯蒂斯没有找到杀害本杰的凶手和他继父，但他确实找到了让他的组织继续发展的精神支柱。在监狱里，他知道了石头帮的真正含义。杰夫·福特的一个兄弟和其他黑帮头目也在同一座监狱里。这里有一个"指挥结构"，教导一种做事的规矩。"这是一种我从未见过的尊重。"每个人都在特定的时间做祷告。教义融入生活之中，而不仅仅是嘴上功夫。如果你被命令去做什么事，你就去做，不要问。就像《教父》里演的那样，这让柯蒂斯印象深刻。

他阅读并背诵了石头帮的帮规和誓言。他花了几个小时和石头帮"元老"交谈，听他们的故事。他有自律能力和服从意识，石头帮成员也是如此。"任何我曾经参与过的事情，"他说，"我都是全心参与。"柯蒂斯大笑。

在监狱里，石头帮成员的数量远远低于门徒，值得注意的是，他们从未输过任何一场战斗。无论多么缺少人手，他们都用组织力量和服从精神来弥补。现在柯蒂斯找到了一个支持他帮派身份的精神支柱，一种抚平他的痛苦的方法，来平衡那些比麦当劳斗殴更大的痛苦。他就像一个发现特种精锐部队的士兵，原来还有很多柯蒂斯不知道却很向往的东西，现在，他也成为其中的一部分。

直到今天，柯蒂斯还能流利地背诵石头帮的信条：

> 黑石带领我们走出黑暗，走进光明；
>
> 黑石给了我们勇气，给了我们眼界，给了我们任何人都不应被剥夺的东西。
>
> 有种幸福，叫作黑石之爱……

对于群体冲突来说，思想观念没有情感重要，但思想观念也很重要。它可以为暴力辩护，就像浮夸的语言一样，提供更深层次的目的感。思想观念可以让人们觉得他们正在从事一项伟大的事业。

1993 年，带着比刚进监狱时更多的责任和信念，柯蒂斯离开了监狱。那时，芝加哥也发生了变化。可卡因最终流入社区，“钱途”一片光明。不久之后，该市的凶杀案作案率达到顶峰，部分原因是石头帮和门徒之间的暴力事件激增。

“到处都是尸体。”柯蒂斯说。他开始带着全副武装的手下在芝加哥巡游，无论走到哪里，身边都围着一群打手，就像石头帮的缔造者杰夫·福特一样。当时福特已经被判终身监禁。

柯蒂斯发了一笔横财，他从未见过这么多钱。他买了车，开了一家脱衣舞俱乐部。他知道这些事情与伊斯兰教和石头帮的价值观相冲突，但他还是这么做了。他还是会在星期五做祷告。不然呢？一旦敌人出现，人就会摘下伪善的面具。

一年后，22 岁的柯蒂斯因持有枪支再次受到指控，被判处三年半监禁。

出狱后不久，柯蒂斯因藏有可卡因又被逮捕了，对他的指控后来被撤回。但在监狱里，他有足够的时间和空间去思考，警察怎么知道那天他会在哪里？只有他的石头帮兄弟知道。他反复思考，他们到底是忠于石头帮还是忠于美元，这越来越难看得清了。

第二部分

摆脱冲突

第四章　争取时间

随着经验逐渐丰富，柯蒂斯越来越懂得如何逃避牢狱之灾，他研究了“对毒品宣战”的法律禁区。藏有强效可卡因所受到的惩罚力度要比可卡因严厉得多。因此柯蒂斯从来不会携带强效可卡因。如果他因携带 5 公斤可卡因被抓，那么他将面临大约 10 年的牢狱之灾，这比携带同等重量的强效可卡因被判的刑期要短得多。如果终要被抓，他宁愿只坐 10 年牢。

柯蒂斯经常感到内心沉重，尤其是在母亲节和他妈妈的生日那天。他仍然幻想着找到他的继父和杀死了他的篮球英雄的比利，但他已经学会控制身体里的绿巨人开关。几年前，他与之前在麦当劳工作的女友结了婚，育有四个孩子。他退出一些比较暴力的帮派活动。更年轻的人才选择去冒险。岁月流逝，在柯蒂斯看来，到他 30 岁出头的时候，他要么每天过得胆战心惊，要么被关押在监狱里。

在他儿子的四年级毕业典礼上，发生了一件意想不到的事情。

当时，柯蒂斯觉得自己随时都有可能被抓回监狱。联邦调查局盯上了芝加哥的黑帮头目，他周围很多人都被警方关押。他知道这只是时间问题。

然而那天，他的儿子和同学们站在一起唱起了芝加哥那首古老的歌《你是我的灵感》。柯蒂斯知道这首烂大街的歌。但不知为何，当他站在那里看着儿子唱歌时，这首歌就像一把刀刺向他的心脏。

柯蒂斯的儿子患有孤独症，柯蒂斯知道原因：他在妻子怀孕时对她施暴；在孩子出生后，当柯蒂斯外出枪杀对手或被对手开枪射击时，他的儿子就在车后座上。难怪这个男孩害怕吵闹的声音。柯蒂斯知道这些问题的根源，那就是他——作为父亲和黑帮头目的柯蒂斯。

> 你是我生命的意义，
> 你是我的灵感……[1]

他一边听，一边计算着时间。如果今天被警察抓走，柯蒂斯出狱时他儿子就 18 岁了。突然之间，他觉得本杰·威尔逊被谋杀，他的黑帮生活，他用暴力来回应每一次侮辱，还有那些他给自己编织的谎言分崩离析。

最大的谎言是他所做的一切都是为了他的家人，为了供养他们和保护他们。他只是不再相信这句话了。如果他是因为家人而贩毒，那他怎么会有 4 辆车？如果他被关进监狱 10 年，这对他的家人还有帮助吗？

他在心里咒骂自己。他坐在那里，眼泪顺着脸颊流下来，他又开始了临时但虔诚的祷告。“上帝，再给我一次机会吧……”这句话他之前说过很多次，他的妻子看见过好几次，他在哭泣吗？柯蒂斯不是一个当众甚至私下会哭泣的人。他可是那个因为某人的帽子朝向右边就在麦当劳打了经理的人。眼前的这个人是谁？

他没有向他的妻子解释。当时他还不知道该怎么做。

之后，柯蒂斯试图恢复正常。他像往常一样拿了一批毒品去卖。但这一次，开车贩毒带给了他不同的感受。没有兴奋感，也没有力量感和使命感。他只觉得沮丧。他知道他必须像以前一样把毒品装袋分发，但这似乎毫无意义。“我为什么要这么做？”他不停地问自己，他已经没有合理的理由了。

他什么也没做就回了家，把毒品放在一边，一星期都没再碰它。这种情况以前从未发生过。他的表亲不停地打电话，但柯蒂斯没有接。他的大脑知道该做什么，但身体拒绝服从。最后，他的表亲找上门要他交出毒品，他照做了。他还把自己的一辆克莱斯勒汽车送给了他的表亲，这样他就可以把它卖掉，然后用这笔钱雇人去做柯蒂斯应该完成的任务。

这就是所谓的转折点——这个时候，冲突带来的损失大于收益。柯蒂斯已经触底，这对任何逃离高度冲突的人来说都是关键时刻。坐在那里，周围都是他没有精力去分装的毒品，他已经受够了——就像离婚的配偶打电话给律师要求达成离婚协议；就像宣布不再竞选连任的参议员；就像游击队员悄悄地离队，再也不回来。

6个月后，柯蒂斯打电话给他的表亲。

“我不干了，一切都归你了。”

电话那头是一阵沉默。柯蒂斯知道，他的表亲在等着他说暗语。他们之前商量过，一旦被抓，他就使用这个暗语，这样他的表亲就知道该处理掉所有的东西——毒品、金钱和枪支。但柯蒂斯那天没有说，之后也没有说，什么都没有说。

沉默令人不安。

最后，他的表亲打破了沉默。“柯蒂斯，怎么了？你被抓了吗？”

“没有。”

又是一阵沉默。

那么只有另一种解释。“混蛋，你想出卖我！”他的表亲喊道。

“不是这样。”柯蒂斯说。他有些生气，“我只是不想再做了”。

他给了表亲一大笔现金和一些毒品，他还把自己的脱衣舞俱乐部拱手送出。起初他觉得轻松了不少，就像终于能自由呼吸了一样。他已经摆脱了背负的一大堆谎言，现在他可以直起身子做自己了。“就算被抓，我也没事，”他对自己说，“即使我进了监狱，我也能够面对我的儿子。”

“我收手不干了。”

转折点

高度冲突无处不在，只是叫法不同。在菲律宾的棉兰老岛，高度冲突被称为里多[2]。通常情况下，里多起源于误会，就像帮派冲突一样：一头牛闯进某人的田地，破坏了他的庄稼，于是这个人卖掉了这头牛。牛的主人以为这个人偷了他的牛，想要报复。族群的忠诚感点燃争端，最后发展成为族群仇杀。很快，两人为此付出生命。

谣言可以致死。轻微的侮辱会引发对整个群体的侮辱。通常，在选举周期前后，里多会加剧。就像在芝加哥一样，长期的矛盾使每个参与者都感到痛苦。

这种痛苦是高度冲突中脆弱的存在，是可以被利用的。正如之前参加过争端的人所说，“里多频发的日子里，活着就像一个囚徒”。这话听起来就像芝加哥的一个黑帮成员所说，“你无法工作，不能出门，不能帮助他人，因为你害怕你的敌人会杀了你”。

痛苦可以创造转折点。转折点是带来机会的黄金节点。对于黑帮成员来说，它可能发生在医院里，在你中枪之后，尤其是当你的帮派成员没来看望你的时候；或许也发生在你看着自己的儿子在唱歌，而你却担心随时被捕的那一天。但是我们必须学会识别并抓住转折点，否则它就会消失。这就是其他人通过帮助暴力者识别转折点来起到催化作用的方式。

在菲律宾，里多通常无法在司法系统中得到解决。一般情况下，某些群体成员帮助人们发现转折点，其中女性发挥了关键作用。她们通常不会受到报复性攻击，因此她们可以充当“盾牌”，并试图发起谈话。然后，长老和其他部落领袖通过他们的组织网络来修复损伤，大多是支付抚恤金作为补偿。就这样，女性和长老可以缓和冲突，并为解决冲突创造机会。

充当盾牌的人就在我们身边，他们拥有巨大的力量。1809 年，约翰·亚当斯和托马斯·杰斐逊共同的朋友悄悄谋划想让他们和好。多年来，同为《独立宣言》签署人的本杰明·拉什一直在温和地为两人创造转折点。他告诉他们二人，对方非常渴望重修友谊。[3]

他甚至告诉亚当斯，他做了一个梦。在梦里，亚当斯写信给杰斐逊，之后两人就重归于好了。拉什说的是实话吗？我们不知道。但当他告诉亚当斯他的梦时，他甚至说出了亚当斯在梦中给杰斐逊的那封信中使用的精确词汇，给了亚当斯一个在现实生活中可以使用的剧本。他用自己做梦的故事，开辟了一条走出高度冲突的道路。因为他非常了解他的朋友，拉什在他付诸行动的时候一定会称赞他。比如说，只有像亚当斯这样的人，才拥有“只有伟人具备的宽宏大量”，才能做出如此高尚的姿态。

这非常夸张，但是却很奏效。

1812 年元旦，亚当斯给杰斐逊写了一张纸条，就像拉什在梦中预言的那样。杰斐逊回了信。在接下来的 14 年里，两人交换了 158 封信。亚当斯写道：“我们应该在去世前澄清误会。”他们并不总是意见一致，但他们始终维持良性的冲突，没有陷入高度冲突，直到他们在同一天去世——1826 年 7 月 4 日，美国独立 50 周年纪念日那天。

“人们已经爱上我的旧身份了”

退出高度冲突带来的一个问题是，其他的一切都不会改变：你的敌人仍然视你为敌人；你在朋友眼中仍旧是过去的你，而不是你想成为的自己。

在最初的 6 个月里，柯蒂斯试着离开“工作岗位”，但仍然坚持保留石头帮成员的身份。最重要的是，他还试图维持着每月 9 426 美元的花销。很快，现实问题就出现了：他的汽车被收回，他不再是黑帮头目，无法参与毒品交易，因为参与毒品交易就意味着不得不使用暴力。

柯蒂斯放弃了那些车。他搬到一间公寓，这是他做得最好的决定：如果人们找不到他，就无法向他要钱，或是在需要打开绿巨人开关的时候向他寻求支援。通过这种方式，他为自己创造了空间，一个真正的空间，在这里他建立了一个新的身份。这一点非常重要。

但他仍然在福斯特公园闲逛，与他爱的家人和朋友在一起。诱惑是不会消失的。他怀念自己的传呼机不断响起的感觉，那会让他觉得自己非常重要。

与此同时，找到一份体面的工作就像中彩票一样困难。柯蒂斯记录在案的被捕记录很长，警察都知道他的帮派活动。除了担任黑帮头目外，他没有任何工作经验，也没有雇主想听的故事。

其他人都想念以前的柯蒂斯。他们不认识这个新的柯蒂斯，似乎也不是很想认识他。“人们已经爱上我的旧身份了。”柯蒂斯说。

柯蒂斯和他的妻子从十几岁时就在一起。他们彼此非常了解，但当柯蒂斯开始他所谓的“转变”时，甚至他的妻子也认不出他来：看到奥普拉在电视上赠送观众汽车时感动哭泣的男人是谁？一直在谈论“和平”的这个人是谁？她爱上的那个喜欢打架斗殴的人到底怎么了？

就在柯蒂斯的生活开始步入正轨时，他的妻子却说要离开他，他吓坏了。他失去了很多人，不是去世就是坐牢。但他所爱的人还没有主动选择离开他的。妻子的反应证实了他最大的恐惧，那是大多数试图摆脱高度冲突的人面临的恐惧，即他唯一的价值就是过去的自己、处于冲突当中的自己。失去它，他就毫无价值。

一天，在他情绪低迷的时候，他的表亲开着一辆新的梅赛德斯-奔驰 S550 来找他，这是一辆昂贵的车，价格接近 10 万美元。他的表亲打开了后备箱，里面装满了毒品。

“伙计，你知道，没有你是不行的。柯蒂斯，我需要你，伙计。”

柯蒂斯站在那里，盯着后备箱，就好像他的表亲刚把球抛给他，他又回到了游戏中。被需要的感觉真好。他盘算着，如果他能重操旧业哪怕 90 天，他就能还清账单，让生活恢复正常，挽救他的婚姻，暂时不再让大家失望。

摇摆不定

大多数想要摆脱高度冲突的人，会在他们过去的生活和无法预知的未来之间摇摆不定，有时长达数年。走出高度冲突的道路不是明朗如一条直线的，即使在政治领域也是如此。

广播电视名人格伦·贝克是美国政界一位典型的冲突操纵者。他十年间在福克斯新闻、CNN 和他自己的订阅电视网络上积极推动党派冲突。和其他冲突操纵者一样，他输出浮夸的辞藻和阴谋论，在观众目前树立一种明确的道德正义。在 14 个月的福克斯新闻中，贝克和他的嘉宾们提及希特勒 115 次，纳粹 134 次，法西斯主义 172 次，大屠杀 58 次，约瑟夫 · 戈培尔 8 次。[4] 贝克知道如何利用他的白人观众的恐惧，他告诉观众，时任总统奥巴马是一个“对白人有着根深蒂固的仇恨”[5] 的种族主义者。通过他独特的偏执、愤怒和歇斯底里，他成功点燃了数百万观众的愤怒之火。

大概从 2014 年开始，贝克开始表现反常。在采访中，他开始表示懊悔，流露出一种他以前很少表现出来的含糊和细微变化。“我希望我能回到过去，说一些能团结人心的话，”贝克在电视台上说，“不幸的是，我想我在促使国家分裂方面起到了一定作用，但我们现在已经转变了观点。”[6]

鉴于贝克曾利用冲突为自己谋利的历史，我们很难相信贝克所说的话。然而，如果贝克的行为是虚伪的，那就说不通了。他的所作所为在很多方面都违背了他的利益。在 2016 年大选前，贝克因反对特朗普作为候选人而与他的共和党同僚和大多数观众决裂，他称特朗普“精神错乱到了危险的境地”[7]。为了反击特朗普在移民问题上的煽动性言论，贝克前往美国与墨西哥边境，分发了价值 200 万美元的玩具和食品。他的行为激怒了很多他的长期追随者。他邀请了几位“黑人的命也是命”活动人士来到他的工作室进行对话。“非洲裔美国人的经历中有些独特的东西我无法感同身受，”他在接受《纽约客》采访时表示，“所以我必须倾听他们。”[8]

随着这个国家越来越两极分化，贝克警告喜剧演员兼评论员萨曼莎·比等左翼媒体人士不要落入曾经束缚他的冲突陷阱。“作为一个已经造成伤害的人，我不想再造成任何伤害，”他在比的节目中以一种超现实的方式说道，“我知道我做了什么。我激化了分裂。我愿意承认。我想告诉你们的是，请不要犯和我同样的错误。我认为我们所有人都在犯这个错误，在脸书上，在推特上。”[9]

对贝克来说，这些话是令人不快的陈述。他是美国现代冲突体系的创始人。他的媒体帝国建立在妖魔化和恫吓之上，这使他的转向变得更加困难。实际上，他在与克里斯塔·蒂佩特的播客采访中也承认了这一点。“跟大家说，‘好吧，那就放弃你的职业生涯，停止这样做吧’。这是不合理的。我有300名员工，他们每天都指望着我来养活他们。”他说。“现在，我该如何改变？我要怎么做才能不让300个人丢掉饭碗？”[10]

在发表上述言论三个月后，贝克不得不解雇了他创建的媒体平台水星广播艺术和TheBlaze网站20%的员工。他知道，反对特朗普让他失去了很多观众。“对于保守的人来说，忠诚是非常重要的。”[11]

那个陈旧的引燃器又重启了。就在三个月前，贝克还说他希望自己的语言能够“团结”人心，然而现在他却把奥巴马称为“成熟的独裁者”和“反社会者”[12]。

不管贝克脑子里想的是什么，很明显，他正在与自己的身份、他的团体和他的商业模式进行斗争。除了憎恨奥巴马之外，他还想让观众对其他话题感兴趣。例如他对打击人口贩卖和虐待儿童感兴趣，但他不知道该怎么做。“我找不到能让大家真切感受到的方法，甚至无法让人们足够安全地看到它。”[13] 就像加里在社区会议上一样，贝克试图玩一个新游戏，但却被困在了旧游戏之中。

2018 年，他在电视上戴上了“让美国再次伟大”的帽子，宣布他改变了主意，表示将在 2020 年投票给特朗普。“我要告诉你，你作为总统所做的事情是了不起的！非常了不起！”[14] 但为时已晚。2019 年 11 月，贝克的有线电视节目停播。[15] 他的广播节目虽然还在继续，但和他一样都陷入了堪忧的境地。

摆脱一个具有深远意义的冲突身份绝对不是线性的。对某些人来说，这种摇摆不定永远不会结束。

距离

那天，当柯蒂斯的表亲开着那辆梅赛德斯-奔驰新车来找他的时候，柯蒂斯的面前摆着一个宝贵的机会。他有足够的时间和空间停下来思考。他盯着后备箱，考虑着表亲的建议，脑袋里回想着过去的教训：这场冲突没有尽头，没有所谓的 90 天的复出。冲突就像是一台永动机——你为这一次的侮辱寻求报复，之后总是会有下一次，无穷无尽。政治也是如此。

柯蒂斯还有一个务实的考虑：他想活下去，陪在孩子们身边。他知道他的心已经不在游戏上了，这使他变得脆弱。如果他犯了错误，在街上放松警惕，他很可能就此丧命。

“不，兄弟，不了。”他最后拒绝了他的表亲。

“跟我比，你是个好人。”他的表亲回答道，关上了后备箱。

“不，我不是。我只是想做个好人罢了，而你还不想。如果什么时候你也改变了想法，我们还可以聚在一起聊一聊。”

他看着他的表亲开车离开，心里不是滋味。他并不觉得自己做了什么正义的事情，反而觉得十分落寞。

一周以后，柯蒂斯开车进入车库时看到了他的邻居。“伙计，你表亲的遭遇真是糟透了。”那人说。

柯蒂斯不知道他在说什么。他把车开出来，到了表亲家，然后他听说，他的表弟被绑架并被杀害了。

当时，柯蒂斯还在用过去的思维方式考虑问题：“如果我和他在一起，就不可能发生这种事。”他感到了久违的内疚和遗憾。

随后柯蒂斯意识到，如果他当时和表亲在一起，他可能也会被杀害。那么这时候就是他的尸体躺在停尸间，他的家人在痛哭。这不难想象，但这个想法仍然令人惊讶。

为什么柯蒂斯转变了观念？他怎么没去寻求报复？他怎么没让别人为他所遭受的痛苦付出代价？

人会随着年龄的增长而改变，这是人们放弃犯罪和暴力最容易的原因之一。人越老就越通透。但柯蒂斯知道还有其他原因。他在自己和冲突之间拉开了一定距离。在到达转折点并成功脱离冲突后，他从日复一日、以牙还牙的街头冲突循环中抽离，这给柯蒂斯带来很大的变化，给了他形成其他想法和培养其他身份的空间——复仇不再是吸引他注意力的唯一念头，黑帮成员也不是他所效忠的唯一身份。

对于处在各类纠纷中的人而言，时间和空间是摆脱高度冲突的关键。正如柯蒂斯所说，“争取时间”有不同的方式，而且是必须要做的。在菲律宾，女性和其他“盾牌”通过调查和扼杀虚假谣言来争取时间，以免谣言升级为暴力；对于加里那些不和的客户来说，建立理解环路帮助他争取了时间，放慢了谈话的速度，确保人们互相倾听。

社交媒体最大的危险之一在于它会加速冲突。它通过设计剥夺我们的时间和空间，将我们禁锢在反应性思维模式中。从这个意义上说，它就像一种自动武器，如果你不停下来装填弹药，你爱的人就没有办法靠近你，帮助你恢复理智。

在加里的政治冲突中，因为竞选失败，他才有时间和空间去反思自己身上发生了什么，他偏离自己的理想有多远。对一些人来说，这种情况发生在他们被解雇之后，或者离婚和生病的时候。有时危机会带来一个意想不到的机会。

国家也可以争取时间。在 20 世纪 90 年代的格鲁吉亚，政府通过把财产和国家机构赠送给商界领袖和黑手党头目，从而赢得各个帮派的忠诚。这虽然风险很大，腐败与腐败交织，但它导致了暴力事件急剧下降，因为该国的冲突操纵者开始与政府的成功息息相关。格鲁吉亚政府填补了它所创造的空间，重建了它的机构和公众的信任。[16]

表亲死后，柯蒂斯意识到他做了正确的决定。他仍然面临很多问题，但他不再怀疑。那次经历打消了他想回到过去的任何幻想。生活并没有变得容易，但是回到冲突中的欲望消退了。

他意识到自己需要一个新的身份。“我必须用新事物来代替旧事物。”他说。多年来，他一直用对门徒的仇恨来填补生活中的空虚，但这种满足感总是被新的失去所取代，被又一次复仇所取代。现在，除了复仇故事，他还有更多的故事要讲——父亲的故事、丈夫的故事、穆斯林的故事。这些身份把他完全禁锢住了。

这种情况对那些摆脱高度冲突的人来说很常见，仅仅达到转折点是不够的。他们还必须找到新的目标和新的角色，来填补冲突留下的空白。否则，他们最终还会回到“沥青坑”。

“可恶，我之前一直想找到你报仇”

20 世纪 70 年代中期，巴勒斯坦解放组织遭遇难题。它成立了一个名为“黑色九月”的秘密突击队，旨在为巴勒斯坦人民遭受的屈辱报仇。很快，这个残忍的组织就变成世界上最可怕的恐怖组织之一。1971 年，“黑色九月”在开罗喜来登酒店的大堂里开枪暗杀了约旦首相。第二年，该组织潜入慕尼黑奥运村，绑架并杀害了 11 名以色列运动员。

但是时代在发展。新的外交选择开始出现，恐怖主义正在损害巴勒斯坦的声誉。巴勒斯坦解放组织领导人亚西尔·阿拉法特计划着解散“黑色九月”。但是他要怎样说服这些训练有素的袭击者——一群为高度冲突付出自己生命的人，来开始新的生活呢？

经过几个月的讨论，正如反恐专家布鲁斯·霍夫曼所说，阿拉法特的副手们想出了一个不同寻常的解决方案。[17] 他们把“黑色九月”的成员介绍给了大约 100 名巴勒斯坦女性，她们是从中东各地招募来的。他们鼓励突击队员去认识这些女性，并被告知如果任何一名男性和女性决定结婚，他们将获得 3 000 美元以及一套配有电器和电视的公寓，他们还将获得一份非暴力的新工作。如果这些已婚夫妇有了孩子，他们还能再得到 5 000 美元。这就像一艘巨大的单身邮轮，筹码很高。该计划旨在为突击队员创造新的身份，这些新身份有助于排挤他们旧有的自我观念。

令所有参与者惊讶的是，这种方式奏效了。阿拉法特的一位将军后来告诉霍夫曼，“黑色九月”的所有成员都结婚了。每当这些人被要求代表巴勒斯坦政府前往另一个国家执行任务时，他们都会拒绝，他们不想冒着被捕或被杀的风险。和柯蒂斯一样，他们也有了新的角色——父亲和丈夫。他们原本的身份在这个过程中失去了大部分控制权。

柯蒂斯丢掉他的石头帮成员的旧身份后，一件奇怪的事发生了。这真的是一次巧合：另一个和他一样在同一个社区长大，上了同一所高中，并且也叫柯蒂斯的人，在一次摩托车事故中丧生了。许多人听到这个消息后，都以为柯蒂斯·托勒就是死去的那个人。

几天后，人们都向柯蒂斯张开双臂，热情地拥抱他，这是他没有想到的。老朋友和家人打电话给他，当他接起电话时，他们听起来如释重负。他们都以为他已经死了，幸好他没有。

但让柯蒂斯惊讶的是他们对他的关心。他本以为他的价值就是他在冲突中扮演的角色，现在他已经不再是绿巨人，他惊讶地看到人们仍然爱着他。他们对柯蒂斯的关心给了他希望。

慢慢地，柯蒂斯开始填补冲突留下的空白。他一直都是有好奇心的人，从打小在福斯特公园练习太空步开始，他就一直渴望了解事物的运作方式。现在他开始阅读大量的书籍，研究美国种族和暴力历史。

他读了卡特·G. 伍德森（Carter G. Woodson）《黑人的错误教育》[18]，这本书虽然于1933年就已问世，但现在读起来仍然意义非凡。作为一名教师，伍德森记录了美国黑人被学校错误教育的失败案例。他们被教导说他们的种族是不洁的、没有价值的。学校向黑人学生灌输观念——无论是否使用武力，他们都会受到压迫。

“如果你能控制一个人的思想，你就不必担心他的行动，”伍德森写道，“如果你让一个人感到自己是低人一等的，你就不必强迫他接受低人一等的地位，因为他会自己去寻求这个地位。”

读到这里，柯蒂斯开始意识到他以前没有注意到的更严重的问题：这些情况并不能合理化他的过去，但可以解释过去。“它把我带出了我所在的现实世界。”他读了J.A. 罗杰斯（J. A. Rogers）1917年的小说《从超人到人类》。小说讲述的是对种族主义的无知，柯蒂斯开始意识到石头帮和门徒是如何自行走入冲突的，他想知道这些暴力到底在为谁服务。

不再跳舞和踢足球后，柯蒂斯的身份缩小到仅是一名帮派成员，几乎没有其他身份。现在，20年过去了，他感受到自己身份的再次多样化。对他来说，生活还有更多意义。他读了乌塞尼·尤金·帕金斯（Useni Eugene Perkins）的《芝加哥黑人街头帮派大爆发》一书，该书的出版时间可以上溯到1900年。

“我开始意识到，整个事情比我给它设定的范围要大得多。这不只是石头帮的事，这关乎所有黑人！”承认芝加哥和美国存在根深蒂固的种族主义并没有挫伤柯蒂斯的士气，反而激发了他的斗志。正如他所说，他是在“找根本原因”。

这对应了心理学中的一个概念，即“再范畴化”，意思是把一个狭窄的身份替换成一个更宽泛的身份。这种再范畴化放大了对柯蒂斯的敌人和柯蒂斯本人的解读。他开始质疑自己脑海中的那个声音，多年来一直让他相信自己在根本上存在缺陷。也许他并没有缺陷，那些门徒也没有。还有更大的问题隐藏在帮派争斗和被偷的手表的表象之下。他意识到他的那些作为儿子和父亲的失败故事只是次要情节，并非不真实，只是不是全部真相。他开始用更宏大的东西来取代小而令人窒息的东西。

“根本原因比高度冲突本身更骇人，”柯蒂斯说，“我的同种族经历了这么多才走到这一步，现在我们还互相残杀。我欠祖先比欠这个组织更多。”

他在冲突之上建立了一个新的制高点，一种将他自己、他的旧冲突和他的新目标结合在一起的方式。这种扩张出现在我知道的每个摆脱高度冲突的故事中。争取时间和创造空间的事情发生了：也许是一个孩子的出生，也许是一个挚爱的人的死亡，甚至可能是一次监禁或一纸和平协议。在那个宝贵的空间里，在适当的条件下，新事物开始生长。

就在这时，当地牧师、福斯特公园的长期和平活动人士迈克尔·普弗莱格[19]发现了不同。他注意到柯蒂斯的行为发生了变化。他不再制造麻烦，他仍然在福斯特公园附近游荡，但他似乎变得疏远了，就像一个处于某种转变中的人。所以普弗莱格每次见到柯蒂斯都会和他聊天。

“他的聪明智慧给我留下了深刻的印象，”普弗莱格说，“他能够在年轻人和老年人之间架起桥梁。我很想向这种人学习。”

一天，普弗莱格告诉柯蒂斯，他想成立一个“和平联盟”，让黑帮成员打篮球。他希望柯蒂斯给这支石头帮球队当教练，在由当时最活跃的四个黑帮都参加的“和平比赛”中与门徒球队交锋。这是一种帮助社区孩子的方式。但普弗莱格也在帮助柯蒂斯，他在欢迎柯蒂斯回家，认可他在社区中的新角色，这是普弗莱格在他的街头布道中宣扬的一种哲学。“我们不能等着政府官员到来，”他在和平游行中表示，“我们必须向社区里的兄弟伸出援手。不要再妖魔化他们！别再告诉他们，他们不过是黑帮混混。让他们知道你们是我们的儿子，我们的女儿，我们爱你们，我们尊重你们。”[20]

柯蒂斯对此持怀疑态度。这些人在外面互相残杀，现在你想让他们去打篮球赛吗？认真点吧。但篮球传奇人物、芝加哥人伊塞亚·托马斯也加入进来帮助他们。柯蒂斯知道普弗莱格不是一个轻易放弃的人，所以他同意了。他开始和那些他知道需要一些时间和空间的年轻人交谈，在普弗莱格和“停火”项目——芝加哥的一个暴力中断项目（现在被称为“治愈暴力”）的帮助下，柯蒂斯走向街角那群大多数人避之唯恐不及的年轻人。如果他愿意为冲突不惜生命，他也可以为和平冒险。

在比赛前几天，柯蒂斯睡不着觉。“有太多事需要操心。我快要发狂了。”他说。训练中差点发生意外，那些家伙想打架，拿着枪在外面等着。紧张局势一点即燃。

比赛将在普弗莱格神父的教堂里举行，那里是门徒的地盘。对于石头帮来说，这是一个危险的地方。为了减少不可控的变量，即使距离很近可以步行到达，他们还是租用大巴把球员们安全送达。

2012 年 9 月 22 日，大巴车驶入教堂停车场。48 个年轻人前来比赛；芝加哥公牛队的球星德里克 · 罗斯、约基姆 · 诺亚和泰 · 吉布森前来帮助指导球队；两名 NBA 裁判前来担任裁判；成千上万名观众到场观看，现场围得水泄不通。因教堂的体育馆容不下这么多人，数百名观众被拒之门外。CNN、ABC 和 ESPN 的摄制组赶来报道。伊斯兰国家派维持现场秩序。

比赛非常精彩。毫无疑问，比赛过程中存在一些恶意犯规，但没有出现一次暴力行为。一周前还在相互开枪的人，此刻在同一个球场上比赛。帮派成员的身份暂时消失，而其他身份在那一天被点亮：作为球员，作为球迷，作为芝加哥人。

之后，柯蒂斯又可以畅快呼吸了，他惊叹于事情进展得如此顺利。“这太疯狂了，在那一刻，每个人都可以把其他事情放在一边。”这证明了福斯特公园在合适的条件下也可以成为和平的乐园。

也许有一天，柯蒂斯可以扩大这些年轻人的身份，向他们展示天空比看起来还要辽阔。也许这才是他能做的事，能让他的过去变得有意义。

2014 年，柯蒂斯和妻子分开了，目送她离开让他伤心欲绝。

他失去了很多，但这一次感觉就像叛国一般窒息。当他在她的社交媒体上关注她的新生活时，他用尽全力不让自己回到过去，不让痛苦再次蔓延。

分离让柯蒂斯非常孤单。但随着时间的流逝，柯蒂斯的新身份越来越强大，边界越来越清晰。他被介绍给电影制作人斯派克·李。李让柯蒂斯在《芝拉克》中扮演一个小角色，这是一部关于芝加哥南区帮派暴力的电影。柯蒂斯开始公开谈论帮派暴力，出现在《史蒂夫·哈维秀》和《每日秀》两档节目上。

和平联盟成为一个常设机构，后来从 6 支球队扩大到 8 支球队。联盟球队每周一晚上开会，为期十二周，提供食物和指导课程，随后是篮球训练。该联盟为希望完成高中学业的年轻人提供 GED 课程（美国高中同等学历证书），还提供实习机会和工作面试时穿的西装。一位公牛队的球员捐赠了 250 张主场比赛的门票，这样年轻人就可以一起来观看比赛。

分开两年半后，柯蒂斯和他的妻子复合了。他们都不再是过去的那个人。分开后还能再遇见，就好像柯蒂斯的旧生活和他的新生活成为交织在一起的两条链。

不久之后，柯蒂斯终于找到了比利，几十年前射杀高中篮球明星本杰·威尔逊的那个人，他一生中大部分时间都在寻找的门徒成员。那是一个星期五，柯蒂斯正在南区一个阿拉伯组织参加祷告，该组织从事暴力预防工作。事发时，比利刚刚来到那里工作。令人难以置信的是，他和他脑海中的宿敌正在做同样的工作。

现在他们都是中年人了。比利的山羊胡上也有了缕缕白丝。但是当柯蒂斯看到他时，他仿佛又回到了12岁。愤怒和痛苦在他的胸口涌动，就像曾经战争中留下的伤疤被撕开了一样。他感到心跳加快。

但他已经不是之前的柯蒂斯。他走到比利面前，介绍了自己。

“可恶，我之前一直找你报仇。”他摇着头说。然后，他开始大笑。但他一直盯着比利，就像见了鬼一样，他不敢眨眼，生怕比利会消失。

比利不记得邻居里有哪个叫柯蒂斯的人，但他以前也遇到过类似的情况，而且遇到过很多次。他杀死本杰·威尔逊的那天，整个芝加哥为之心碎，他知道自己不会被原谅。

“你以为我会让你杀了我吗？”比利微笑着对柯蒂斯说。然后他说了他通常在这种情况下会说的话。“伙计，我想告诉你那天发生了什么。”

柯蒂斯停顿了一下。他真想让这个杀了本杰·威尔逊的黑帮分子为自己辩解吗？他深深地吸了一口气。

“见鬼，你说吧！”于是，他们开始交谈起来。

一个不一样的故事[21]

1984年的那个早晨，比利为了给表妹报仇，早早地离开了家。他的表妹辛迪前一天被抢了。她在高中附近的一家街角商店玩街机游戏，突然有个孩子从她的钱包里抢了10美元。当她要回钱时，那个抢钱的孩子说：“如果你想要你的钱，就来拿呀！”他把钱放在裤裆前面，然后走了出去。

这件事激怒了比利。这不仅仅是钱的问题，更是尊严的问题。他没去辛迪的学校，但他觉得这个问题必须解决。这仿佛是他的责任。当时他 16 岁，父亲一年前死于肺癌，他为父亲的去世而悲伤，他想发泄心中的痛苦，让自己好受些。

和柯蒂斯一样，比利住在离福斯特公园一个较远的街区。他小时候经常在那里打棒球，这是他最喜欢的运动。但他现在上高中了，一切都变了。他成了黑帮门徒的一员，但福斯特公园被石头帮占领。比利的父亲曾经是石头帮的成员，但那是很久以前的事了。这些天，比利去福斯特公园太危险了。

为了帮他的表妹把钱要回来，比利决定第二天去她的高中。以防万一，他带上了藏在姨妈床垫下的那把左轮手枪。如果他要面对这家伙，带着一把枪会更安全。在他看来，这就像一种安全感，是他可以依靠的后备力量。他把枪别进裤腰带里，和他的朋友奥马尔一起出去了。

在辛迪的学校外面，比利和奥马尔碰到了一个认识的人，这个人几乎谁都认识。那家伙说他知道是谁偷了钱，他会处理的。这家伙算是个和事佬，也算是在正确的时间遇到了正确的人。于是他从自己的口袋里给了比利原本要给他表妹的钱。问题就这么解决了。

比利和奥马尔满意地沿着文森斯大道离开。他们开始和一个认识的女孩聊天，女孩之后进了一家商店买食物，他们在拐角等着。

那是芝加哥的冬天，那天早晨，风抽打着比利的脸，眼泪从他的脸颊上滚落下来。他在人行道上来回踱步，想暖和一点。他开始想拿到了钱就该回学校，自己还在那儿干什么？

就在这时，一个高个子，比利见过的最高的人，在经过比利时一把把比利推开了。比利差点儿被推倒。一开始他以为那家伙是在躲避什么人的追捕，不然为什么要那样推他？但那家伙继续沿着人行道往前走。他很生气，用激烈的语气对身旁的女孩说话。那一定是他的女朋友，也许他们正在吵架。比利等了一会儿，以为那个高个子男孩会转身说："嘿，伙计，对不起。"他希望那家伙跟他道歉。但他就这么走开了，就像什么都没发生过一样。

那家伙走的每一步都像是一种侮辱，好像比利根本不存在一样。

"伙计，你就不能说句'对不起'吗？"比利喊道。

那家伙转过身来。他穿着风衣，看着很魁梧。他看起来异常愤怒，好像是比利不尊重他在先。

"黑鬼，滚一边去！我不欠你什么道歉！"

比利简直不敢相信自己听到了什么。"滚一边去，黑鬼，你刚才推我了！你得说'对不起'。"周围有很多人围观，他不能就这么算了。

本杰撇下女朋友，朝比利走去。他没有退缩，但比利知道他不想和这么个大块头打架。一切都发生得太快，根本来不及思考。这时比利想起来他带了备用武器。他拉开夹克拉链给那家伙看他的枪。期待这会结束一切。

但是没什么用，本杰没有退缩。他已经学会了用武力对付别人的不尊重，就像比利一样。一方没有表现出软弱，一方没有离开。

在这种情况下，弱者被杀。

本杰的女朋友开始尖叫。“他有枪！他有枪！本！”

但本杰并不在乎。“你要干什么，开枪打我吗？”

比利觉得他别无选择。“伙计，别再过来了！”

然后本杰猛地冲向比利，也可能是在努力摆脱试图把他拉回去的女朋友。很难说当时到底发生了什么，一切都发生得太快了。

这时比利掏出了枪。突然间，他脑海里响起了祖父的忠告：除非你打算开枪，否则不要用枪指着别人。然而如果他不开枪，这家伙就会把枪夺走对他开枪。

比利开了两枪，两次都击中了本杰。本杰向后踉跄了几步。他开始大量出血。最重要的是，他看上去很震惊。刚才到底发生了什么？

怎么会变成这样？两个男孩在人行道上发生摩擦，之后就发生了这一幕？

在时间凝固的那一刻，一切都变了。比利立刻明白，他做了一件永远无法挽回的事。就这样，他从对本杰的愤怒转变成对他的担心。他那时候只想让本杰活下来。他不知道这个男孩是哪个帮派的。他从来没有想过这个问题。

本杰的女朋友尖叫着，比利朝另一边跑去。他飞快地跑过一排排房子和铁丝网围栏，心里一直想着那个被他射杀的男孩。“他成了我最重要的人，”比利后来写道，“我丢下的这个高个子的陌生人，正在挣扎求生。”

当他到了表亲家时，电视开着，节目因一条突发新闻而中断。

“明星篮球运动员本杰·威尔逊，在一次抢劫未遂中被两名黑帮成员开枪击中。”

屏幕上闪过的那张脸很熟悉，是他刚刚开枪射杀的那个人，电视上正在谈论着他。比利突然间明白自己射杀了一位名人。他难以理解自己所做事情的严重性。他射杀了那个男孩！而现在新闻说这是一起帮派犯罪，是一起抢劫案。就好像他推倒了多米诺骨牌，引发了连锁反应一样，事态愈演愈烈。

比利不知道该怎么办，但他知道自己应该离开表亲的家。他神情恍惚地穿过街区，期待着警察随时会冲过来逮捕他，他最想做的就是和他的妈妈说说话。

午夜时分，警察从比利姨妈家把他带走了。他们把他带到警察局单独审问，问他那天是不是打算抢劫什么人。他说没有。他一遍又一遍地告诉警察发生了什么，但他说什么似乎都无关紧要。他无法控制这个故事的结局。多米诺骨牌已经被推倒。最后，他要求请律师。警察离开了房间，一位律师走了进来。但进来的不是辩护律师，而是检察官。

检察官想要比利签署一份声明，内容是比利试图抢劫本杰。这个声明在比利讲述事发过程之前就写好了。比利说他一直在告诉检察官这不是真的，但那个人说这是他唯一能看到他妈妈的方式。[22]

比利在声明上签了字。现在检察官可以以抢劫未遂罪起诉他，这比过失杀人罪判处的刑期时间更长。当局想要复仇，就像杰西·杰克逊一样，就像柯蒂斯一样，就像整个城市一样，如果故事不符合要求，律师会让它变得符合。

随后，比利被转移入狱，在那里他可以看电视。那天早上又传来了爆炸性新闻，比利隔着铁栏看到了新闻，精神恍惚。

一切都结束了——本杰已经死了——最糟糕的事情还是发生了。比利瘫坐在牢房里，消化着真相——他结束了一个人的生命。疼痛像玻璃碎片一样刺穿他的胸膛。他感到一种从未有过的绝望，即使自己的父亲去世时也没有如此绝望。比利一直在想，他把上帝创造的东西毁掉了。

比利和奥马尔戴着手铐，经过摄像机前，被带到法官面前进行保释听证会。在法官拒绝保释后，一名年长的女警长向比利靠了过来。“你杀了那个男孩！”她说，“我希望他们判你们死刑，然后让我亲手毙了你们这群浑蛋！”

库克县州检察官办公室将比利和奥马尔作为成年人进行了审判。陪审团只用了一个多小时就认定他们犯有谋杀罪和抢劫未遂罪。“没有任何异议，”一位陪审员后来说，“这是大家一致同意的。”[23]

审判中没有提到帮派。法官命令律师们不要提及帮派，因为没有证据表明他们有关联，但新闻媒体在报道审判时仍然提起了帮派争斗。

比利因杀害本杰·威尔逊被判入狱 19 年零 9 个月，奥马尔没有开枪，被判了 16 年。

枪击事件发生后，比利一方的陈述被打压——没有抢劫，没有帮派活动，没有任何意义。“我们对抗他们”这台机器很难被关停。这里有明星运动员，也有黑帮成员；有石头帮和门徒帮派；也有哈特菲尔德和麦考伊。

今天，芝加哥街头的大部分暴力都是这种模式：有着脆弱自尊心和强大武器的年轻人。他们可能是帮派成员，甚至是敌对帮派成员。但这不是故事的全部，这只是让故事继续的一部分元素。

比利后来回想起来，本杰那天戴着一顶没有帽檐的帽子。帽子没有转向任何一边。

“如果我们三十年前成为朋友会怎么样？”

柯蒂斯从头到尾听完了比利的故事。他觉得故事情节非常不充分，但完全可信。他内心深处知道比利说的是实话。他在芝加哥见过很多类似的悲惨情节：一个年轻人度过了糟糕的一天，碰上另一个带着枪的人。这种熟悉的情节让人揪心。

比利说完，柯蒂斯产生了一个想法，一个他以前从未有过的想法：“那个人可能是我。”他可以想象自己还是个十几岁的孩子，也像那样被人推了一把，他也可以想象如果没认出本杰·威尔逊，他也不会让步。

“我可能也会杀了他。”

想到这儿，柯蒂斯开始头晕目眩。这次与比利的相遇解开了门徒和本杰·威尔逊的恩怨。那个长久以来支配着他生活的故事从来就不是真的——没有转向左边的帽子，根本没有什么帮派恩怨。他想得越多，就越开始质疑之前对这场争斗的所有假设。突然之间，他甚至开始怀疑那些最基本的设定，那些他一直以来非常坚信、从未怀疑的基本前提。

现在他想知道，本杰·威尔逊真的是石头帮成员吗？当柯蒂斯看他打篮球时，他的帽子是转向左边的。柯蒂斯只知道这么多，但现在他觉得一切摇摇欲坠。也许本杰的帽子是在打球的时候被撞歪的，也许不是故意的。柯蒂斯不知所措，突然乱了手脚。

这是高度冲突的另一个特点：它可以是单方设定的。它可以迅速升级为一场主要存在于我们头脑中的争斗，别人可能根本就不知道他们处在我们的高度冲突中。这意味着我们都可能出现在我们没有意识到的冲突之中。柯蒂斯涉及了多少他不知道的恩怨？有多少人想杀了他？可能人还不少。

那时，柯蒂斯已经从高度冲突中脱身了，但比利的故事给了他另一种解脱。他和比利不再是敌人。他现在才明白，他们属于同一类人，而且一直都是。现在想来，柯蒂斯都觉得荒谬。他们会出现在同一个社区的同一个公园里玩耍。他们俩都是杰西的朋友，杰西就是那个多年前在卖热狗时被杀的后空翻男孩。他们彼此并不知晓，两人都为杰西的死感到难过。“我们的共同点比分歧要多得多。”

柯蒂斯只是希望他能早点看到这一切。用他自己的话说，他的脑子里开始闪现不同的“如果”，这种事经常发生。“如果我们三十年前成为朋友会怎样？”柯蒂斯问自己。他仿佛在看一个万花筒，所有的形状都在不停变换。

高度冲突是难以避免的，但我们可以不那么简单地界定“我们和他们”的冲突。接触理论[24]对其做过深入的研究。这种策略帮助人们在特定的条件下花时间了解彼此，从而重新定义对方。这种接触能够打断我们对彼此不断叠加的假设，从根本上减缓冲突并创造理解的空间。一旦人们接触后喜欢对方，就很难对他们形成刻板的印象了。转向右边的帽子或许就不再意味着对方是敌人。

接触理论的有效性已在世界各地的 500 多个实验中得到证明。它曾用在智利的儿童、被送到摩洛哥的比利时高中生以及英国的监狱囚犯身上。人际关系比事实更容易改变我们。在 2005 年 7 月 7 日伦敦地铁恐怖袭击之前，英国人曾与穆斯林有过有意义的交流，之后对穆斯林的偏见就减少了。[25]

这听起来很简单，但为什么它确实有效呢？从某种意义上说，人际关系可以使我们的故事更加复杂。当我们了解一个人时，我们不能简单根据一件事来做判断。这就是普弗莱格神父和柯蒂斯把帮派成员聚在一起打篮球的原因——为了避免丑化或夸张。这就是为什么比利的故事虽然复杂，但对柯蒂斯来说很有意义。

如果我们丑化我们认识的人，这不仅不准确，而且还有些不忠。我们是社会动物，我们与各种群体结盟，不忠会给人带来极大的不舒适感。看到人的多面性可以让我们远离“沥青坑”。我们仍然可以相信我们对手的负面故事，我们将继续在许多事情上存在分歧。但通常情况下，人际关系让人更难去排斥或妖魔化他人。

还记得多年来一直抗议转基因作物的英国环保主义者兼作家马克·莱纳斯吗？在这本书开头的部分，我们看到了他最终如何摆脱高度冲突，甚至向他多年前干扰过的农民道歉。但他是怎样完成这种转变的？为什么是那个时候发生的转变？转变是永久的吗？

在田野里躲了一夜之后，马克回到了他的日常工作领域——编辑和作家。后来，他开始采访科学家。除了对抗转基因作物，他还写了关于气候变化的书，科学家提供了重要的素材。最终，他对科学家更喜欢了。

马克采访的科学家和他一样，都在为拯救地球做出努力。他们有很多共同之处。他们交换个人的故事，成为志同道合的人，而不仅仅是熟人。马克开始钦佩他们对实验证据而非理念的执着。他们愿意承认自己的错误。很快，他在自己的作品中采纳了他们的标准。他努力理解并结合严谨的科学研究，对自己所有论点的说明都谨慎小心。

2008 年，马克的一本书获得了英国最负盛名的英国皇家学会科学图书奖。这个奖项意味着他被正式接纳为严肃科学作家的一员。他没有被羞辱，也没有被赶出去。相反，他受到了欢迎。这很重要。在仪式上，马克的话听起来不再像一个推倒转基因作物的激进派："能得到英国皇家学会这个全世界最重要的科学机构之一的认可，对我来说是一种莫大的荣誉和喜悦。"[26]

三天后，马克为《卫报》写了一篇攻击转基因作物的文章，这种文章他以前多次撰写，但这是他第一次被评论区的批评困扰。指控和怀疑会进入他的血液。那时他已经与很多严肃的科学家有过亲密接触。

表面上看，马克反对转基因作物的运动似乎与营养和安全有关，也确实如此。但透过慢炖锅的表象，它也与归属感有关，就像许多冲突一样。多年来，作为一名积极分子，在与大公司进行正义的斗争中，马克找到了一种使命感和身份认同感。这么长时间以来，这种正义感激励着马克。随着时间的推移，他培养出了另一个身份——科学作家。他找到了另一种归属感，回到属于他自己的群体，就像柯蒂斯一样。

但他的新身份与旧身份发生了冲突。接下来的几年，马克努力调整这一切。与格伦·贝克一样，他在新旧身份中摇摆不定。最终，马克觉得他必须大声且清晰地讲述他的进步，哪怕只是为了让自己的良心获得安宁。“逃避责任而不说实话是站不住脚的。”

因此，在躲避警犬 14 年后，马克站在牛津的农民和科学家面前，公开承认自己受到高度冲突的迷惑。他开始积极地反对他之前所珍视的东西。

他说：“作为一名环保主义者，我相信这个世界上的每个人都有权利选择健康、有营养的饮食，我不可能选择一条相反的道路。”

“我现在后悔了。”[27]

力量

接触理论是一门微妙的艺术，仅仅与“另一方”的互动是远远不够的，一起打篮球并不能让彼此深入理解。

在某些情况下，接触会使冲突恶化。20 世纪 40 年代，一位名叫保罗·穆森的研究人员对纽约市 106 名低收入的白人男孩进行了研究，这些男孩与同等数量的黑人男孩一起参加了为期一个月的夏令营。夏令营结束后，大约四分之一的白人男孩的种族偏见明显减少，还有四分之一的男孩的偏见显著增加。对那些男孩来说，接触让事情变得更糟。[28]

在北爱尔兰，天主教徒和新教徒彼此熟悉。他们在同一个国家共存了几十年。然而，从 20 世纪 60 年代末开始，两个宗教之间爆发了持续 30 多年的高度冲突。在这场被称为“北爱尔兰问题”的冲突中，发生了约 3.7 万起枪击事件和 1.6 万起爆炸事件。为什么接触理论在北爱尔兰不起作用？

接触理论需要几个条件。

首先，理想情况下，接触的每个人都应该有大致平等的地位，先不说世界地位，至少在接触发生的房间和亚文化里地位大致平等。北爱尔兰的天主教徒并非如此，他们在政治、住房和劳动力方面都被边缘化。在美国，许多地区的白人和有色人种也很少能达到地位的平等。

其次，如果某个受人尊敬的权威前来支持集会，会起到一定作用，比如联合国或其他国家。无论如何，一些官方的支持会使集会合法化，并至少在过程中带来些许信任。

再次，理想的状态是人们不只是停留在沟通层面，而是在某个共同的问题上合作。这会激发我们的合作本能，而不是竞争本能。它激发了我们合作的欲望，而不是好胜心。对马克来说，他和气候科学家都有共同的目标，那就是拯救地球免受全球变暖的影响。这个共同的使命帮助创建了一个新的共同的身份，比试图摆脱旧身份要容易得多。

最后，每个参与者都要有积极的参与感，以及追求某个共同目标的决心。无论是在离婚调解中，还是在种族问题上都是如此——动机很重要。如果人们想要继续处于高度冲突中，如果他们想要支配另一方，或沉迷于蔑视或正义感，他们就会这样做。高度冲突会让另一个群体更容易受到情感核弹甚至暴力的攻击。20 世纪 40 年代对双种族夏令营的研究发现，那些后来变得更有偏见的男孩也是更叛逆、更有攻击性的男孩，他们会表达各种挫折感。他们可能在家里还面临其他问题。夏令营似乎是一个释放伤害、寻找替罪羊的机会。[29]

当每个人都有足够的动机、稳定性和力量去承担风险和承受不适时，接触理论才能发挥最好的作用。这些是相当重要的条件。对比利和柯蒂斯而言，2016 年他们终于见面时，已经具备了必要的条件。一个是黑帮门徒，一个是石头帮，但这些身份在那时已经消退，现在两人都在追求相同的更伟大的使命：试图阻止更多的暴力。

人们在很多情况下并不想放弃高度冲突。这是马克在给世界各地的人做应对气候变化的演讲时发现的。“人们在悲观的情绪下会给我一些最愤怒的回应。”他告诉我。很多人认为如果解决方案冒犯了他们对安全和纯洁的理解，或是这意味着不得不放弃一些已经成为他们身份一部分的不好的特质，那么他们并不欢迎解决方案。[30]

“你是否希望有一个除碳小仙女，一挥动魔杖，所有的化石碳就会消失，希望的请举手。”马克有时会问观众这个问题，他发现通常只有 1% 的人举手。在他看来，基于多年的研究，核能就是这个除碳小仙女，它可以帮助解决气候变化问题，而且可以安全地完成。但很多人，尤其是左翼人士，根本不想讨论核能。

“很多人不仅仅想解决气候变化问题，”马克告诉我，“他们想利用气候变化把世界变成他们希望的样子。”很少有人举手——跟之前提到的冲突研究员哈尔佩林问以色列人是否听说过《阿拉伯和平倡议》时的情况惊人地相似。这就是高度冲突的运作方式。它使我们处于一种模糊的状态，让我们对许多事情视而不见。

通常，当人们已经达到转折点，或者当他们获得其他相互竞争的身份时，他们就想摆脱高度冲突，这时候接触理论就能很好地发挥作用。但即便如此，接触理论显然只能起到基础作用，它无法单凭一己之力改变体制。柯蒂斯和比利的友谊并没有消除帮派暴力的根源。真正的变革需要对受益于现行制度的人和体制施加持续的压力。有权力的人一般不会仅仅因为偏见减少就放弃权力，他们需要感受到来自有组织的政治、法律、经济和社会行动的压力。

但问题是，单单压力还是不够。持久的变革需要自上而下做出改变，包括银行账户和分区法，也包括人们的内心和家庭。否则人们会想法子绕过新禁区。20 世纪 50 年代，当美国法律同意黑人和白人孩子同校上学时，许多白人家长转去新的私立学校甚至逃往郊区。世界各地都上演着这样的故事，法律变了，人却没有变。冲突在你看不到的地下持续燃烧。

“你这么做是为了谁？”

柯蒂斯现在在芝加哥从事的工作任务艰巨。他希望能帮助黑帮成员找到一条远离高度冲突的道路，但这个工作速度要快，需要在几个月而不是几年内完成。大多数时候这是一项微妙而令人心碎的工作，但偶尔它会带来另一个现实，就像时间的褶皱，男孩们不会因为一块手表自相残杀。

柯蒂斯工作的芝加哥 CRED 于 2016 年由奥巴马总统时期的教育部长阿恩·邓肯创立。（CRED 是“创造真正的经济命运”的缩写。）邓肯在芝加哥长大，曾和柯蒂斯童年时代的英雄本杰·威尔逊一起打篮球。邓肯和芝加哥人一起哀悼他的过往。成年后，他从华盛顿回到芝加哥，创立了 CRED。他只有一个使命，通过锁定最有可能被枪杀或枪击他人的人群，大幅减少芝加哥的枪支暴力。

柯蒂斯是该组织最早的雇员之一，当时他已经在芝加哥从事暴力中断工作四年之久。他之前曾指导过高风险的年轻人，并试图在激烈的冲突中将人们安抚下来，但他知道这只是短期的解决办法。CRED 的目标不是帮助人们仅仅停止或放弃，而是帮助人们建立一种新的身份。

为此，柯蒂斯和他的同事们开始一个街区一个街区地绘制芝加哥最危险街区的冲突地图。利用犯罪数据，他们追踪了枪击事件，并确定了 8 个最暴力的帮派和“小团体”，即芝加哥当代规模较小的团伙。然后，在这 8 个组织中，他们找出了他们的对手或“敌人”——敌对帮派和小团体。

一拿到这份名单，他们就雇了10名前黑帮成员，这些人都是黑帮和小团体里有来头的人。然后他们开始建立更多的人际关系网络。“这是一个建立人脉的过程。”柯蒂斯的同事贾隆·亚瑟告诉我。他们举行篮球比赛，分发书包，在街上巡视。他们锁定了每个小组中通常进行枪击的特定目标以及决策者。这些是他们最需要了解的成员。CRED为他们提供创伤咨询、津贴和职业培训，让他们加入CRED项目，最好是能邀请帮派其他成员一起参加。

“你这么做是为了谁？”柯蒂斯喜欢这么问这些年轻人。换句话说，还有什么更重要的让你挂念的事情吗？是你的儿子吗？你的祖母？就像巴解组织安排“黑色九月”的成员结婚一样，柯蒂斯试图找到一种方法来恢复这些人的旧身份或创造一个新的身份。

一直以来，柯蒂斯和CRED的其他工作人员都在等待机会，等待冲突中的短暂停顿，可能是出于偶然，也可能是因为暴风雪或其他原因。这些都是切入点，能帮助他们争取时间并创造空间。“如果在2周到30天内双方都没有人被杀害，我们就必须开始这样的对话。”阿瑟说。

他们不能像柯蒂斯在他儿子的毕业典礼上那样干等着转折点的到来。“如果你只是等着人们产生疲倦感，那可能要等上几十年。”亚瑟说。“你必须有意识地寻找那些切入点，即使遇到阻力，你也不能止步于此。你要寻找下一个成熟的时机来切入。”

在这些成熟的时刻，他们会让双方达成一些小而合理的共识，比如远离对方的街区；不将其行踪公布在脸书上；避免在社交媒体中发表不尊重对方的意见。这正是世界各地的谈判人员在冲突地区努力做的事情。他们试图建立边界，开拓一点时间和空间。委内瑞拉、阿富汗和卢旺达都是如此。

如今，不尊重对方的形式多种多样。黑帮成员每周花在网上的时间比非帮派成员多两到三个小时。[31]他们一如既往地互相威胁、辱骂、挑衅。但社交媒体放大了他们的传播效力，可以同时向成千上万的人散播不尊重。不论是否有意为之，一个词或一个形象就能引发暴力。如今冲突就是这样被点燃的。因此，CRED 的很大一部分工作就是监控他们合作的黑帮成员的社交媒体账号。

2019 年夏，在芝加哥西区的北朗代尔，CRED 的一名工作人员早上 7 点左右注意到脸书上的一个帖子，这个帖子有点问题。照片上的人是一名来自北朗代尔 K 城一个帮派的年轻男子（那里所有的街道名称都以字母“K”开头）。但是这个年轻人并不在自己的社区，他站在 K 城以东一个敌对帮派控制的街区。他手里拿着枪，吹嘘自己踏入了敌人的地盘，仿佛在挑衅敌对帮派的手下没有好好看管他们的街区。（为了避免进一步激化冲突，CRED 要求我隐瞒这些帮派的名字。）

问题是，这两个帮派已经达成互不侵犯的协议，CRED 曾帮助他们进行了谈判。协议规定黑帮成员不得误入对方地盘，他们也不得发布针对彼此的煽动性社交媒体内容。因此这个人违反了协议的两个条款，这意味着另一伙人觉得有必要进行报复。纠纷就是这样升级的，就像哈特菲尔德家族一样，领导者无法控制所有的追随者。群体中有太多成员。

工作人员将这个帖子截屏发给 CRED 团队。根据涉及的人员和内容，该团队将威胁定为 4 级，即风险最高等级。工作人员联系了敌对帮派的对接人，这个帖子表达了对他的不敬。

“我们需要你等一等。”他说。

当天上午 9 点，CRED 主管杰森 · 利特尔来到照片中的街区。果然，那个街区的黑帮成员看到了帖子。他们全副武装，正准备出发。他们意图报复。利特尔要求他们先停下来。

“给我两个小时。”

对于黑帮成员来说，对这种不尊重做出回击不是一道选择题，而是一种义务，但这些人认识且很尊重利特尔和他的团队。虽然年纪尚轻，利特尔也过过帮派生活。像柯蒂斯一样，他现在是一个“盾牌”，一个能够理解冲突并打破冲突的人。该帖子在网上多挂一分钟都在增加暴力发生的概率，简直就像一颗定时炸弹。利特尔说：“分享它的人越多，嘲笑它的人越多，威胁就越大。”

到中午时分，这个帖子不见了。CRED 已经联系上另一个与 K 城黑帮合作的组织。黑帮把帖子撤了下来，一键阻止了一场潜在的械斗。“毫无疑问，这会演变成另一起枪击案。”阿瑟说。

那天，利特尔和他的团队抓住了这个机会，他们恢复了互不侵犯的协议。双方都同意不再发表煽动性帖子，并且远离彼此的街区。6 个月后，协议仍然生效。

“这些人都不想死，也不想进监狱，”利特尔说，“他们不会承认，但他们中很多人都进过监狱，他们不想再回去。没有人想被印在 T 恤上。”所以如果你赢得了他们的信任，并且了解冲突，你就可以缓解冲突。

上述协议或任何一种和平协议会制造一种牵绊。它们建立了一种沟通渠道，一种违规发生时立即触发的机制。我对和平协议了解得越多，就越觉得它们的名字不妥当。它们并没有制造和平——它们在争取时间，缓和冲突，从而使和平成为可能。

冲突破解法

无论是否存在和平协议，减缓冲突都需要巨大的自控力。像柯蒂斯这样的人通过捷径帮助他们调节自己的情绪，在个人层面创造时间和空间，我们其实无意间也在做同样的事情。[32] 诀窍是在适当的时候有目的地使用这些策略。

第一种冲突破解法很简单：避开引燃器。对柯蒂斯来说就是搬到一个新公寓。对于他指导的黑帮成员来说，如果可能的话，成员可以搬家，或者至少在生活中减少与引燃器的接触。

对于那些试图摆脱政治冲突的人来说，他们也许要放弃有线电视新闻节目并删除推特账户。对于正在离婚的人来说，他们要减少与那些鼓励他们不惜一切代价与对方争吵的冲突操纵者接触的时间。（有时这个人就是他们的律师，这意味着他们需要一个新律师。）

当碰面无法避免时，还可以使用其他策略。一种策略是调整处境，这样它就不会激发同样的情绪。对于退出帮派暴力的人来说，他们可以祛除帮派文身，或者出门在外时把棒球帽调整到中间。对于离婚的人来说，如果在朋友的烧烤聚餐上遇到前夫，你可以拿出事前准备好的话题清单与他讨论，上面都是一些平和的话题。

对每个人来说，在任何情绪高涨的情况下，最常用的方法就是有意识地练习呼吸。缓慢的深呼吸是影响我们的神经系统（我们可以通过意识加以控制）和自主神经系统（包括心跳和其他我们无法控制的行为）的方法之一。呼吸是两者之间的桥梁，这就是特种部队士兵、习武之人或分娩中的孕妇使用呼吸技巧的原因。这也是我们目前最好用的工具。

这种方法名为“作战呼吸法”或“正念”，两者类似。但这需要练习，最好是在有压力的情况下。（我曾经采访过一名警官，他一边听警笛声录音，一边练习有意识的呼吸，直到他学会每次在巡逻车里拉警笛时都能够自动深呼吸。）很多警员学过的一种呼吸法是这样的：吸气四次，保持四秒，呼气四次，保持四秒，再来一遍。当其他方法都不奏效时，呼吸可以减缓冲突，这样你就有时间重新思考。

另一个简单但十分有用的策略是分散注意力。在冲突中可以有意识地将注意力集中在其他事情上。有时，柯蒂斯会把和他一起工作的年轻人看作天真可爱的小朋友。“我看着每一个人，就像看到了我的孙子，”他说，“我必须做到这种状态。”他在自己心里将他们重新定义：他们不再是帮派成员，他们曾经都是孩子，他们都会经历第一次掉牙，他们都曾需要别人帮他们系鞋带，他们都曾喜欢跳舞。

最持久的策略是“再评价”，这个更像是《星球大战》里的原力控心术，指的是重新构建自己面临的情况，改变内心的想法。久而久之，柯蒂斯学会了将自己的冲突重新构建为所有黑人和腐败体制之间的冲突，而不是石头帮和门徒帮派之间的冲突。他通过重新构建整个冲突重新定义了敌人。

人类学家兼谈判专家威廉·尤里在世界各地的冲突地区都使用这种技巧。多年前，他是委内瑞拉政府和反对派之间的调解人。一天晚上，在内战一触即发时，当时的总统乌戈·查韦斯要求他为一场会议等了三个小时。[33] 到了午夜，查韦斯终于出现了。但是当尤里开口说话，查韦斯就开始在众人面前对他大吼大叫——总统俯身凑近尤里的脸，对着他吼了整整半个小时。

尤里感到尴尬和愤怒，他努力抵抗冲突的拉扯。他花了 18 个月的时间来处理这场冲突，他不希望这一切功亏一篑。因此，他努力再评价当时的情况。他探索出一种“走向阳台”的方法。他想象自己站在一个精神和情感的阳台上观察一切，一个可以保持平静、作为局外人的身份以及能够自我控制的地方，在这里你可以专注于自己的兴趣，为目标不懈奋斗。

保持着这种心理距离，他开始思考自己的选择。他知道如果他为自己辩护或反击，只会使冲突升级。这就像加里写的那封激怒了邻居的信。从尤里的阳台上，他能清晰地辨认出这是一个冲突陷阱。

于是尤里尝试着重新定义这场冲突，他给了自己一个完全不同的解释。也许这并不是羞辱，而是一个更好地了解查韦斯的机会。这种解释能让他更容易控制自己的情绪。尤里后来说：“我只是全神贯注地听着，努力理解他到底在干什么。”他所描述的正是加里教人们如何建立理解环路。即使知道对方说的是错的，也要真心倾听，这样可以防止冲突激化。

最后，查韦斯不再愤怒，他的肩膀垂了下来。他说："好吧，尤里，我该怎么办？"和大多数人一样，查韦斯希望在倾听别人之前，自己也能被倾听。

尤里提出了一个建议。他说每个人都需要在冲突中休息片刻。圣诞节快到了。如果查韦斯提议休战，人们就可以和家人一起欢度节日。查韦斯照做了。

很难想象当有人对你大喊大叫时，你还能"走向阳台"。尤里就像一名宇航员，能够在压力下保持冷静。但有证据表明，我们大多数人在指导下都可以掌握这项技能。而且，这只需要21分钟。

平均而言，随着时间的推移，已婚夫妇的婚姻质量会慢慢下降。这是一种令人沮丧但已经形成的模式。但当夫妻们学习"走向阳台"时，意想不到的事情发生了。社会心理学家伊莱·芬克尔（Eli Finkel）和他的同事指导了60对夫妇，让他们花7分钟的时间，从不同的角度记录他们最近的争吵。[34]具体来说，就是"站在第三方的中立的角度，希望所有人都能得到最好的结果"。

换句话说，他们想象房间里有一个像加里这样的调解人。"这个人会怎么看待这个分歧？他或她如何才能从中得到好处呢？"夫妻需要在下次争吵时换位思考。一年中，他们每4个月要重复一次这样的练习。

从假想的第三方视角重新考虑他们的冲突，采取这种维持婚姻的方法的夫妇比那些没有这样做的夫妇心情会更好。更重要的是，那一年，这些夫妇并没有像往常一样逐渐失去对婚姻的满意度。他们仍然有冲突，但冲突的方式不同了，因为冲突已经转变为良性冲突。

“它看起来比我记忆中的小得多”

2019 年秋天，比利、柯蒂斯和我一起来到福斯特公园。比利指出他曾经打棒球的地方。柯蒂斯给我们看了他和他最好的朋友杰西做后空翻的那堵墙。“它看起来比我记忆中的小得多。”他凝视着那堵低矮的水泥墙说。

墙的后面是篮球场，就是他看到本杰·威尔逊打球的地方。它看起来也很小，只是公园尽头操场旁边的一块长方形柏油路面。

比利服完刑后，在一家与 CRED 合作的组织里找到了一份工作，之后 CRED 雇用了他。他和柯蒂斯成为同事，从事同样的中断暴力的工作，有时就在他们长大的那条街上，他们一起参加和平游行，他们每周至少交流一次。

那个夜晚宁静而美丽，很难想象这个社区曾见证了多少暴力事件。环绕着公园的房子干净整洁。公园郁郁葱葱，景色宜人。普弗莱格神父仍然每年举办和平联盟篮球锦标赛。比赛变得更加成熟——有选拔赛，甚至还有啦啦队。被选中的球队由来自不同帮派的成员组成，这本身就是一个小小的奇迹。不过，那天晚上出来玩的孩子并不多。福斯特公园仍然是一个危险的地方，在这里，枪声可以毫无预兆地打破平静。

2017年，比利的儿子开车经过公园时，有个人走过来对他开了枪。那天我们经过的时候，比利给我们指出了那个地方。比利冲到公园，却发现车上盖着一张床单，周围是警戒线。他的儿子还在车里。

看到那张床单，比利知道他唯一的孩子已经死了。他站在那里，抱着抽泣的儿子的母亲，流出了眼泪。他又想到了本杰，想到了本杰的母亲，想到自己是如何让别人感受到他此刻的感受，这是一种他所忍受过的最深的痛苦。在那一刻，他猛然意识到儿子的死是他的错，他确信这是对他杀死本杰的惩罚。就好像他一直在等着报应降临，足足等了33年。

比利的儿子中了16枪。没过多久，比利就知道是谁干的了。从他了解到的情况来看，凶手可能认错了人。

错认身份，这听起来简单得像是一场意外。但事实远不止于此，这是一场人类独有的灾难，发生的概率在16倍以上。

我想知道有多少枪击案本质上是因为错认身份导致的？身份受到威胁，身份被推测。有时人们开枪打死了他们并不想伤害的人。更常见的情况是，被害人的死亡并不能让凶手就此收手。

柯蒂斯与门徒的恩怨持续多年，起因就是错认身份。柯蒂斯现在知道了，本杰并非因为他的帮派身份被杀。如今，柯蒂斯甚至不确定本杰是石头帮成员。相隔30多年回头看，许多高度冲突都是错认身份引起的。战争也是如此。

比利的儿子被杀4年后，没有人因此被捕。比利一直希望开枪的那个年轻人能走进他工作的那扇门。他希望有机会原谅他，就像他希望自己得到原谅一样。

第五章　创造空间

打破冲突循环

从海边出发，沿着山坡有一条狭窄的小路通往缪尔海滩小镇社区中心。从加里家走到那里大约需要 5 分钟。在山顶可以欣赏到北美最壮丽的景色之一：山坡铺着绿色的天鹅绒，一直延伸到山脚；在广阔的天空下，海浪不断翻涌；太阳落山后，远处的旧金山天际线点亮了太平洋，海面犹如撒上碎钻一般耀眼。

2018 年 1 月 25 日，加里根本无心欣赏美景。那天晚上快 7 点，他焦急地拾级而上，就像要去做结肠镜检查一样。守旧派刚刚在选举中击败了他的盟友，加里即将迎来他的转折点。

这次失败迫使冲突暂停，刚好让加里有时间反思发生的事情。他以远近闻名的冲突调解专家的身份进入政界，计划着“拯救”自己的小镇。然而，他却在“沥青坑”里挣扎了两年时间。他让家人失望，疏远了邻居，打破了内心的平静。他做这一切都是为了一个没有回报的志愿者职位。他感觉受到了侮辱。

说实话，加里不知道接下来该怎么办。他可以辞职，放弃后面三年的任期，尽可能恢复过去的生活；他也可以留任，继续承受力不从心和尴尬。

他艰难地做着决定。一方面，辞职让人感到软弱，就像一个孩子愤怒地跺着脚走开，以后这种感觉将继续存在。到那时，他的失败将是彻底的、不可改变的。他将永远失去“慢炖锅”。

另一方面，如果他继续留任，他就还有机会。也许他能以某种方式救赎自己，也许他能够在某些细微之处继续服务他的社区。但他又想，这难道不是更傲慢的表现吗？留任难道不是把所有的事情——包括获胜——再一次推向自己吗？也许辞职是一种更谦卑的方式。加里·弗里德曼承认自己只是个普通人。

无论如何，他必须出席这次委员会——他在任时主持的最后一次会议。如果不来，那就显得太过怯懦。于是他犹豫不决地走上台去，背对着大海。

晚上 7 点零 3 分，加里宣布会议开始。社区中心壁炉里的火噼啪作响。人们互相问候，安静下来。如果是不明就里的人，甚至会以为现场气氛很欢快。

一分钟后，委员会进行投票，由一名守旧派成员取代加里担任主席。他被彻底边缘化了。

此时，加里做了一件令人惊讶的事，他打破了这个循环，转而投票支持守旧派竞选新主席。两分钟后，同样来自守旧派的休被提名为副主席。这一次，加里立刻附议了提名。我们应该还记得，就在几个月前，加里给这个人写了一封惹怒众人的指控信。现在他投票支持给予他更多的权力。加里没再发表太多意见。在接下来的三个小时，他努力保持平静，控制自己的面部表情。会议终于在 10 点之前结束了，比加里计划结束的时间晚了一个小时。

研究冲突的人常常绘制冲突地图。因为冲突是一个系统性反馈循环机制，会带来一连串的作用与反作用。作用力错综复杂，相互关联，就像天气一样变幻莫测。这意味着任何改变都会影响整个系统，结果往往出人意料。

选举失败就像暴风雪或大流行一样破坏了冲突的稳定性。[1] 当系统被破坏时，在那一刻，巨大的机遇随即出现，要么出现转机，要么使情况更糟。

通过投票给他的老对手，加里扰乱了这个系统。他故意改变了冲突系统中他能控制的一种模式。当然，加里当晚的投票基本上是象征性的，守旧派无论如何都将赢得选举。加里得票较少，但是象征性的让步在冲突中非常重要。它们可以打破循环反馈，降低每个人的警惕，营造原本并不存在的空间，至少在那一刻是这样。

1977 年 11 月，埃及总统穆罕默德 · 安瓦尔 · 萨达特访问耶路撒冷，成为第一位访问以色列并向以色列发出和平呼吁的阿拉伯领导人。而在 4 年前的 10 月，他曾要求在犹太人最神圣的节日对以色列发动突然袭击，引发了第四次中东战争（即“赎罪日战争”，阿拉伯人称之为“十月战争”），造成数千名士兵丧生。

萨达特来到以色列参观大屠杀纪念馆，在耶路撒冷的阿克萨清真寺祷告，呼吁和平。他打破了冲突的反馈循环机制。“我诚挚地告诉你们，今天摆在我们面前的是实现和平的适当机会，如果我们认真地为和平而努力的话。”萨达特用阿拉伯语在以色列议会上说：“这是一次千载难逢的机会。如果失去或浪费，反对它的策划者将承受人类的诅咒和历史的诅咒。”[2]

萨达特的姿态只是象征性的让步，仅此而已。但它为一年后在戴维营举行的和平谈判铺平了道路。几十年后，以色列新闻媒体仍在纪念萨达特的这次历史性访问。

不用说，缪尔海滩小镇的赌注远没有那么高，没有谁的生命受到威胁。但从心理学角度来看，两个事件没有本质差别。加里投票给守旧派不是妥协行为，而是有意打破冲突循环。他意识到如果他继续留在委员会，他就必须摆脱目前的冲突困境。如果他不再是竞争对手呢？想象一下，如果约翰·亚当斯自愿加入杰斐逊的班底会怎样？

在下一场会议上，委员会投票决定废除几乎所有在加里领导下设立的小组委员会。这种指责杀伤力极大。那些委员会是加里留下的政治遗产，他把所有人带到谈判桌前，就像多年前他调解交响乐团的案例一样。

但加里也投了赞成票。这又是一个象征性的、有目的的让步。“我觉得自己的正义感大大降低，”他告诉我，“但我对成效更感兴趣。”

加里决定继续留在委员会。一开始他不知道这是不是正确的选择，但随着时间的推移，他越来越确信这是对的。与此同时，有一点很重要——他紧紧地抓住了冲突的根源，这是他最在意的东西。

他是如何做到的呢？虽然为时稍晚，他还是采纳了对自己最好的建议——找到内心冲突的根源。对此，冥想起到了作用，安静地坐着能让加里更清楚地了解自己的情绪。之后在社区会议上或者在社区走动时，他更能注意到自己的情绪变化。

他不会仅仅为了减少冲突而顺从新委员会，他见过太多的人在离婚调解中这么做。这一直是错的，人们之后总会后悔。他甚至没有在调解中使用“妥协”这个词。妥协就像投降，意味着崩溃。加里并不是一个和平主义者。他相信冲突能够让我们变得更好，或者有可能做到这一点。他目睹过这种好转，所以他问了自己曾经问离婚夫妇一样的问题：背后的根源是什么？为什么对我如此重要？如果我得到自己想要的，结果又会怎样？

他感觉脑袋很乱，仿佛听到很多指责的声音。但他最终意识到，他最想要证明还有另一种方式来解决冲突，那是一种更好的方式，但强迫人们接受他的世界观是行不通的。

他不得不重拾 40 年来总结的调解经验：“胁迫并不能带来重大的变化。它们来自理解，而理解是很难达成的，理解需要耐心。”

在加里身上，冲突的根源就在于此。他的职位要求他和邻居们互相理解，哪怕他们难以达成统一意见（或者发言超过三分钟）。这是更好地处理冲突的方法，也是对他来说最重要的事情。这理应成为他的北极星，指导他决定何时发言，何时投出赞成票。

不幸的是，加里未能彻底改变缪尔海滩小镇的治理结构。他没能做到像巴哈伊选举那样放下竞争心态，让每个人都能表达自己的想法。但他还有其他方法减少政治上的对抗，而且可以马上达成。

神奇比例[3]

首先，加里努力打破守旧派和创新派的二元对立。他不再明确地划分彼此。加里程序化地完成这个过程，就像完成马拉松训练一样。每天，他都会做些在对手看来更有人情味的事情，或是重新定义对手。有时，他和守旧派成员一起投票；有时，他也会自己去投票。他试图重新看到每个独立的个体。“当我经过那些最讨厌我的人时，我会对他们微笑，”他说，“我会询问他们的健康状况。一个人的母亲刚刚去世，我会安慰他几句。”

群体认同的独特之处在于借助身份可以激活群体内每个成员的认同。人们的身份不只是保守党或工党的支持者、白人或黑人，还可以是体育迷、经常去做礼拜的人、养狗的人或者为人父母的人，所以加里试图在他自己和其他人的脑海中恢复其他身份。当他看到守旧派的一员时，他就聊花园里的玫瑰。他有意地激活二者都在打理自家花园的“园丁身份”，就像冲突操纵者激活我们的其他身份一样。

有一天，他不小心忘记关门，一个守旧派的人打电话告诉他，他的狗阿蒂溜达到他们家来了。加里似乎看到了希望。

在冲突之外建立轻松、积极的联系听起来理所当然，但我们在日常生活中总是忽视它。短暂而愉快的碰面有助于拓展“我们”的定义。当争论水费时，加里的邻居可能是支持者，也可能是反对者，但她也是花园里“我们”的一员。

这些互动就像接种疫苗一样，需要定期完成，以免我们做出引发冲突的错误判断或者解读。心理学家朱莉·戈特曼（Julie Gottman）和约翰·戈特曼（John Gottman）多年来研究了大约3 000对夫妇的冲突案例，他们发现最能保持良性冲突的夫妻是那些每天积极互动超过消极互动的夫妻，比例为5：1。这就是他们所说的“神奇比例”。

当65名曾在南极科考站一起度过寒冬的男性被问及是什么让他们团结在一起时，40%的人提到了一起唱歌和玩游戏。这是最常被提到的几点，远高于饮酒。[4]

还记得乔希·埃利希吗？这位有抱负的宇航员曾在一次火星模拟生存训练中与5个陌生人一起关在密闭空间近8个月。他们这个团队之所以能避免高度冲突，部分原因是他们将创造这种神奇比例作为任务之一。

“我们吃饭都在一起，”他告诉我，“每天晚上，我们总是组队训练，尽可能地不让任何人落单。”他们故意做一些有趣的事情，定期举办“城堡之夜”——把所有的床垫都推到共享空间里，用绳子和床单搭成一个巨大的“堡垒”，就像七岁的孩子参加睡衣派对一样。他们还会组织主题晚餐和惊喜派对。

“在每一个特殊的日子——生日、纪念日里，我们都会烤蛋糕、装饰空间。”他们认为“凝聚成员”是任务的一部分，所以都带有目的性地完成这个任务。这样，当冲突不可避免地出现时，它不会继续被激化。

你知道这意味着什么，对吧？这意味着那些下班后的欢乐时光或给同事的生日蛋糕，并不仅仅是公司领导们强加给我们的尴尬考验，它们也是对我们未来的明智投资，是一种提高积极交流以应对不可避免的消极对抗的方式。

借助类似的方法，加里试图扩大对“我们”的定义，他用这种闲聊把守旧派拉拢过来。重点是当加里问起邻居的花园时，他必须是真心的，否则行不通。结果证明还好，因为加里确实很喜欢园艺。这并不显得虚伪，这是一种很好的日常交往。

“没有雾，有满月”

除了紧紧抓住根源，打破二元对立之外，加里做的另一个改变是让自己远离那些一开始促使他卷入冲突的引燃器。他正在一步一步地解开冲突。在第一次竞选中，他太过于依赖顾问塔尼娅，她曾使用“杀死”“击败”“暴徒”等词，这是她的父亲常说的话，但对他不起作用。

加里感谢塔尼娅的帮助，而且他知道塔尼娅远比他了解政治，但这并不是他想玩的游戏。“我不想在心里对别人怀有敌意，”他告诉她，“我不喜欢那样的生活。”

他们仍然是朋友，他转而向妻子寻求政治建议。有时，当他打电话谈委员会事务时，他会打开免提，这样崔西就能听到一些。然后他会向她寻求反馈：刚才是不是太犀利了？不耐烦了？崔西会告诉他，她在阳台上，这里景色好多了。

这一切花的时间比他想象中的要长。就像每一条摆脱冲突的道路一样，它不是直来直去的。为了抓住最重要的东西，加里不得不放弃很多，而放手会引起强烈的不适。

这意味着社区会议需要更多的“深呼吸”——在回应之前先暂停一下，抵制诱惑。他花了很多时间进行自我调整。他会在心里问自己三个问题。

“有必要说出来吗？”

如果答案是肯定的，那他就会问自己：

“这需要我来说吗？”

如果答案仍然是肯定的，他就接着问：

“我需要现在就说吗？”

令人惊讶的是，这一次答案往往是“不”。[5]

对加里来说，忠于自己的价值观仍然很重要。如果他认为委员会成员做了一些违反公众信任的可疑的事情，他还是会反对。但是，他花了很多时间试图让自己所说的话“中听”。

什么是“中听”？这取决于听众以及他们最关心的是什么。在这里，加里必须了解邻居们的根源，建立理解环路是关键。这帮助他放慢了时间，这样他就能了解对他们来说最重要的是什么并试图去理解，即使有时并不赞同。

一般来说，6 个道德基础塑造了我们对政治的理解，正如社会心理学家乔纳森·海特（Jonathan Haidt）在他的启发性著作《正义之心：为什么人们总是坚持“我对你错”》中描述的那样，这 6 个道德基础是关爱、公平、自由、忠诚、权威和圣洁，这些是解锁大多数政治行为的钥匙。

在美国，自由主义者（以及媒体中的自由主义者）往往对前 3 个道德基础高度敏感：关爱、公平和自由，他们会对忠诚、权威和圣洁视而不见。一般来说，保守派和保守媒体则会注重所有基础，尤其是忠诚、权威和圣洁。

如果你能掌握这些道德基础，就能让自己说的话变得中听。社会心理学家罗伯·维勒（Robb Willer）和马修·范伯格（Matthew Feinberg）发现，如果美国自由派想要说服保守派采取行动应对气候变化，他们会提及保护自然纯洁性的必要性，这会更有说服力。[6] 但自由派政客几乎总是在谈论保护地球，这已经默认为是他们的道德语言，在这个国家的大部分地区，他们说的这些话并不受欢迎。

我们很难跳出自己的思维使用对方的道德语言，这是反本能的。它需要纪律、谦逊、教养和同理心。在他们的研究中，维勒和范伯格发现，即使换位思考的效果会更好，大约 20% 的自由主义者也不会重新组织论点来说服保守派。这就是高度冲突的症结之一：无论多么微小的妥协，都让人感受到威胁而不敢让步，哪怕它符合我们自身的利益。

一天，一位邻居告诉委员会，她希望他们修建新公路时顺便报销一下她的私家车道上的一块掉头区。对于一个大型工程来说，这将是一个造价高而且耗时的提议。加里本可以反驳她的不合理要求，因为每个人不应该只想着自己。对他和其他邻居来说，这个理由足够充分，但他没有说出口。反驳的话不太中听。相反，他提出另一个也算正确的观点。“你或许应该考虑一下，”他对她说，“如果这样做的话，你就得允许其他人在你家车道上掉头。”她后来改变了主意。

这是一种操纵行为吗？也许吧。但是，在法国旅游时说法语也属于操纵行为吗？如果你真想被理解，也许这只是一种沟通的方式。

有趣的是，加里并没有给我讲这个趣事，我是从他以前的死对头休那里听说的。休也注意到加里的行为变化。“他现在更像是一个调解人，”休说，“态度也改善了。”休不再考虑搬出缪尔海滩小镇。事实上，他告诉我，他现在对小镇非常满意，他经常和加里共事。

加里仍然经常被激怒，他会向崔西和他的孩子们抱怨新委员会是如何破坏他所有的劳动成果的（事实确实如此）。但他也谈到了自己感到宽慰。他时而焦虑不安，时而满怀希望，时而听天由命，时而精力充沛。如果你曾见过一个从冲突困境中走出来的人，你可能会比较熟悉这种摇摆不定。

新的委员会成立几个月后，加里一度认为他必须召开一次特别会议，因为一位委员会成员规避规则。[7]但他接着问自己：“我召集这次特别会议到底是为了谁？”他不得不承认，他这么做是为了让自己好受一些。

于是他停了下来。他重复着时常会对自己说的那句格言：“我不重要，这件事也不重要。”他想出了一个办法，既能让这位委员会成员负起责任，又不会让他在特别会议上蒙羞。

有一次，我去看望加里，当时他已经从他所谓的“精神错乱”

中恢复，我们一起在缪尔海滩散步。“我的天，我们正在度过一个美好的夏天，”加里告诉我，“没有雾，有满月。一切似乎都已经过去了。”很高兴听到加里这样说，这表明他已经恢复了很多。

高度冲突让人感觉沉重的一点是，它不允许哪怕一瞬间的快乐。好奇心是快乐的前提。陷入“沥青坑”是不可能对外界保有好奇心的。

后来有一次，当我们经过一栋房子时，加里低声说：“这里的人讨厌我。”但他说的时候面带微笑。说到另一个邻居，加里告诉我：“我不相信他，但我喜欢他。”他的语言开始变得有些复杂，用他自己的话来说，他是在“保持张力”，而不是武断地二分为“善与恶”或“我们和他们”。他在思考问题时充分考虑了复杂性，他在更准确、更全面地看待这个世界。毕竟，一个人可以不被信任，但这并不妨碍他是个可爱的人。我们身边都有这种人。

这就是加里和柯蒂斯的共同点。从种族、年龄到背景，他们明显有很多不同。与柯蒂斯的帮派冲突相比，加里的小型非暴力邻里纠纷根本不值一提。但是如果我们能换位思考，就会惊讶于其中的复杂性。不光是面对他们自己，还有其他人。他们使用不同的方式，在自己的脑海中为好奇心和谦卑腾出空间，同时还需要加强修行。对加里来说，他受益于冥想，这是他在一位禅师那里学到的。对柯蒂斯来说，他受益于伊斯兰教的礼拜，他在帮派的时候信仰伊斯兰教。尽管柯蒂斯和加里不同，但他们都拥有一种安静的力量，一种既能保持张力，又不放弃他们最珍视的东西的能力。

“谁在这场婚姻中获胜？”[8]

一天，我坐在加里深绿色的MINI Cooper的副驾驶座位上时，他接到了休的电话。作为委员会成员，休负责监督社区围栏施工。有个邻居抱怨它太高了。

加里：“你跟她谈过吗？”

休：“还没有。”

加里歪着头问：“如果你给她打电话，你觉得她会说什么？”他用好奇的语调问出这个问题，这是之前他在调解训练中使用过的方式。

休：“哦，你知道，和她说话太难了……”

加里：“我知道。”

他笑着说。然后他说了一些让我出乎意料的话：“但你是个有同情心的人。像她这样的人，最需要我们的同情。因为这是他们所缺少的东西。”

“是的，没错。”休说，然后一阵沉默。“我就知道你会这么说。好吧，我会打电话给她。”

这只是两分钟的谈话，但当加里那晚向崔西提起此事时，她的眼中充满了泪水。加里确实恢复了魔力。

不久之后，当加里结束了一天漫长的工作骑车回家时，一位邻居叫住了他。他的第一反应是心头一紧。“哦，不，她现在要抱怨什么？”但他微笑着挥了挥手。

她来到他的车前。“我只是想谢谢你。”她说。在上一次社区会议之前，他曾鼓励她说出公路项目中困扰她的事情。当她在会议上发言时，他表达了理解与同情，是他让自己感觉到被倾听。“这让我觉得自己被当成一个人对待。”

对加里来说，这种时刻带来的感觉与大选获胜并不相同。它们不那么上头，但持续的时间更长。因为加里的生活和邻居的生活交织在一起。就像杰伊和洛娜一样，几十年前他在第一次调解案件中帮助的那对离婚夫妇，如果任何一方输了，那就没有真正的“胜者”。

对抗性意味着完全、彻底和永久的分离。在现实世界中，大多数时候并不存在这种情况，没有守旧派和创新派之分。“使用这些分类就像是在问‘谁在这场婚姻中获胜？’”谈判者尤里总喜欢这种提问。同样的道理也适用于邻里纠纷或政治斗争。用塔尼娅的话来说，“击败对手”可以获得暂时的多巴胺快乐，这种感觉很好。它可以起到刺激作用。你甚至可能赢得重要的法律或政治胜利，带来制度变革，从而使其他变革成为可能。这是一件很了不起的事。

但事实是，下一场抚养权的争夺、选举或枪战从未就此远去。在漫长的历史长河中，无论字面理解还是打比方，我们都是共同的孕育者。在全球范围内，我们比以往任何时候都更加相互依赖。如果胜利意味着你的邻居受到羞辱，那你就没有真正获胜。“愤怒不会带来变革，”露丝·金（Ruth King）在《种族的正念》中写道，“它是一种原始的情感。”[9]

我有一些活跃的政客朋友，他们讨厌这些论调。有时我自己也不喜欢。在激烈的冲突中，当被告知没有赢家时，会让人感到非常沮丧。“我们需要时间去战斗。”这些朋友告诉我，他们的眼睛里闪耀着自信的光芒。他们是对的。我们需要时间去战斗，去抗议，去组织，去敲门。在很多方面，我们需要增加冲突而不是减少冲突，但是不能相互理解的冲突充其量只是一种妥协的方案。

加里从缪尔海滩小镇的高度冲突中抽身出来的两年里发生了一系列事情：道路得到修复、水费有所提高、会议的气氛改善、邻里关系融洽、小镇不再面临分崩离析。有一天，一个守旧派成员给加里留言，感谢他在会议上处理纠纷的方式。邻居告诉他，能同时理解两个人，不用选边站的感觉真是太好了。加里在电话中把留言放给我听，这对他来说意义重大，确实如此。

虽然比他想象中的要困难很多，但是加里帮助他的邻居以及他自己更好地理解彼此。他最终证明政治可以采取不同的运作方式。

加里和柯蒂斯的故事让我看到保持张力的重要性，在政治冲突的战壕中也应如此。我提醒自己“婚姻中没有赢家”，世界上所有的人都会因为孩子的问题再聚到一起。

那么之后会发生什么呢？

第六章　反向宣传

“战争起源于人之思想，故务需于人之思想中筑起保卫和平之屏障。”

——联合国教科文组织《组织法》序言

夜色降临时，直升机终于出现了，其中三架就像不明飞行物（UFO）一样悬停在热带雨林上空。那是 2009 年 11 月 9 日，桑德拉·米莱娜·薇拉·布斯托斯和她的男友塞巴斯蒂安正在打包行李，准备趁着夜色翻过安第斯山脉——他们都是这样加入游击队的，没有被人发现。

桑德拉立刻听到直升机旋翼的轰鸣声。这是哥伦比亚游击队员经常听到的旋律，犹如这场战争的配乐。只是这一次，声音来得很突然，接近地面，仿佛故意一般。她甚至连胸口都感受到了震荡。

桑德拉向外张望，看到士兵们顺着直升机梯子滑下来。1、2、

3……10……15，不断有士兵爬起来——肯定有人暴露了他们的位置。十几名士兵散开，包围了只有 4 名游击队员组成的队伍。桑德拉四处寻找她的 AK-47。枪在另一个房间里，已经没有时间去取了。

桑德拉和塞巴斯蒂安从房子里冲了出来，在山坡上寻找掩护。

事情是这样的：半个世纪以来，哥伦比亚政府军和反政府武装一直在玩猫鼠游戏。这通常发生在哥伦比亚的农村地区，就像在这里，火力凌空碰撞，子弹划过田野或丛林，扬起尘土，震碎屋顶，动物四散逃窜。

桑德拉躲在一块大石头后面的灌木丛里屏住呼吸，她听到稀稀落落的枪声，然后是一声尖叫。那是塞巴斯蒂安吗？是，一定是。她心头一紧，好像自己中枪了一样。她焦急地默默祈祷着。

远处，她看到另一名游击队员同伴将步枪举过头顶以示投降。也许她也该那么做。是时候了。她会进监狱，但至少她能活下来。她还有什么选择呢？

但是接着她还是听到了枪声，那个男人一头倒在了地上。即使他已经投降，士兵们还是把他击毙了。所以现在她想清楚了，绝对不能投降。

一连好几个小时，桑德拉都僵在石头后面，她的心脏狂跳，双腿抽筋，她想起了自己的女儿。她摸了摸项链上的银海豚，这是她多年来日夜佩戴的项链。最后，士兵们的声音渐渐远去，她决定逃跑。她飞快地跑下山去，黑色的马尾辫在脑后飞扬。

那是什么？接着她听到了更多声音。她放慢了速度，山上有很多士兵，下面还有更多的士兵，她被困在中间，没有食物和水，也没有武器。

复员计划

我们都生活在两个世界里：外部世界和内部世界，两个世界一直在相互作用。外部世界的精英们签订正式的和平协议，这很重要。但本书讲的是另外一回事——当普通人试图从高度冲突中解脱出来时，在个人层面发生了什么（或者没有发生什么）。

加里和柯蒂斯主要依靠自身力量实现了这一转变，他们不得不摸索一条道路出来。但是很多人，包括格伦·贝克，他们没有成功的原因就是根本无路可走。但如果有呢？如果城镇甚至国家为了引导人们走出高度冲突而清扫出一条道路会怎样？

在过去的几十年里，超过 60 个国家试图寻找答案。这一试验的正式名称是解除武装、复员和重返社会方案。一开始，它主要是指解除战斗人员的武装，字面意思是收集并摧毁他们的武器。随着时间的推移，和平缔造者和各国政府意识到他们需要做更多的工作，否则冲突会再次爆发。他们需要帮助人们建立新的身份。通常，他们通过给人们金钱、政治权力和教育来完成身份建立。

仔细想想，这其实比较激进。各国政府正在花费数百万美元来帮助昔日的国家仇敌，也就是以前被描述为恐怖分子和叛乱分子的那些人，他们曾经与绑架、爆炸、强奸、贩毒、招募童兵有关。

可以想象，上述尝试可能会以惊人的失败告终。在塞拉利昂，重返社会方案根本没有任何显著的影响。[1]没有获得政策支持的人与那些获得政策支持的人一样，可以成功地重新融入社会。大规模地逆向设计高度冲突是非常困难的，但这是我们这个时代的核心问题之一。如何不只是为一两个人，而是为一群人清扫出一条摆脱高度冲突的道路呢？

为了找到答案，我去了一个在这个问题上积累了很多经验的国家。57 年来，哥伦比亚一直因冲突而四分五裂。这场政府军与反政府武装游击队的内战已经造成 25 万人丧生。[2]（很难理解这个数字意味着什么。作为对比，过去一个世纪里在阿以冲突[3]中丧生的死亡人数加起来也只到 25 万人的一半。）

哥伦比亚是一个广阔而神秘的国度，它是南美洲古老的民主制国家。就是这个国家给我们带来了作家加夫列尔·加西亚·马尔克斯、艺术家费尔南多·博特罗和歌手夏奇拉。该国也供应了在美国销售的大部分可卡因，包括柯蒂斯所在帮派在芝加哥出售的可卡因。

因为毒品贸易造成的腐败和混乱，几十年来哥伦比亚在使人们摆脱大规模冲突方面积累了丰富经验。不论以哪种标准衡量，复员都是史诗级的——雄心勃勃、耗资巨大、工程复杂。自 2001 年以来，通过政府的重返社会方案，哥伦比亚约有 52 000 人成功复员。

2016 年，哥伦比亚政府与现存“历史最悠久的游击队组织”哥伦比亚革命武装力量（FARC）签署了一份脆弱的和平协议。但是大多数战斗人员在签署和平协议之前就摆脱了冲突，他们一个个放下武器，试图开始新的生活，就像柯蒂斯那样。到目前为止，大多数人还没有重返冲突或是实施犯罪。

如今，哥伦比亚的重返社会计划为每名前战斗人员花费数万美元，是全世界同类计划平均花费的 4 倍多。这是一项帮助人们摆脱高度冲突的史无前例的大规模投入。直到今天，哥伦比亚仍然面临严峻形势。和平协议已经被政治和犯罪中的冲突操纵者无耻地破坏，无法继续维持。

无论发生什么，有一点是非常明确的：哥伦比亚是数百万“冲突专家”的家园，包括官员和其他人士。它是一个真实世界的试验场，研究人们如何走进高度冲突以及如何摆脱它。

进入丛林

桑德拉 14 岁时，有一天，一辆车停在了她的邻居家门口，车上坐着三个男人。她的邻居走了出来，怀里抱着她的孙子，想看看这些人要干什么。村里的每个人都认识这个祖母，她是当地“军政府”委员会的成员，负责协调争端，并与经过村庄的各种武装组织谈判。就像芝加哥的柯蒂斯和比利一样，她是“盾牌”，或者说，她应该是一张“盾牌”。

其中两个人戴着面罩。正当桑德拉围观时，第三个人从车上下来，朝着祖母的脑袋开了一枪，他没说一句话就处决了祖母。桑德拉觉得眼前的一切就像慢镜头回放，祖母瘫倒在地，婴儿也重重地摔在地上。车开走了。

桑德拉的父母加入了一个致力于帮助穷人的左翼政党。由于这是共产党的组织，桑德拉一家一直被迫逃亡。十多年来，右翼团体一直在有计划地杀害哥伦比亚共产党的领导人和追随者，已经处决了数百人。桑德拉记得他们家至少搬了 10 次，她在 14 岁时不得不辍学，她不能在一个地方待很长时间。

桑德拉在家门口目睹了邻居被杀。她默默地看着这一切，大人们匆匆跑过来，紧接着她听到哀号——祖母和婴儿都死了。

当下，桑德拉决定加入这场冲突。她受够了，准备开始反击，她要与准军事组织作战。他们把她的父母赶出了城市，他们处决了任何危及他们控制权力、土地和财富的人。那是一个恐怖的时期，桑德拉开始了自己的事业。

桑德拉离开家人，加入哥伦比亚革命武装力量。她还是个小女孩，但这并不罕见，不论在当时还是在现在。如今，世界各地将近 30 万名童兵中大约 40% 是女孩。[4]

像所有的游击队员一样，桑德拉选择了一个新的身份，还挑了一个化名，她宣布“丽丝”就是新的桑德拉。但是由于她的血统、乌黑的头发和大脸盘，她的战友们给她起了个绰号“小印第安人”。在未来的岁月里，桑德拉会拥有许多重叠到让她备感困惑的身份。

“孩子们，别再等了”

在经历了 16 年的失利后，哥伦比亚终于在 2014 年打入了世界上最受瞩目的体育赛事——世界杯足球赛。当时该队最好的球员因伤缺阵，所以人们的期望并不高。但一位名叫哈梅斯·罗德里格斯的新星填补了空缺，他年纪轻轻，面色红润，在前 4 场比赛中踢进 5 个球，让整个国家为之振奋。

6 月 28 日，哥伦比亚在 16 强比赛中迎战乌拉圭，这是该国历史上首次有望晋级四分之一决赛。跟所有哥伦比亚人一样，胡安·巴勃罗也在观看比赛。他是一个 21 岁的大学生，住在麦德林。他屏住呼吸，期待着奇迹的发生。

在第 28 分钟，罗德里格斯踢出了史上最漂亮的一记进球，在距离球门 20 多米远的地方，他左脚凌空抽射出一道弧线。太漂亮了！胡安·巴勃罗和他周围的人爆发出欢呼声，他们非常兴奋，同时也为自己的国家感到自豪。在这一刻，哥伦比亚举国团结在一起。

比赛过程中出现了一则公益广告。它不是我们大多数人都听说过的那种敦促人们不要吸烟、喝酒或开车的公益广告，而是敦促人们摆脱高度冲突。“孩子们，别再等了，”播音员直接对这个国家的游击队员们说，“我给你们留了座位来看最精彩的比赛。复员吧。”

这是当时政府定期会播放的宣传广告，试图促使叛军投降。[5] 那天胡安·巴勃罗也听到了，他摇了摇头。为什么会有人觉得这行得通呢？

哥伦比亚内战始于 20 世纪 60 年代，早在胡安·巴勃罗出生之前。当时在哥伦比亚，一小部分精英阶层控制着土地、财富和政治权力。为了建立一个更公平的社会，哥伦比亚革命武装力量拿起武器反对政府。为了自卫，富有的地主们雇来民兵，组建准军事组织。

当时杀害桑德拉年迈邻居的人就是准军事组织的成员。他们成了冲突的引燃器，利用哥伦比亚城市与乡村、富人和穷人之间的旧日分歧煽动了冲突。

随着时间的流逝，哥伦比亚军方开始与准军事组织合作，打击哥伦比亚革命武装力量。有时，二者很难区分。与此同时，美国在背后鼓动这场内战，为哥伦比亚军方提供了资金和军事支持。美国先是发起了一场反共运动，然后是一场毒品战争，最后是反恐战争。就像大多数战争一样，一切都脱离了计划——暴力导致更多的暴力，加剧了两极分化、腐败和不平等。

冲突的各方都做了令人发指的事情——多起绑架事件与哥伦比亚革命武装力量有关；准军事组织杀害的无辜平民数量惊人；军方杀害了成千上万名农民，声称他们是战斗人员，并给他们套上军服，在尸体旁边摆上枪，这一切只是为了增加游击队伤亡人员的官方数据。[6]

普通民众的境遇不断恶化，这是高度冲突的必然结果。在哥伦比亚内战中丧生的人，每 10 人中就有 8 人是平民。近 800 万哥伦比亚人因冲突被迫离开家园，成为难民。[7]

像大多数哥伦比亚人一样，胡安·巴勃罗一生都生活在冲突频发的环境中，就像不断扩散、无法根治的癌症。他最好朋友的父亲被一个右翼准军事组织绑架，之后就再也没有回来。他自己的父亲也在绑架名单上，因为他们家族的咖啡生意非常成功。在胡安·巴勃罗看来，这些人已经无法救赎。让一群被洗脑的暴徒放弃武器会奏效吗？这种宣传看起来天真又可笑。

在那一天，哥伦比亚队赢得了比赛，成功打入四分之一决赛。罗德里格斯成为民族英雄，他是比赛中的最佳球员，甚至对方的教练都这么说。遗憾的是，六天后，哥伦比亚队输给了巴西队。但胡安·巴勃罗心中有一种挥之不去的感觉：也许哥伦比亚的能力比大家预料中的都要强大。

包围

直升机来的时候，桑德拉已经在游击队服役了 9 年。她和塞巴斯蒂安刚刚被调到另一个地方，她满怀希望奔赴那个政治岗位。他们俩会一起工作，就像她刚加入时一样，向小城镇的人们解释游击队的理想。这正是她热爱的事业：谈论思想、正义、古巴革命家切·格瓦拉，以及一个尚未实现的更美好、更公平的世界。她不需要做很多肮脏的工作，比如在所谓的“金融”部门敲诈人们钱财，该部门使用绑架和贩毒在内的任何可能的手段来筹款。

与许多其他同志不同，桑德拉没有拍过身穿迷彩服、端着 AK–47 的照片，那不是她的风格。她知道如何使用她的武器，谢天谢地，她从来没有杀过任何人。她有时不得不威胁别人，这已经够恶劣了，她会在这之后的好几天都觉得不舒服。这也是她多年来一直试图重返政治岗位的原因之一，现在这个岗位就很好。

此外还有一个原因：强迫堕胎是游击队的一项政策。怀孕的女游击队员常常被迫堕胎。当桑德拉怀上塞巴斯蒂安的孩子时，她设法躲起来保住了孩子。但在分娩一年后，她又被召回。她把女儿留给了塞巴斯蒂安在波哥大的亲戚。如今，塔玛拉已经四岁，是一个可爱的圆脸女孩，桑德拉非常担心自己和塞巴斯蒂安都会死去，留下塔玛拉一个人孤零零地在世上。

就像芝加哥的柯蒂斯和中东的“黑色九月”的成员一样，为人父母使她想要从冲突中逃离，这也改变了她对风险的评估。每次轮到她值勤时，她都担心遭到伏击。每次坐上卡车前往某个地方时，她都想象会有炸弹爆炸。她对游击队仍然有使命感、归属感和责任感，但她无法把女儿一个人留在世界上，她希望她的女儿至少有一位家人还活着。所以能去一个不那么危险的岗位，离塔玛拉更近的地方，她如释重负。这也在她的计划中。

但是士兵们包围了他们，杀死了塞巴斯蒂安。伏击发生后，桑德拉在山上躲藏了十天。身体越来越虚弱的她已然不知道外界是什么时间。她面朝圣玛尔塔的方向祈祷，口袋里放着圣玛尔塔的照片，这是她母亲多年前送给她的礼物。

就像柯蒂斯在儿子的毕业典礼上做的一样，她决定结束这一切。如果她活了下来，她会摆脱冲突去照顾她的孩子。她将再次成为桑德拉，这是一个痛苦的决定。她知道她的战友们会认为她是叛徒。在游击队中，叛徒是要处以死刑的。

但她已经到达冲突的转折点，过往的代价大到令人难以承受。最后，她敲开一户农民的门，他们给了她食物和水。她得以康复，联系了自己的家人，她的妹妹把她接走。“我想离开，”桑德拉告诉她，“我不想再参与此事了。”

反向宣传

在观看了那场激动人心的世界杯足球赛 4 年后，胡安·巴勒罗正在攻读经济学博士学位。在写研究论文时，他的导师告诉他要去追求他能想到的最疯狂的想法，越疯狂越好。[8] 当时哥伦比亚刚刚获得2018年世界杯的参赛资格，于是胡安·巴勒罗回想起那些广告。他想知道它们到底有什么效果，一段 32 秒的广告能把人们从高度冲突中解救出来吗？

他对此深表怀疑。但他有一个好奇的理由：他知道，相反的情况是有可能出现的，就在卢旺达。戴维·亚纳吉扎瓦–德罗特在 2014 年研究了一家收听率高的广播电台的影响，该电台在 1994 年卢旺达种族大屠杀期间呼吁消灭图西少数民族。[9] 当时，只有接收无线电的村庄才能听到这些信息。全美各地都有自然调节小组，但那里没有无线电信号。

结果令人震惊。随着无线电信号接收状况的改善，卢旺达的杀戮事件也在增加。总的来说，大约每 10 起暴力事件中就有一起与这家电台的信息有关。成千上万的人被简单的信息鼓动，进而攻击自己的同胞。大约 5 万名卢旺达人因无线电广播被杀害。语言的力量难以想象。冲突操纵者通过在电台上大规模传播仇恨，点燃了卢旺达各地的怒火。

因此，胡安·巴勒罗想知道语言是否可以反向发挥作用。正如曾经的游击队员在公开采访中承认的那样，无论何时何处，游击队员都会虔诚地在广播中收听哥伦比亚足球队的比赛。即使拿起武器反对政府军，他们仍然对国家足球队心怀诚意。所以总的来说，游击队员们听到了这些敦促他们复员的消息。

与此同时，哥伦比亚政府记录了每一次成功复员，这样胡安·巴勃罗就可以追踪 2001 年至 2017 年，每月有多少人自愿脱离冲突。这是一个包含 19 000 多名叛逃者的庞大数据库。

与卢旺达不同，哥伦比亚所有地区都能收听得到无线电广播。然而，由于哥伦比亚的热带气候和地形不同，各地降雨量有很大差别。下雨时，无线电接收信号会变差。因此，胡安·巴勃罗可以根据比赛开始时的天气情况，判断游击队员可能在哪里听到了消息。然后，他可以将这些地区的战后复员率与多雨地区的复员率进行比较。这是一个有赖于自然的实验。

为了确保每场比赛都会播放复员广播，鉴于政府与广播公司的协约，胡安·巴勃罗询问广播公司是否可以获得大约 200 场全美足球比赛的存档资料。他们拒绝了。胡安·巴勃罗问了政府，也被拒绝了。

但是胡安·巴勃罗并没有放弃。在足球和国家这两个他非常关心的事上面，他几近痴迷。因此，他在推特发布消息，表示愿意向任何碰巧记录了这些比赛的超级球迷支付 1 000 美元。这要碰运气，但胡安·巴勃罗对哥伦比亚的超级球迷非常有信心。

几个小时内，他就收到了回复。一位在哥伦比亚经营一个受欢迎的足球表情包制作网站的超级球迷，约他在麦德林的一家购物中心见面，并给他一堆几乎包含所有比赛录像的存储器。胡安·巴勃罗给了他 1 000 美元。

后来的几个月，胡安·巴勃罗请他的父母和弟弟帮他收听这些比赛，很快他就有了复员信息的数据库。他利用美国国家航空航天局热带降雨测量任务提供的降雨数据，找出 1 122 个哥伦比亚城市中，有哪些可以在足球比赛期间接收无线电信号。他还确定了黄昏时分是游击队员最有可能收听比赛的时间，以及当时在进行的是哪场比赛。

这些发现让他大吃一惊。在没有下雨的情况下，一场在黄昏时分进行的足球比赛导致超过 20 名游击队员在比赛后的第二天复员。[10] 这是逃兵日均值的 10 倍。即使在比赛结束一周后，这些地区的复员活动仍在持续。

相比之下，游击队一名高级领导人被杀又导致大约 36 人复员。但在哥伦比亚内战期间，这种高级别的处决只发生过几次。根据胡安·巴勃罗的数据，足球广告的影响力要大得多，因为它发生的频率要高得多，而且生命和财产损失也少得多。

没有人真正知道为什么足球广告会奏效。一定是许多力量相互作用，才刺激了复员，而且反宣传并不是一直奏效。在哥伦比亚，很多其他广告都以失败告终，甚至是那些看起来更有诱惑性的广告。

但胡安·巴勃罗已经开始尊重创造性信息的力量。“我们可以让人们在不杀戮的情况下摆脱冲突，”他告诉我，“宣传是让人们摆脱冲突的一种很好的方式。”根据他的研究结果，在这些广告播出的9年里，足球比赛复员的人比2016年正式和平协议复员的人要多。

当然还有很多我们不知道的事情。但有一件事可以肯定，即所有人，包括游击队员，都有多重身份。我们都想公平地对待这些身份。

“隐形公民”

桑德拉的妹妹骑着摩托车赶来，把她带离高度冲突。她们在黄昏时分一起离开，骑行 9 个小时，穿过群山到达波哥大。黑暗中，桑德拉神情恍惚。她害怕自己会因为叛逃而被杀害，或者现场就被游击队处决，她不敢回想塞巴斯蒂安的死。她把一部分自我封闭了起来。她开始想塔玛拉。

他们到达波哥大之后不久，桑德拉就和她的女儿团聚了，这让她松了一口气。但接下来该怎么办呢？桑德拉躲在她母亲的公寓里，感到四周墙壁正逐渐将自己包围。她有两个可怕的选择：她可以等着当局来逮捕她，这不会花太长时间，因为她和家人住在城里；或者她可以去政府自首，也就是说她会被杀。游击队一直这样告诉她：“政府会从你那里榨取情报，然后杀了你。”如果她想抚养塔玛拉的话，当时真没有其他选择。

在丛林中，桑德拉从广播中听到了公益广告，敦促游击队投降，并承诺给他们更好的生活，但她从不相信这些。政府军击毙她的朋友，使她的家人流离失所，处决了曾经枪杀邻居祖母的准军事组织人员。她的战友告诉她那些消息是谎言，但她坚信不疑。

现在，住在狭小的房间里，面对着不会叫她妈妈、几乎不认识她的女儿，桑德拉迫切地想找到一条出路。她每天醒来都想制订一个计划——找份工作养家糊口以及重新回到学校。但是该怎么做呢？

桑德拉的故事与芝加哥黑帮成员的故事惊人地相似。她躲在亲戚家里，不敢去任何地方，生活停滞。我们永远不知道确切的数据，但可以肯定的是，现在有数百万陷入高度冲突的人，只要他们找到一条出路，他们就会离开。

2010 年 1 月，塞巴斯蒂安去世两个月后，桑德拉在她妹妹的电脑上用谷歌搜索了哥伦比亚负责他们所说的“复员”工作的政府办公室的名字。这是她在那些宣传广告上经常听到的一个词，敦促游击队员们积极复员。

然后她点击了顶部工具栏上的“重返社会”[11]，上面写着“自首的普通游击队员不会被监禁或杀害。相反，他们会得到帮助，直到他们建立新的生活”。她难以置信地噘起了嘴。

显然，这需要一个过程，就像找工作一样：（1）在你附近找一家复员办公室；（2）参加面试。如果能说服政府你是游击队的一员，你将获得一张证书；（3）那份证书赋予你一定的权利。根据你的需要，你会得到一份定制的重返社会计划，包括咨询和每月津贴，以帮助你重返校园。值得注意的是，该网站称政府不能强迫本人揭发自己的战友。

读得越多，桑德拉就越好奇。她仍然不信任政府，但第一次，她的脑海中浮现一个想法。也许是因为她看到屏幕上官方列出的步骤，也许是因为她别无选择。不管是什么原因，她没有像过去那样直接推掉这些信息。“那一刻，”她说，“我看到了希望。”

这是哥伦比亚给我们上的第一课：要帮助人们摆脱高度冲突，就必须清扫出一条道路。这条路必须安全、合法且易于找到。在内战中，这需要一个透明的、循序渐进的政府机构。在暴力程度较低的高度冲突中，比如近年来困扰美国和许多其他国家的政治两极分化，可能需要一个第三方政党，或者另一个合法的、可替代的、易于找到的团体，为那些已经来到转折点并且需要新出路的人服务。

我参观了波哥大郊外一个受压迫的郊区索阿查的哥伦比亚重返社会计划办公室。在儿童等候区有小椅子和玩具，一位母亲正在给刚出生的婴儿喂奶。该机构未能做到的事情还很多，也很有意义。它的存在本身就很重要。它让我想起了 CRED 在芝加哥的办公室，一个黑帮成员可以建立新的身份的安全的地方。

就在桑德拉从网上得知重返社会计划的时候，一位名叫迭戈的儿时老友来探望她。他现在是一名警察，但他不是来逮捕她的。他试图说服她自首。几天后，桑德拉同意让他陪她去重返社会网站列出的办公室。就像柯蒂斯和比利在芝加哥为黑帮成员所做的那样，他成为社区的一员，为她指明了一条摆脱冲突的道路。事实证明，护卫队在摆脱冲突的道路上至关重要。如果我们想让人们走上一条危险的道路，那就不要指望他们独自上路。

网站上列出的办公室位于波哥大金融区一家著名的旧旅馆——特圭达马酒店。2010 年 2 月初，桑德拉前往那里，迭戈陪在她身边。“我很害怕。”她说。她离开丛林不到两个月，现在她要穿过一个有 1 000 万人口的城市去见她的敌人。她从拿着强力武器的人身边走过，这些人守卫在酒店附近。她打开门，穿过大理石大厅，来到准备自首的办公室，心里怦怦直跳。她不得不提醒自己深呼吸。

到了之后，她被领到一个隔间，在那里等候。那是格外漫长的 15 分钟。她摸了摸项链上的银海豚。警察和士兵从她身边走过，瞥了她一眼。没有枪，出现在敌人的房子里，她感觉自己如裸体一般。她的手在颤抖。“这种感觉很可怕。我不知道接下来会发生什么。我只是希望我做了正确的选择。”

最后，一位年轻的职员来面试她。他没有穿制服，这让人安心了一些。他问了她一系列问题：“你什么时候加入 FARC 的？为什么要待这么久？为什么现在要离开呢？”他做了笔录。他必须确定她真的是 FARC 的成员，这样她才有资格享受该计划。

在哥伦比亚和其他国家，复员工作经常遇到骗子想要利用这个制度骗取他们不应得的福利。因此笔录是合理的，但也让桑德拉这样的人陷入了危险的境地。在国防部的办公室里，一个陌生人对桑德拉说：“证明你是我的敌人。告诉我你对国家犯下的罪行。让我相信你犯了叛国罪。然后我就给你钱！”

最终，有些事桑德拉没有告诉他，但她告诉他的足以让他相信她确实是 FARC 的成员。她应该可以自由呼吸新鲜的空气了，并得到她能享受重返社会服务的保证。

相反，同一间办公室的一位上校要求与桑德拉谈话。此人身穿制服，全副武装。他要求桑德拉告诉他在哪里可以找到她的指挥官，也就是塞巴斯蒂安的父亲、塔玛拉的祖父。桑德拉拒绝告诉他任何信息。当时，他威胁要收回她的复员证书。桑德拉汗流浃背，她所担心的事情终于来了。

桑德拉不能出卖对她而言最重要的东西。在她看来，加入 FARC 是为了对抗不公。FARC 的成员后来也变成了她的家人，把家人交给敌人将是严重的背叛。像加里和柯蒂斯一样，桑德拉知道自己最珍视的是什么，她不会妥协。

“我知道我有什么权利。”她非常有底气地说。她几乎一字不差地引用了她在网站上读到的内容。她说，如果他不在她的证书上签字，她就会提起诉讼。桑德拉了解这个过程。她会交出自己的枪，但不会交出自己的家人。

这是哥伦比亚给我们上的第二课：如果你想帮助人们摆脱高度冲突，不要让他们背叛曾经的身份，那些超越冲突的身份。这些都是他们远离冲突所需要的身份。纳尔逊·曼德拉曾写道：“当一个人被剥夺他所信奉的生活的权利时，他就没有别的选择了，只能成为一个违法者。”[12]

在说服了上校三个月后，桑德拉拿到了复员证书。政府最终还是放过了她。后来，一名工作人员帮助她设计了一项主要解决教育和工作问题的计划。上夜校期间，桑德拉每月可以得到大约 76 美元的生活费。只要她按要求每月与社工见面两次，还能再得到 76 美元。虽然不多，但这是个开始。

很快，桑德拉在一个书摊找到了一份工作。她晚上去上课，然后按照规定去见社工。一直以来都是她的母亲在照顾塔玛拉，从而让桑德拉有时间专注于“重返社会”。

桑德拉此阶段的“重返社会”听起来是一种进步，事实也确实如此。但她要承受巨大的孤独，就像柯蒂斯刚开始时那样。她走出了丛林，却要隐于闹市。她不能告诉她的邻居或是任何人她的过去。找工作时，她就搪塞说自己过去 10 年一直是家庭主妇。她就是研究人员所说的“隐形公民”。这是一种孤独的生活，每天都要戴着面具，不得不四处躲藏的生活无法给人归属感。

尽管桑德拉一生中目睹了各种暴力，但她从没接受过任何心理创伤咨询。她告诉我，这是重返社会计划中唯一的不足。这也是我见过的大多数重返社会计划的失败之处，但芝加哥的 CRED 除外，它是提供心理帮助的。对桑德拉来说，前 3 年去见社工基本上毫无价值。每一次她都遇到不同的人，一些对她一无所知的陌生人。与其说是心理咨询，倒更像是假释会议。

但仍有一线希望存在。桑德拉完成了高中学业，获得了商学学士学位。她在一家生产 T 恤衫的工厂找到了一份工作。她后来遇到一个名叫塞尔吉奥的男人，一个身处冲突之外的人。她给他讲了自己的故事，他用心聆听。出人意料的是，她竟然会爱上 FARC 以外的人。

2012 年，他们有了一个儿子，取名为小塞尔吉奥。两个月以后，哥伦比亚政府开始与 FARC 在古巴哈瓦那进行谈判。这一消息被媒体曝出，随后哥伦比亚总统证实说，已经开始与左翼游击队进行“试探性谈判”。桑德拉开始为自己不断兴旺的家庭幻想一个不一样的未来。

渐渐地，她的老板开始抱怨她无故缺席。她每个月都要请两次假去参加固定的社工见面会，但她无法说明原因。无奈之下，她告诉人力资源部的人，说她“正在走流程”，这是重返社会计划的委婉说法。第二天，人力资源部解雇了她。

“你在这儿太危险了。”他说。

桑德拉再次漂泊不定，过去而非现在的身份不停地惩罚着她。这也是那些离开高度冲突的人的共同经历。就在他们开始在新的群体中找到自己的位置时，却突然遭到驱逐。她离开工厂时感到空虚绝望。

她不得不重新开始，因为家里又有了一个孩子，她急需用钱。

但她告诉我，她能理解解雇她的人。他对 FARC 的了解都是从电视上看到的。她是“敌人”，是个恐怖分子。她提醒自己，就在不久前，她对警察和军队也是这种感觉。

她开始找新工作。

“圣诞节行动”

在哥伦比亚，还有其他力量促使人们脱离冲突——一些更黑暗的力量，与足球无关。例如当哥伦比亚政府军发起进攻并成功摧毁 FARC 的主要目标时，更多的 FARC 成员选择叛变。

另一个原因与毒品和金钱有关。FARC 是世界上最强大的贩毒团伙之一[13]，从可卡因种植者到买家，再到运营商，从供应链的各个环节榨取“税款”。2005 年哥伦比亚军方估计，在其鼎盛时期，FARC 从中赚取了 5 亿至 10 亿美元。因此，每当哥伦比亚比索兑换美元汇率走强时，FARC 的利润就会减少。根据恩佐 · 努西奥和胡安 · 乌加里扎的研究，当这种情况发生时，更多的 FARC 成员选择离开。[14]

换句话说，当反政府武装因战场惨败或收入减少而遭受饥饿和苦难时，他们就会逃离冲突。这是有道理的。就像联邦探员接近帮派头目时，柯蒂斯开始质疑自己对冲突的承诺一样，游击队员也感到了压力。一般来说，没有人想死，不论是在麦德林、芝加哥还是阿勒颇。为了躲避直升机抓捕，每天晚上都要四处逃亡，真是让人精疲力竭。[15]

说白了，转折点可以由痛苦触发。如果情况变得足够糟糕，游击队员的潜在身份可能会重新浮出水面，促使他们离开高度冲突。

有趣的是，根据努西奥和乌加里扎的研究，其他形式的宣传都不起作用。例如 2010 年，一家与哥伦比亚国防部合作的全球广告公司在哥伦比亚丛林里用蓝色的灯装饰了九棵高大的圣诞树，旁边的横幅上写着："如果圣诞树能来到丛林，你也可以回家。复员吧。"这是一个为电视台制作的美丽的视觉作品。从英国广播公司到美国电视新闻节目《60 分钟》，多家媒体都在报道这个被称为"圣诞节行动"的活动。广告公司称这一活动因逃兵人数大幅增加而宣告胜利。

但研究人员发现，情况并非如此。在 2010 年、2011 年和 2012 年的"圣诞节行动"期间和之后的几个月里，他们发现，排除其他因素，FARC 的逃离者数量并没有显著变化。如果说有什么不同的话，那就是这场运动似乎与叛逃负相关——这意味着在"圣诞节行动"结束后，复员的人数比预期的要少。

为什么足球广告有用，但是圣诞树没用呢？这很难说，但这可能与足球广告的覆盖面和效力有关。很可能更多游击队员听到了广告，首先是因为他们对足球比赛非常感兴趣。

也有可能是信息本身效果更好。最初一波由政府设计的足球广告集中于游击队员的家人身上，例如敦促反叛者回家看望他们的母亲。后来，请来的专业广告公司调整了宣传方向，让内容更专注于足球本身，告诉反叛者他们是哥伦比亚球队的一员。但胡安·巴勃罗发现第一条关注家庭的信息似乎更有效，从而吸引了更多的逃兵。

胡安·巴勃罗说："似乎利用家庭关系来开展活动最有效。"这是我在各种冲突中反复听到的主题。恢复潜在的家庭身份可以帮助人们摆脱高度冲突，比如离婚、帮派争斗或内战。

但这只是所有人退出高度冲突的开始。军事轰炸、货币波动和足球广告可能会起到促进作用，但 FARC 并没有被击败。那些逃兵被新兵取代，其中很多是儿童。与此同时，军事行动造成数千名平民死亡。所有这些都延续了冲突循环，为以后的人埋下了新的冲突根源。

转折点就像一份和平协议，只是转变高度冲突的第一步，也许是最简单的一步。一切都取决于接下来会发生什么。

"这就是你"

玛丽安娜·迪亚斯·克劳斯花了 12 年时间在哥伦比亚从事复员

工作，包括在政府的重返社会机构工作，就是桑德拉达到转折点后求助的那家机构。她告诉我政府的内部研究证实，家庭确实是摆脱冲突的催化剂。“家人会把你拉出来。”但这还不够。

帮助人们远离高度冲突最明智的方法是保持新身份的活力，帮助他们培养那些新生的角色。当英国皇家学会将科学图书奖授予环保主义者马克·莱纳斯时，它正式确立了他作为科学思想家的新身份。不管是否有意，这一姿态都让他更难回到过去反对转基因作物的身份。

哥伦比亚给复员人员发放身份证，这很有帮助，大多数前战斗人员离开丛林时并没有政府颁发的官方文件。“身份证是一个强大的工具，”克劳斯说，“身份证可以告诉他们——看，这就是你。你的照片，你的名字，你的指纹。你是拥有权利的公民，你可以以合法的方式向国家提出要求。”

身份证这个小小的举措具有重大的里程碑意义，无论是在生活中还是在精神上。在哥伦比亚，身份号码对于开设银行账户、投票、获得医保，甚至买一双运动鞋都至关重要。前战斗人员会自豪地向克劳斯展示他们的新身份证，这是代表归属的徽章。

克劳斯说，另一个有力的策略是直接帮助前战斗人员的家庭，确保他们的孩子能上学，帮助他们的伴侣找到工作，努力提供整个家庭而非个人的住房和医疗保障。克劳斯说：“当你觉得你的家人因为你的决定而过得很好时，你就无法轻易撤销这个决定。”

在桑德拉的故事中，她的家人一次又一次地出现。桑德拉的妹妹把她从冲突中接出来。尽管没有多余的钱，妹妹和母亲还是欢迎她回家。没有她们的支持和爱，很难想象自己身上会发生什么。“我的家人，”她说，“是不可或缺的。”

桑德拉的故事也是成千上万人的故事。2016 年，恩佐·努西奥和他的同事奥利弗·卡普兰将哥伦比亚 1 485 名前战斗人员的名单与警方和军方记录进行了比较，以核实哪些人在复员后的 4 到 9 年里被警察逮捕，或者在军事行动中被抓获。[16] 大多数人都没有再次出现在警方或军方的抓捕名单上，但是仍有 14% 的人上了名单。为什么这部分人重新陷入犯罪或冲突？为什么其他人没有？

事实证明，有孩子很重要。有孩子的人重返非法活动的可能性降低了 40%，没错，40%！事实上，让研究人员吃惊的是，与前战斗人员是否找到工作相比，牢固的家庭关系更能降低重新陷入冲突的可能。[17]

正如我们所看到的，家庭是很多人逃离高度冲突的首要原因。家庭成员可以充当盾牌，把所爱之人拽出冲突，远离引燃器。家庭可以让人们意识到他们已经达到转折点，比如加里的妻子和孩子，又或者柯蒂斯的儿子。当处于冲突中的人们无法自己达到转折点时，世界各地的人就加入了与高度冲突的斗争中。在理想情况下，任何想要帮助某些人摆脱冲突的人都应该帮助他们的家庭，就像巴解组织帮助“黑色九月”成员结婚那样。

从政治上讲，这很难实现。冲突会产生强烈的怨恨和不信任，这是必然的。[18] 过去，每 10 名接受调查的哥伦比亚人中就有 8 人表示他们不信任前战斗人员。这种程度的恐惧和蔑视很难合理化给予像桑德拉这样的人或她们的家人资金援助。一半的哥伦比亚人表示，前战斗人员根本不应该得到任何支持。[19]

这意味着在试图帮助人们摆脱冲突时，除了前战斗人员和他们的家人，还有第三个关键群体，这就是公众，他们也以不同的方式参与了冲突。普通民众很重要。如果他们继续把桑德拉这样的人视为敌人，冲突将持续下去。她将被孤立、憎恨和排斥。

这样看来，“圣诞节行动”还是产生了一些积极影响。不是因为这些广告说服了大批游击队员走出丛林，而是因为它们打破了冲突中的二元对立。普通民众注意到这些广告，媒体也广泛关注。普通民众听到游击队员的母亲的召唤，祈求他们回家。这虽然远远不够，但至少是开始。

令人心痛的事实是，社区必须欢迎这些前战斗人员回家，无论他们是前帮派成员、前叛军，还是前专家。否则，他们就会去到他们觉得属于自己的地方，也就是重返冲突。

“哥伦比亚脱欧”

在桑德拉被解雇的那一年，她被指派给一名新的社工，名叫薇薇安娜，这名社工一直陪伴了桑德拉 3 年。固定的会面将一件苦差事变得有用起来。薇薇安娜在创伤后心理咨询方面没有什么专业知识，但她像一位优秀的教练一样，坚定地支持她。她鼓励桑德拉去把握自己的人生，不要等着政府、FARC 或者任何人来决定自己的生活。

2016年10月，哥伦比亚人就政府和FARC刚刚签署的和平协议进行投票。这是一次全民公投，只有两个选项：赞成或反对。这并不是和平进程的必要步骤，但它似乎是获得公众支持的好办法。

事实上，考虑到二元对立的力量，这是一场危险的赌博。它将长达半个世纪的内战瓦解为一场简单的是或否的表决，为政治冲突操纵者提供了良机。尽管如此，每个人都认为公投会通过，所有的民意测验专家都这么说。

桑德拉投票支持和平协议。那天深夜，她和孩子们、丈夫一起躺在床上看结果。

结果震惊了世界。和平协议以不到0.5个百分点的差距宣告失败。大多数直接受害者都投了赞成票，但三分之二的哥伦比亚人根本没有投票。听到这个结果，桑德拉心灰意冷。她和丈夫对视。他们已经准备好了庆祝，结果却是坐在床上，抱着孩子们，任由眼泪从脸庞滑落。“我觉得希望被剥夺了。”

回顾这一过程，哥伦比亚和平公投的失败表明，自下而上而不仅仅是自上而下地解决冲突问题多么重要。哥伦比亚领导人可以通过签署和平协议或改革司法制度来启动这一进程，但那只是外部世界的改变，普通人的内心世界呢？

大多数时候，人们的内心世界都被忽视了。“圣诞节行动”的广告是一个不错的开端，但许多哥伦比亚人对前游击队员心怀怨恨和恐惧，认为他们是次等公民。他们为什么这么想呢？几十年来，政客们为了达到自己的目的，一直妖魔化FARC。新闻媒体大多从政府的角度来报道这场冲突，所以普通人从小就认为FARC是文明的公敌。

这是冲突操纵者的又一有害遗产。他们诋毁这些人，而这些人终有一天会加入我们，以此结束高度冲突。这带来了巨大的挑战——就像敌人失去人性一样，他们也必须被重新赋予人性。

方法有很多，其中之一是讲述精彩的故事，它可以比任何和平协议都有效。在马其顿，非营利组织“寻找共同点”制作了一档儿童电视节目。[20] 在这个节目中，来自四个种族背景的家庭住在同一栋神奇的、“会说话”的公寓里。这个节目使用了来自不同种族的所有语言，这很不寻常。节目获得了巨大的成功。90% 的马其顿儿童表示他们至少看了一集，几乎一半的孩子说他们和父母讨论过这个节目。在收看节目之前，只有 30% 的孩子会邀请其他种族的孩子来家里玩。收看 8 集之后，60% 的孩子表示愿意。

等待敌人恢复人性化需要时间，而且很难做到最好。但它与和平谈判同样重要。然而这个过程并没有受到哥伦比亚的重视，就像在很多其他方面一样。

我唯一一次看到桑德拉情绪激动是在她谈论公投那晚。多年后讲起这个故事，她的眼睛还是充满了泪水。“我害怕我的孩子们也会在这样的哥伦比亚长大，这个充满仇恨和恐惧的哥伦比亚。”我可以清楚地看到她的恐惧。你可以自己走出“沥青坑”，但你没有办法把你的国家也带出困境。

这次全民公投又被称为“哥伦比亚脱欧”，导致政府和 FARC 匆忙回到谈判桌前。他们对和平协议做了一些修改，然后又重新签署了协议。但公投破坏了协议，对和平构成严重损害。就像英国脱欧一样，它迫使每个人站队，而选项只有两个。

不久以后，反对和平协议的政治家伊万·杜克·马尔克斯当选为哥伦比亚总统。他的政府系统性忽视或削弱了协议中的许多承诺。与此同时，自和平协议签署以来，估计已有1 000名社会活动家和当地倡导人士被杀害，处决方式与桑德拉几十年前被害的邻居差不多。新的冲突每天都在生根。持不同政见的FARC已经招募约4 000名哥伦比亚士兵重返战场。

第二年，桑德拉正式完成了她的程序，并在重返社会机构找到了一份工作。她回到了原点，帮助人们找到一条摆脱冲突的道路，就像她得到的帮助一样。

这是她第一次可以每天去上班，不再隐藏自己，并且利用自己的过去帮助别人。鉴于政治现实，她仍然对推动和平进程感到无力。但就像加里和柯蒂斯一样，她找到了抓住对她最重要的东西的方法，那就是找到冲突的根源。她仍在为哥伦比亚的正义而战。

退出游击队10年后的一天，桑德拉被派去她家附近的一个社区，为当地的一家企业开办一次研讨会。研讨会将解释重返社会计划的流程，并鼓励企业主雇佣前战斗人员。桑德拉知道这对维护和平有多重要。

事情并不简单。她被告知她将与一名准军事组织的前成员一起工作，此人名叫杰米，他曾是多年前参与杀害她邻居的一员。一想到要与这样的人一起工作，桑德拉就浑身不舒服。她知道这个项目很重要，所以她不能退缩。日子一天天临近，她却没有勇气面对。

研讨会当天，桑德拉和杰米相遇。他们聊了聊彼此熟悉而又不同的故事，原来他比她早一年复员。桑德拉不得不承认，他看起来有点人样。

从某种意义上说，这也是一种解脱。这么多年来，这是她与准军事组织前成员最近的一次接触。虽然感到迷茫，但同时也是一种解脱。

一年后，桑德拉和杰米仍保持通信，在专业上互相帮助。确切地说，他们既不是朋友，也不是敌人。

预防措施

人们确实能从高度冲突中解脱出来。我们已经看到了它的发生。加里、柯蒂斯和桑德拉以不同的方式察觉到自己的转折点，然后中断了他们的冲突循环。他们调查了冲突的基底，也就是冲突的根源。他们打破了二元对立思维。他们在生活中有意地远离引燃冲突的人或者事。

就像桑德拉在哥伦比亚的经历一样，为了帮助人们远离高度冲突并不再重返冲突，政府、家人和邻居可以提供帮助。他们可以通过建立一条合法而清晰的道路来摆脱高度冲突，并通过强化冲突之外的身份，比如父母、公民、雇员、邻居或篮球运动员的角色来缓解冲突。

当然，令人高兴的是，我们大多数人目前并没有卷入内战或帮派仇杀。但在生活的各个方面，我们都必须应对冲突。在一项覆盖 9 个国家的调查中，85% 的受访者表示我们在工作中会遇到冲突，其中不乏健康有益的冲突。四分之一的人表示，工作场所的冲突会升级为人身攻击。[21] 接近三分之一的人“总是”或“经常”处理冲突。某些职业似乎特别容易遇到不健康的冲突。90% 的护士表示，仅在过去的一个月里，她们就经历过言语欺凌，通常情况下是受到医生的欺凌。[22]

在家庭里，冲突发生得更多。令人惊讶的是，家庭失和的现象普遍且持久。[23] 超过 1/4 的美国成年人表示，他们目前与亲戚疏远。这相当于大约 6 700 万人，比过敏患者还要多。这些成年人中有一半已经 4 年甚至更长时间没有联系家人了。这些裂痕大多发生在父母和子女之间，或者兄弟姐妹之间。深陷其中的每个人都说这种失和让他们心烦意乱。

有时候疏远是一种不会错的选择，尤其是在发生过虐待时或者对方不想让冲突变得健康时，但通常情况下，疏远会冻结高度冲突。冲突无法溯源，误解成倍增加。事情的进展停滞，就像“沥青坑”里的远古生物一样。没有人会从冲突中学习或成长。人们受到伤害，尤其是儿童。

在美国，包括《家庭法》在内的法律体系中，冲突-产业联合体仍然占主导地位。大约 1/4 的离婚案会被贴上“高度冲突”的标签。[24] 这意味着仅在美国，每年就有约 195 510 起因高度冲突导致的离婚案。[25] 如果你能把这些痛苦都收集起来，能量足以摧毁一座小城。还有一些夫妇虽然没有离婚，但几十年来都在高度冲突中度过，这就是治疗师所说的“冲突型婚姻”。

当然，人们甚至不需要和彼此生活在一起就会陷入激烈的冲突。

想想世界各地客厅里的那群政治“瘾君子”吧。每天早上，他们滑动着头条新闻查看比分。今天谁会打赢“离婚案”呢？他们也是高度冲突型人格。

高度冲突并不少见，它诱惑着人们。有很多方法可以摆脱冲突，但这是一段痛苦而孤独的旅程，桑德拉的故事就足以证明。

逃离“沥青坑”最好的方法很简单：永远不要踏进去。一旦我们被困住，就很难出来了。

第七章　让叙事复杂起来

“我们迎难而上”

在曼哈顿的上西区，有一座名为“B’nai Jeshurun”的大型犹太教堂，它被信徒们称为“BJ”，是由德国和波兰的犹太人在 19 世纪早期建立的。[1] 几个世纪以来，它成为美国最具影响力的犹太社区之一。如今，这座摩尔式建筑风格的教堂坐落于百老汇大道以外的西 88 街，大约是 2 400 名美籍犹太人的精神家园。

就在这座教堂迎来建成 200 周年之际，一场看似非常遥远的政治争端差点把它撕裂。这一切都始于 2012 年底，当时联合国投票决定给予巴勒斯坦观察员国地位。这一变化主要是象征性的，但它确实允许巴勒斯坦参加联合国大会一般性辩论。

美国和以色列反对巴勒斯坦地位的提升，但犹太教拉比支持这一决定。“昨天联合国的投票对于我们作为世界公民来说是一个伟大的时刻。”[2]拉比们在给所有信徒的电子邮件中写道。他们指出，以色列65年前就获得了联合国对其独立地位的承认。“每个人都有被承认的权利。”

拉比们的这封邮件引起全城的强烈反对，甚至登上了《纽约时报》的头版，标题为“为联合国投票欢呼，犹太教堂考验其信徒”[3]。“立场被公开，电子邮件四散传播，这让许多信徒感到非常震惊，”入会已有15年的信徒伊夫·伯恩鲍姆告诉该报，“我们非常沮丧……拉比们和理事会的立场违背了很多信徒的信仰。”[4]

一些人撤回了他们的捐款，一些人扬言要离开犹太教堂。拉比们非常震惊。“这就像一场地震，充满了敌意和仇恨，”教堂的大拉比、被大家称为“罗利”的何塞·罗兰多·马特隆说，“那些我爱的、我尊重的、自认为也尊重我的人竟说出这么可怕的话。”

罗利性情温和。他戴着边框眼镜，说话带着母国阿根廷的轻快口音。他喜欢弹乌德琴，这是一种阿拉伯鲁特琴。多年来，他带领信徒在每周五晚间礼拜时唱诗、祷告、舞蹈，这种欢快的形式远近皆知。那时他已经主持宗教事务30年了，突然之间，他开始怀疑自己并不真正了解这些信徒。

拉比们与信徒们召开了紧急会议。他们又发了一封邮件，这封邮件也登上了《纽约时报》。“我们对上一封邮件所带来的疏离感到遗憾，”他们写道，“我们明确致力于以色列的安全、民主与和平。”

此后，拉比们努力回归生活，就像我们大多数人在遭遇意想不到的、令人不安的冲突后都会做的一样。他们希望骚乱逐渐平息，信徒们像过去一样支持他们。当然，他们仍然希望能够对以色列问题表态。

仅仅一年后，大拉比罗利和另一位名叫费利西亚·索尔的犹太教拉比签署了一封短信，批评纽约市市长承诺支持一个强大的亲以色列游说团体。就这样，冲突再次爆发，这次登上了《华盛顿邮报》。

拉比们再一次被指控背叛以色列。这一次，伯恩鲍姆选择了离开，她的孩子们曾在这座教堂举办过成人礼。她说："现在，我们觉得自己像是局外人。"[5]

25 岁的信徒山姆·莱文也离开了，他称拉比们的行为"不可饶恕"[6]。拉比们"利用他们非凡的平台，非但没有巩固犹太人的力量，还反其道而行之"。

这些指控让罗利深感受伤。他曾在以色列生活和学习。他组织了无数个关于以色列的教育项目，多次带领信徒们前往以色列。他之所以批评以色列政府的某些政策，是因为他非常关心以色列，现在却被贴上"反以色列"的标签，这太令人难以置信了。

曾经居住在附近的犹太家庭拒绝再回来，这有可能演变成一场高度冲突。没有人去探究冲突的根源——一种强大的、简化了的二元对立：要么支持以色列，要么反对以色列。这场冲突在指责和防御中循环升级，不断激化。

罗利认真思考了他的处境。他可以离开"BJ"，找到一个新的教堂，一个与他对以色列的观点一致的教堂，这是第一种选择。或者他可以坚持自己的立场，继续"战斗"，直到所有观点不同的人都离开，或者直到信徒们转变观念，这是第二种选择。第三种选择就是闭嘴。他可以不再发表自己对以色列或者其他有争议的问题的看法，就像许多宗教领袖一样。2013 年一项针对 500 多名美国犹太教拉比的调查显示，近半数的人表示，在过去三年里，他们没有公开表达过自己对以色列的看法。[7]

但是没有一种选择是正确的。他既不能离开，也不能“战斗”，更不能压抑自己。“我不希望所有信徒众口一词，”他告诉我，“我希望言人人殊。”

他的工作之一就是挑战信徒们的观念。分歧对于任何形式的发展都是必要的。他一直是这么认为的。他说：“我认为，作为一名宗教领袖，就要一直生活在这种紧张气氛中。”但在这场冲突的旋涡中，更多的紧张局势并没有带来更多的发展，反而造成形势恶化。“如果我们继续以这种方式表达想法，就会毁掉一切。”

在“BJ”，罗利的上一任拉比是马歇尔·迈耶。他曾参加平权运动，是阿根廷的传奇人物。迈耶冒着生命危险反抗军政府，他的激进的社会正义论激怒了保守的犹太建制派。现在，罗利感受到了他的导师的沉甸甸的思想遗产。他怎么能不迎难而上呢？

第四种选择

经过几个月的苦苦挣扎，罗利找到了第四种选择。他试图探究冲突的根源，用新的方式团结信徒们。“我们迎难而上。”

罗利知道自己需要帮助。一位信徒敦促他请来曾在中东与以色列人和巴勒斯坦人共事过的调解员。“BJ”的问题肯定会更简单，对吧？梅利莎·温特劳布是一名拉比，也是对话组织“重新回到餐桌”的联合创始人。她在第一次访问犹太教堂时就感觉到那里的紧张气氛。“人们待在自己的阵营里，对彼此有很多假设，不再互相交谈，”她说，“这就像是两极分化的缩影。”

首先，温特劳布调查了750名信徒，发现三分之一的人对以色列持相对强硬的观点，其中很多是年轻的信徒。这远远超出她的认知。近半数的受访者表示，他们“经常”或“有时”会把自己对以色列的真实看法隐藏起来，以避免与其他信徒或拉比之间的紧张关系。温特劳布根据经验判断，这对所有信徒来说都是损失。当人们不再谈论分歧时，他们就失去了增长智慧和交流情感的机会，也失去了变得更强大、更明智的机会。

随后，温特劳布与“BJ”信徒进行了深入的交谈。这是一次忐忑的经历，即使对一位经历过棘手的冲突的老手来说也是如此。她做了50次采访，情况很糟糕。“我确实觉得这是不太可能完成的任务，”温特劳布说，“他们的想法不同，他们想要的东西不同。”但考虑到“BJ”在美籍犹太人中的影响力，她采访的大多数人也意识到尝试的重要性。正如一位信徒所说：“如果我们无法解决自己社区的分歧，我们又如何解决与巴勒斯坦人的分歧？我们必须拥有能够生活在一起的能力。我们不会消灭他们，他们也不会消灭我们。这样我们才能成为一个整体。”

就像杰伊和洛娜那对离婚的夫妻一样，他们彼此纠缠在一起。接下来会发生什么呢？在接下来的一年里，调解员在“BJ”组织了 25 个项目。有数百名信徒参加的结构化研讨会，有密集的员工培训，还有与拉比们和理事会的内部会议。“当时有很多人，”犹太教堂理事会成员伊夫·罗森塔尔说，“他们怀疑拉比们态度不够认真，以及这样做不会有帮助。”

信徒们 40 人一组，分享他们在以色列的个人故事，讲述他们在正义感和责任感之间的挣扎。“我们日夜不停地开会，”罗利说，“非常辛苦。”

随着时间的推移，事情发生了变化。信徒们开始看到“慢炖锅”后面的问题。以色列不仅仅是以色列，这关乎忠诚、历史和后代的未来。一位女士解释说，由于她的很多亲戚在大屠杀中丧生，她从小就被灌输批评以色列就是亵渎神的思想。“我完全不认同有些人对以色列的看法，”伊夫说，“但当我听到他们的人生故事时，我才开始理解。”

很多人逐渐意识到他们都有同样的最终目标：以色列获得稳定和安全，巴勒斯坦获得独立和尊严。他们只是在如何实现这一目标上存在严重分歧。

另一个启示是，不只有两种思想流派存在。一些人采取了极端的立场，而更多人则是模棱两可的态度。他们努力调和这一切。他们的答案会随着提问方式的不同而变化，因为世界上没有简单的答案。冲突既是内部的，也是外部的。

最终，他们找到了一种方法，既可以自由表达自己的观点，同时也能像罗利所说的那样“容忍别人的观点带来的不适”。他们能保持紧张气氛，就像加里和柯蒂斯一样。他们发现了第四种选择。

我们无法避免冲突。我们需要冲突来保护自我、接受挑战、成为更好的人。正如圣雄甘地所说："坦诚的争执往往是进步的迹象。"但在某些条件下，我们非常容易陷入不坦诚的争执，进而陷入高度冲突。

那么，秘诀就是避免这些条件。在社区、礼拜场所、家庭和学校建立防护栏，这些防护栏将我们引向有价值的冲突，防止我们走向高度冲突。这意味着建立一种缓冲机制，通过溯源冲突，减少二元对立，让引燃器靠边站，从而避免高度冲突的形成。这意味着在冲突中有意识地培养好奇心。

这种缓冲机制可以增强面对冲突的韧性，一种不仅能削弱冲突，而且能从冲突中获益的能力。但是，建立缓冲需要投入大量的时间。"许多社区邀请我们来开展一次研讨会，希望能改变一切，"温特劳布说，"教堂投入了时间和资源完成这项工作。这不是一次研讨会或七次研讨会能达成的。"

接下来我们会看到，教堂的冲突防护栏将受到一次又一次的考验。和身体健康一样，冲突的韧性需要长久的维护。随着时间的推移，学会容忍这种紧张局势却出乎意料地给人们带来解脱。它并没有解决冲突，但它让每个人都更清楚地知道冲突到底是什么。它使每个分歧都变得更有趣，更像一个谜团，而不是背叛。正如一位信徒所说："除了几个特定的朋友，我基本上不再和任何人谈论以色列了。对我来说，这个研讨会和倡议的意义在于重新接触以色列这个话题——这让我意识到我想要谈论它，我可以发起与他人的对话，而且这些对话并不可怕。当我想到要和那些意见不一样的人交谈时，我会感到好奇而不是焦虑。”

困难对话实验室

在距离犹太教堂不远的百老汇大道上，有一个很难找到的地方，那里没有窗户，被人们称为“困难对话实验室”[8]。哥伦比亚大学的研究人员将那些对热点问题意见不一的陌生人组织到一起。他们被安排在一个房间里，就某个话题争论 20 分钟，其间伴随着录音。

“现实生活中棘手的冲突是很难研究的，”社会心理学家彼得 · T. 科尔曼（Peter T. Coleman）告诉我，“这是我们最近的一次尝试。”[9] 十多年前，他和一群同事一起创立了这个实验室。迄今为止，该实验室和世界各地的几个分支已经分析了约 500 次紧张的对质。

并不是每次实验都是顺利的。有些谈话甚至没到 20 分钟就必须强行停止，以避免诉讼、暴力或其他不愉快的发生。人们很快就会陷入沮丧和指责之中。

科尔曼注意到，在有些对话中，人们仍然会感到一阵沮丧和指责，但他们也会经历其他情绪的变化，比如好奇，甚至是一瞬间的幽默或理解。他们提出问题，比那些陷入对话僵局的人提的问题要多。他们经历了积极的情绪，然后消极，然后又积极，表现出一种在陷入僵局的对话中所缺失的灵活性。这才是良性的、健康的冲突，它是流动的。

最后，人们仍然无法意见统一。这一点很重要。没有人会因为与一个陌生人交谈 20 分钟就改变自己根深蒂固的观念。大脑不是这样运转的。

随着时间的推移，在与更多的人，尤其是他们信任的人进行更多这样的对话后，他们有可能改变主意，当然也可能不会。但好奇心是改变的先决条件。就像阳光和水一样，它不能保证成长，但如果没有它，你就无法得到有意义的、内部的变化。

困难对话实验室的灵感部分来自西雅图的爱情实验室，在那里，心理学家茱丽和约翰研究了数千对已婚夫妇。一个实验室研究爱，一个实验室研究恨。从某种意义上说，这两个实验室都在研究如何预防爱情和争端中的高度冲突。

那么是什么在发挥作用呢？首先，如果积极互动的次数大于消极互动，就会有帮助。这关乎我们之前提到的神奇比例。就像加里和他的邻居在花园里的对话，或者火星模拟生存训练中的睡衣派对一样，这些温暖的火花为不健康的冲突创造了缓冲空间。

实时建立理解环路也非常有效。每当你向别人展示你在倾听他们（并询问自己是否理解准确）时，便能提高神奇比例。“人们需要一些平衡感，比如自己的确被认真倾听，又比如他们提出的有趣的观点得到认可，”科尔曼告诉我，“然后他们会从更复杂、更微妙的角度看问题。”

在“BJ”关于以色列问题的研讨会上，调解员训练每个人积极倾听，就像加里在旧金山对罢工音乐家们所做的那样。我认为这些技能应该在小学阶段就教给每个孩子。倾听和建立理解环路可能是一生中保持良性冲突的最好的方法。这是每一个优雅化解高度冲突的人都会做的事情。无论你在哪里找到一位聪明的部长、心理学家、推销员或人质谈判专家，他们都知道如何建立理解环路，虽然可能叫法不同。

但这些技能并不是我们与生俱来的，它需要练习。大多数人从未接受过倾听训练，他们也不擅长倾听。虽然让训练有素的调解员进入组织帮助解决冲突是个好主意，但这并不实际，且代价高昂。那该怎么办呢？有没有办法促使人们走向好的冲突呢？

为了找到答案，科尔曼和他的团队进行了一项实验。在陌生人开始困难对话之前，每个人都拿到一篇关于两极分化问题的新闻报道。其中一个版本列出某一争议话题的双方立场，类似传统的新闻报道。例如，先是主张支持持枪权，然后又主张加强枪支管制。这是我们在对抗性文化中经常看到的二元框架：赞成或反对，“我们”和“他们”。

另一组拿到了新闻报道的另一个版本。这个版本包含了大部分相同的信息，只是表达方式不同。它强调了枪支辩论的复杂性，而不是简单将其描述为一种非此即彼的问题。例如这篇报道解释说，很多美国人支持对所有持枪者进行背景调查。不过报道同时指出，背景调查并不能阻止用偷来的枪支实施暴力。与此同时，还有一些人担心背景调查可能会侵犯他们的隐私。换句话说，这篇报道解释了许多不同的观点。它读起来不太像律师的开庭陈述，更像是人类学家的考察笔记。

事实证明，不同的文章起了不同的作用。在接下来的困难对话中，读过更简单、更具对抗性的文章的人，往往会陷入消极的状态。他们问的问题更少，离开时也更不满意。但那些读了更复杂的文章的人提出了更多的问题，说出了更高质量的想法，离开时也更满意。

换句话说，复杂性是会传染的，这非常重要。人们乐于把世界看成一个不那么对立的存在。当这种情况发生时，他们会变得更好奇，更愿意接收新信息。换句话说，他们更愿意倾听。

对于任何想要建立良性冲突的人来说，一个基本的教训就是让叙事尽量复杂起来。对于学校或企业的领导者来说，这意味着要倾听每个人的意见，然后放大听到的矛盾和细微差别。群体内部的差异往往比群体之间的差异要大。要培养好奇心，好奇心是会传染的。

在政治上，这意味着投票给那些拒绝二元对立言论的政党。这些政党不断扩大“我们”的范围，甚至包括了“他们”。（请注意，这并不是指“温和派”或“中间派”。政治家可以支持戏剧性的变革，同时拒绝“我们和他们”的对立言论。）或者可以通过改革，为多党派创造空间，因为大多数人不属于两党中的某一个类别。在政治上建立冲突防护栏的方法有很多，但今天的美国几乎没有在国家层面实践过这些方法。

我发现，在新闻界，让叙事复杂起来意味着要去做调查研究。走出去和不认识或不理解的人交谈，倾听他们真正的意见。[10] 这很难做到，而且也很危险。如果我听了某些错误或偏执的人的话，我不就卷入问题中了吗？我不是应该把他们叫出来，羞辱他们的无知吗？

这种想法有些魔幻，毕竟历史上从来没有人因为不认识的记者把他们叫出来就改变了主意。这不符合常理。羞耻感很少能达成预期的效果，即使是对我们认识的人。这在你自己的圈子之外更是行不通的，而记者又几乎处在所有圈子之外。

倾听并不代表同意，也不代表合理化或放大别人说的话。我仍然可以决定在故事中加入什么情节或者删掉什么情节。认真倾听不是为了制造虚假的等价物，匆忙做出假设是因为对冲突的肤浅理解。相反，对冲突溯源意味着与人们一起进行更深入的交谈，对他们所说的话背后隐藏的东西感到好奇。

人们为什么如此支持疫苗？为什么那么支持民主党？正如加里领悟到的，指责之下通常都隐藏着某种脆弱。他们在保护哪些脆弱？如果明天一觉醒来发现奇迹般地“赢了”，他们认为自己的生活会发生什么变化？我想让他们一步一步地详细说给我听。

理解他人并不会改变自己，但在察觉被倾听之前，几乎没有人会做出改变。这是高度冲突的第三个悖论。[11] 人们需要相信自己被理解了，即使他们意识到对方并不同意自己的观点，之后他们才会听对方说话。因为这个悖论，许多争论都演变成一场懦夫的博弈。谁敢先听别人说话呢？

在我自己的作品中，让叙事复杂起来意味着为那些与我最初认为的故事不符的依据和细节辩护——辩护那些模糊、矛盾但却真实的内容。这是我以前会从草稿中删掉的东西，现在我试着保留这些内容。读者可以处理复杂得多的问题，超过大多数记者的想象。

20 年前，一位编辑告诉我，所有精彩的故事都少不了冲突。几十年来我谨记这一点，从来没有质疑过，但是记者们对冲突的定义已经缩小到很小的范围。现实生活中存在多种紧张关系，包括精神紧张。通常，更好的故事在于寻找复杂性，而不是冲突。[12]

不过，我发现“复杂”这个词会让人紧张。毕竟有些事情并不复杂，它们很简单，比如恶棍与受害者、正义与不公、善与恶。确实如此。复杂性不应被用来混淆视听，并不是所有的冲突都是复杂的。

但是人都是复杂的。高度冲突的叙事总是把事情简单化以掩盖真相。在这种简单叙事中，没有人会听到他们不想听到的声音。[13]在这些情况下，复杂的叙事可以激发人们的好奇心，而好奇心在高度冲突中并不存在。好奇心让人成长。

这个想法不是在掩盖真相，它是在说出所有真相。

调查谜底

教堂的研讨会结束一年后，拉比们再次引发信徒的不安。这次，他们考虑跨宗教婚姻是否可行，而这种做法在保守的犹太教堂长期被禁止。（虽然这里不属于任何特定的教派，但它与犹太教的保守分支有联系。）多年来，在教堂长大的年轻信徒们把这里当成自己的家，他们一直要求在犹太教堂与非犹太人成婚，但都遭到了拒绝，这导致人们渐渐心碎后离开。拉比们认为，现在是时候讨论一下跨宗教婚姻的意义了。

这是一场考验：社区能否控制住这场冲突？还是说会再次爆发

人身攻击和永久性隔阂？

这并不容易。“我觉得以色列问题很重要，但当事情转向跨宗教婚姻时，问题就关系到每个人了。”伊夫的妻子露丝·贾穆尔说。她在犹太大家庭中一直努力应对跨宗教婚姻的挑战。“对此我感到非常痛苦。我非常爱我的大家庭，我珍惜我们之间的关系，我也希望犹太教能长存。”

在其他的犹太教堂，拉比们只是宣布了关于跨宗教婚姻的新政策。但是考虑到近期直面冲突的经历，以及不想再登上《纽约时报》的愿望，拉比们决定请回调解员。[14] 他们建立更困难的对话，在家庭中以小组形式分享故事。这种方法效率较低，但却有趣得多。

这一次，人们的怀疑情绪稍有缓和。许多信徒现在知道还有第四种选择，比逃跑、战斗或保持沉默更令人满意。第四种选择更像是进行调查，而不是发起攻击。

首先，罗利照搬了“困难对话实验室”的经验，他向人们推广复杂性。在早期的一次线上研讨会上，他明确拒绝二元对立，并承认冲突的根源各有不同。他坦诚地说道：“我们正在处理一个非常复杂的问题。对于这个问题，人们有很多情绪、很多焦虑，也抱有很多希望。有些人亲身经历过通婚，有些人的观念还没有固化。那么，该参考谁的意见？不该听取谁的意见？我们应该被倾听还是被忽视？我想说，所有这些问题都没有简单的答案。”

对话持续了整整一年。每个人都被邀请“进入房间”，就像加里在旧金山交响乐团的调解一样。调解过程中有关于当下作为美籍犹太人的意义的讲座，有家庭讨论小组，还有在线对话。许多人都对其他信徒，甚至是自己的观点感到震惊。正如其中一人所说："对我来说，最具冲击力的是受人敬重的拉比不同意我的女儿与非犹太教的未婚夫结婚，我感到深深的伤害和失望。我从来没有意识到这对我来说多么有距离感和疏远感。因为没有'资格'，我变得'不属于这个团体，甚至不属于这个社区'。"

有时候，不只是别人不理解我们，我们自己也不了解自己。如果教堂拒绝你的孩子和她所爱的人结婚，不管你是否承认，这种拒绝都会带来被社会排斥的痛苦。通常，被社会排斥的痛苦越多，冲突的根源就被掩埋得越深。

经过几个月的倾听、交谈和试图理解而不是说服，拉比们在一个有数百名信徒参加的论坛上提出了他们的想法和选择。然后，每个人都以对话或书面形式向拉比反馈，帮助他们做出最终的决定。

拉比们后来宣布，他们将主持跨宗教婚姻，前提是夫妻双方同意建立一个犹太家庭，并同意他们的孩子信仰犹太教。在解释这个决定时，他们谨慎地承认信徒们存在具体的分歧。"不是每个人都同意这个决策，"大拉比罗利说，"但人们都感受到了被倾听和被尊重。"正如加里在缪尔海滩小镇所证明的那样，人们不必达成一致才能取得进展，但他们必须感受到被倾听。我相信，这是保持冲突韧性的关键。

这次没人离开，即使是那些继续持不同意见的人。那些认为改变政策酿成悲剧的人也没有离开。冲突使社区更加团结，而不是趋于分裂。"我认为我们处理得很好。"露丝说。她说这话的时候非常骄傲。她仍然不同意理解他人是有目的性的。第四种选择成为犹太教堂的一部分，也成为信徒的一部分。

“这是我对他们的刻板印象”

2016 年 11 月，包括露丝和她的丈夫伊夫在内，他们认识的大多数信徒都投票给了希拉里 · 克林顿。在曼哈顿，86% 的选民选择了克林顿。每个人都以为她会赢。

特朗普是纽约人，但总体上，纽约人并不喜欢他，认为他就是个骗子。特朗普宣布参选时，《纽约每日新闻》甚至写道：“小丑竞选总统。”[15] 大选日当天，当特朗普和他的妻子抵达当地投票站投票时，人们发出一片嘘声。“你输定了！”一名男子喊道。[16]

特朗普的胜利震惊了很多信徒。他们对特朗普关于移民和女性的言论深感忧虑，并对他上台后可能采取的行动感到担忧。他们觉得自己又陷入了冲突之中，这次是和特朗普支持者的冲突。

此时，许多信徒比其他人更了解良性冲突。他们不怕面对争议，但他们怎么能和素未谋面的人产生争议呢？“我不知道我可以跟谁说，”信徒玛莎 · 阿克尔斯伯格说，“这是我对他们的刻板印象。”

整整一年，他们都找不到答案。露丝、玛莎和很多其他信徒将精力投入政治中，他们参加了特朗普大厦外的抗议活动，玛莎加入了种族正义理事会，但这还远远不够。

一天，一位名叫西蒙 · 格里尔的纽约社区组织者来到教堂参加一个生日派对。作为在曼哈顿长大的犹太人，他来过犹太教堂很多次。通过推进社会正义工作，他认识了这里的拉比。在派对上，他向一位拉比讲起了他在密歇根共事的一群保守派狱警："他们大部分是基督徒，他们非常有趣，也很有思想。"他接着说："他们中的大多数人都投票给了特朗普。"

"我有一个疯狂的想法，"他说，"我们为什么不带一些信徒到密歇根去见见他们呢？"

拉比笑了。想象一下，一群进步的纽约犹太教徒去密歇根大农村"朝圣"，与在监狱工作的保守基督徒相处。这听起来就是个笑话，它可不是什么好主意。

西蒙飞回密歇根，向密歇根管教组织狱警工会的执行董事安迪·波特提出这个想法。安迪当时有很多烦心事——监狱人满为患、人手不足，许多州议员不信任工会，但这个想法引起了安迪的注意。这也许是一个机会：一旦有人问起来，好让那些自由派精英知道狱警也是真实的人，是对如何改革司法制度有很多想法的专业人士。

几个月后，回到纽约，西蒙又问了"BJ"的拉比。为什么不去密歇根，直面冲突而不是忽视冲突？这不正是困扰"BJ"的事情吗？

"我参加"

接到电话时，迦勒·福利特正像往常一样在密歇根州兰辛市郊外的一座监狱里上夜班，时间从晚上 10 点到第二天早上 6 点。

狱警不可以把手机等东西带进监狱。所以第二天，迦勒才在地下室的桌子前回了电话，他的孩子们和妻子在楼上。

“我们正在和一些纽约人做一个文化交流项目，”监狱的工会同事说，“我们希望你能参加。”

“文化交流？”

“是的，我们基本上就是要招待一群来自纽约的自由派犹太人，为期三天，让他们住在我们的家里。”

迦勒身材高大，肌肉发达，剃着光头。他容易紧张，但现在已经学会了控制。他喜欢辩论政治、宗教、哲学等很多问题。他眉头紧锁，对文化交流感到兴奋。但由于狱警的工作性质，他很少有机会谈论这些事情。

听了工会同事的话，他意识到自己并不认识犹太人，也不认识什么自由派人士。没有人能真正挑战他的想法。现在，监狱的工会组织给了他一个机会，让他在自己家里接待自由派犹太人。

“你知道吗，”迦勒说道，“这个想法令人激动，我参加。”

在某种程度上，迦勒符合很多信徒对特朗普支持者的刻板印象。他是一位白人基督徒、异性恋者，不仅投票给特朗普，还为特朗普助选。迦勒喜欢“边境墙”这个提议。他在密歇根乡下的家中有一个小型武器库，里面放着一把 AR-15 自动步枪。

迦勒还选修了心理学课程，他希望成为一名治疗师。他和一名不久前移民到美国的菲律宾女子结了婚，他们有两个年幼的孩子，第三个孩子即将出生。他曾是美国海军陆战队预备役士兵。他有一句经常用来提醒自己的座右铭："用真理和爱影响他人。"

迦勒马上开始思考他想问这些访客的问题。他在一个福音派基督教家庭长大，听说犹太人是上帝的选民，所以他从小就被教导要尊重犹太人。但他也知道，大多数犹太人在政治上是自由派。这说不通。如果他们是自由主义者，他们怎么可能是上帝的选民？"我实在想不通。"

"我想尽可能多招待一些人。"他告诉工会同事。

"我为什么要这么做？"

罗利在定期会议中向教堂的所有信徒宣布了此次行程。另一位拉比舒利·帕索将在当年春天负责这项去密歇根乡下的"文化交流"。邀请函上写道："只有打开心灵和思路，才能弥合美国日益扩大的裂痕。"

当伊夫听说了这次旅行后，他立即报了名。他把这次旅行看作又一次深入观察冲突的机会，就像以色列和跨宗教婚姻研讨会一样。这是第四种选择的翻版。他邀请妻子露丝和他一起参加，虽然露丝不如他那么激动，但还是同意了。

"我们将住在他们的家里，他们也将住在我们的家里。我们不住酒店。"当人们问起罗利时，他这样解释道。他提醒大家在以色列和跨宗教婚姻研讨会上学到的东西："寻求真理在于求同存异，而不是达成一致。"

起初，玛莎并不感兴趣。“我为什么要这么做？有什么意义呢？”她在纽约就看到这种争议。她没必要上飞机，她在纽约斯塔顿岛就能找到支持特朗普的选民。她并不打算参加这个项目。

从某些方面看，玛莎符合很多共和党人对自由派的刻板印象。她毕业于常春藤联盟，是一位受过良好教育的学生。退休前，她是史密斯学院的一名教授，在那里她帮助启动了女性研究项目。她在日常对话中使用“交叉性”和“白人至上”等词汇。她也是留着短发的女同性恋者，穿着舒适的鞋子，背着一个褪色的淡蓝色背包。

玛莎也很虔诚。她喜欢在犹太教堂唱诗，遵守犹太教的饮食教规，谨守安息日的教规——从每个星期五日落后到星期六日落前不工作。她的父母是家族中最先上大学的人。小时候她经常感到孤独，在新泽西州的小镇上，她是为数不多的犹太人的孩子。

“这可能对你推进社会正义的工作有所帮助，”拉比舒利告诉她，“你热衷于改革司法制度，听听狱警的意见可能会有用。”显然，这些密歇根的保守派狱警也想改革司法制度，至少舒利是这么说的。

这引起了玛莎的注意。她对司法制度中犯罪的观点进行过很多研究，但对在那里工作的人却一无所知。虽然无法完全说服她的伴侣甚至她自己，但最后她还是同意去了。

她会和另外两个女性信徒一起，住到迦勒·福利特的家。

“这不可能发生。”

“不可能。”当工会同事打来电话时，明迪·弗罗曼说。[17]

同事提到这是了解政治分歧和犹太教的机会。

“这不可能发生。”明迪说。

她不认识任何犹太人。她一直认为犹太人“非常势利、富有，类似那种一致排外的阿米什人社区”。至于政治，她平时也不怎么关心。她把票投给了奥巴马，希望他能改变现状，但实际上并没有。所以她投票给了特朗普，希望特朗普能带来一些改变。

明迪有一双蓝眼睛，长着雀斑，一头金发又短又脏。她的父亲和姑姑都在监狱里工作，因此，她在当地社区学院学完刑法学专业后，也回监狱找了一份工作。她有三个孩子，经常要在监狱里两班倒。她对工会同事说，她没有时间进行“文化交流”或诸如此类的活动。她直言不讳，这是她的骄傲：“我们住在农场，我们有枪，我还喝酒，我对犹太教一无所知，我甚至没听过这个词。”

不知什么原因，工会同事一直在劝她。

“你知道，这种交流是双向的，”工会同事说，“如果你现在接待这些人，那么几个月后，你就可以免费去纽约拜访他们了。”

一阵沉默。

这通电话越来越奇怪了。她想到自己从未去过纽约。

“我会跟我丈夫说的，但别抱太大希望。”

不安全感

就在这个时候，我采访了大拉比罗利，了解犹太教堂在冲突中面临的挑战，听听他从中学到了什么。在我们的谈话中，他提到他将很快带领这次去密歇根乡村的旅行，但他不确定这次旅行是否会顺利——我就是这时才知道有这次旅行的，就在他们出发之前。

很自然地，我问自己能不能跟着一起去。还有什么更好的方法来近距离观察这座犹太教堂处理冲突的方式呢？

所有的参与者都同意我的加入。有人告诉我，我会和另外两名女性信徒一起住在一名狱警的祖母的乡下家里。这个团体很热情地欢迎我的加入。

突然间，事情变得有些奇怪。作为一名记者，我通常都在外面跑新闻，要么是在酒店里，要么在我的浴室——总之是任何一个跟我的职业内容保持一定距离的地方。当然，我想看别人完成这次交流，但我想好亲自加入其中吗？

记者试图保持独立的一个方法是与他们所报道的人保持距离，这在某些情况下是有道理的。你不该和你所报道的警察局长成为好朋友。但有些时候，这种说法只是一个借口，一种逃避脆弱的方式。可以说这次也属于这种情况，也许我不愿意和一群陌生人住在乡下的农舍就是一个信号，这表明我和他们一样需要交流。

与此同时，在纽约，露丝开始对她与丈夫以及另外 13 名信徒一起去密歇根的决定产生严重怀疑。“我有一些疯狂的想法，”她告诉我，“他们会伤害我吗？他们会开枪打我吗？我非常焦虑。”

此外，玛莎也为该带什么东西而发愁。你会给一个与你毫无共同之处的女主人带什么礼物呢？“这是个棘手的问题。”最后，她挑了印有纽约市标志——自由女神像和帝国大厦——的隔热垫和洗碗巾。这应该是安全的。

“我很焦虑。”她说。人们问她为什么要去，“我真没有很好的答案”。她知道她无法改变密歇根人的想法，反之亦然。那么她在做什么呢？起飞前一晚，她都没有睡好。

此时的密歇根，迦勒正安抚着他的妻子。“她能看出我很兴奋，但她却有很多顾虑。”他告诉我。妻子对家里要住三个来自纽约的陌生人感到紧张。“她觉得不安全。”

他的一个朋友说，迦勒参与这种交流活动简直就是疯了。“我觉得他是害怕自由主义者，因为他在新闻上总是留意反法西斯运动的抗议者们。”迦勒说。

两边人都感到害怕。听到他们在谈论彼此时说着同样的内容，真是令人吃惊。他们都是生活在同一时区的美国白人，但双方都认为对方不会宽容彼此，甚至还可能发起攻击。密歇根的参与者最担心被误解、轻视或嘲笑。“我害怕他们会评判我和我的生活方式。”明迪说。他们觉得对方会很傲慢。

纽约人似乎更担心他们会碰上一群无知或充满仇恨的家伙，或者觉得单单去了那里就会背叛自己内心深处的信念。他们觉得对方会很偏执。

玛莎告诉我，她并不担心自己的人身安全。她知道如何照顾自己，她也会和其他同伴待在一起。她更担心的是要隐藏真实的自己，她很久之前就不这么做了。她担心自己会犯一个错误，即试图和那些不把自己当回事的人交谈。而且和这样的人在一起，她也无法做到坦诚相见。既然如此，还有什么意义呢？

读到这本书的读者可以想象一下同样的事情发生在其他地方。比如波兰有两组人计划着要见面，一组来自乡下，另一组来自城市。

但他们是同一个国家的公民，说着相同的语言，有着相同的文化传统，然而他们却彼此害怕。在外人看来，这多少有些奇怪。这些波兰人怎么会互相害怕呢？谁给他们洗脑了？想想看，对于美国人来说，或许接待来自波兰的朋友会舒服得多。

在纽约人抵达的前一天，迦勒才知道他将接待三位年长的女性，其中包括玛莎·阿克尔斯伯格。这个消息让他的妻子安了心。三个年长的女人能有多危险呢？然后他开始用谷歌搜索。“我搜到了玛莎。”他说。他读了玛莎关于女权主义和权力的研究，以及关于西班牙无政府主义妇女组织的书。“她好像有些名气，这有点吓人。”他是白人男子，而她是普林斯顿大学的博士。

2018 年 4 月 29 日，所有人在兰辛的工会办公室见面。“这就像是第一次约会。”伊夫说。他们很快相互认识，告诉彼此名字，然后开始交谈。“我在优兔上见过你。”迦勒对玛莎说。大拉比罗利戴着一顶黑色细条纹的贝雷帽，穿着一件羊毛衫，比平日里在纽约的他看着休闲了很多。

在他们见面的工会办公室后面，有几个穿着狱警制服的人体模型，还有一个装满了多年来从罪犯那里没收的武器的箱子，里面有自制手柄、匕首、剃须刀。露丝的目光不时瞟向箱子。“我觉得双方都很焦虑。”她说。

把他们召集到一起的组织者西蒙·格里尔制定了三条基本规则。

“我们要认真对待每个人都很珍视的东西。”

“我们不要试图说服对方承认自己的错误。”

“我们要有好奇心。”

看着这张清单，我很好奇在相同的基本规则下来一场政治辩论会是什么样子。真的，这太不可思议了。但话说回来，眼前发生的一切都是不可思议的。

最后，西蒙提醒大家要练习积极倾听。总结一下对方说的话，然后问对方自己是否理解准确。人们需要感觉到被倾听，才能创造神奇比例。它是冲突的减震器。

他告诉大家，如果这些方法都失败的话，就告诉对方："你可以跟我再多说一点！"

说完，这群人就出发开始他们的第一次团体活动：参观射击场。让自由派惊讶的是，射击场就在密歇根州立大学的校园里。他们用的是 .22 口径的手枪，明迪认为这不是"真正的射击"，她称之为"休闲射击"，但她还是一起参加了。迦勒给了玛莎一些建议。她做得很好，自己都大吃一惊，这比她想象中要有趣得多。她有生以来第一次明白为什么有人喜欢射击。

在当地一家啤酒厂吃过晚饭后，每个人都去了各自的寄宿家庭。我住的农舍悠闲而宁静，女主人老奶奶热情好客。没什么好害怕的，我很幸运参与其中。回想起最初的不情愿，我甚至有些难为情。

同时，迦勒把三位女性信徒带回家中，介绍给他的家人，并指给她们看在哪里休息。孩子们搬到了父母的房间，迦勒搬到了地下室。"每个人都完全放下了自己。"玛莎注意到。不知为何，这个行为深深触动了她。

迦勒很高兴有人来家里拜访他，他的热情让人难以抗拒。孩子们上床睡觉后，迦勒来到了纽约人面前。

“你们想看看我的枪吗？”

“快让我看看！”玛莎说。

他们朝地下室走去，在那里，迦勒打开他的收藏柜，拿出两支猎枪。一支是用来打猎的，另一支是他的祖母送给他的礼物。枪支寄托了情感，这一点对纽约人来说很难理解，但在这次旅行中，他们一次又一次地听到这个观点。

然后他拿出 AR-15，问她们要不要试一下。“不了，谢谢。”玛莎说。它看起来就像她在电视上看到的大规模枪击事件中出现的 AR-15。这是战争中使用的武器，是战斗步枪的民用版，既不是用来打猎，也不是为了传承。她的心里开始紧张。

“你用这个做什么？”她问他。

“第一，为了自卫。”他说，“第二，为了运动。第三，最坏的情况，为了对抗暴政。”

“什么样的暴政？”

“历史上有很多这样的例子，政府夺走枪支，压迫我们，甚至进行种族灭绝。”迦勒说。

“好吧，但在美国，我们经历过革命、制定了宪法和议会制度，”玛莎说，“我们不需要对抗政府，因为我们就是政府。”

迦勒试图解释，他为政府工作并不意味着他盲目效忠于政府。不管发生什么事，他都有能力保护自己和家人，这让他很有安全感。但这一切都很难传达，他可以看出来她没在听他说话。

迦勒也看出她对这些枪不满意，所以他把枪收了起来。他很惊讶这让她如此烦恼，他认识的每个人几乎一辈子都有枪。这很正常。

狩猎季对大家来说是一个节日，是他每年都期待的时刻。他知道AR-15很危险，但他也知道如何使用。

玛莎很难入睡。迦勒拥有的枪支数量让她感到震惊。一个为国家工作并曾在海军陆战队预备役服役的人竟然觉得有必要武装自己来对抗政府，这意味着什么？真是让人难以理解。

然而，她开始喜欢上这个人，这是她没想到的。迦勒是个慷慨而开明的人，即使在意见不一的情况下仍旧热情开朗。因此，当她感到他们之间的距离如此之大时，她会很苦恼。

紧张的气氛形成了。她开始意识到，也许整件事的意义就是要找到一种方法，把所有这些观点都集中在脑海里思考。

复杂化

在接下来的两天里，以男性为主的密歇根保守派基督徒开着卡车，载着我和以女性为主的纽约自由派犹太人到处参观。我们参观了7号牢房，这是一个废弃建筑中的监狱博物馆。我们点了超人冰激凌，一种在密歇根州和威斯康星州很受欢迎的三色冰激凌，但大多数纽约人以前从未见过。我们去了密歇根州杰克逊市的一个公园。1854年，1 000多人聚集于此抗议奴隶制的扩张。这一事件标志着美国共和党的成立。[18] 这对几乎所有人来说都是新闻。

在监狱博物馆，狱警们讲述了他们的工作经历。其中一人提到他最大的继子就关在监狱里。另一个人说了他是如何在密歇根长大的，后来去了奥兹莫比尔汽车公司工作。这家公司曾在兰辛雇了20 000 名员工，提供一份稳定的中产阶级工作。但后来，经过一轮又一轮裁员后，他跳槽到了管教组织——监狱看起来要稳定得多。

他们提到餐饮服务私有化以后，为了节省开支，监狱提供的食物难以下咽。还说了狱警们如何成功地推动变革，并与囚犯达成一致。他们描述了密歇根州监狱关满囚犯的景象，以及他们如何频繁地在没有提前通知的情况下就要连上第二班，有时甚至没有人回家照顾孩子。他们谈到在一个有 800 名囚犯却没有武器的监狱里工作的感觉。（他们和囚犯在一起时不允许携带枪支，以防武器被囚犯抢来对付他们。）一名狱警讲述了他曾被尿甚至更糟的东西浇了一身的经历。出于隐私保护，他无法查明谁袭击了他，以及这个囚犯是否有传染病。

他们认为整个体系已经崩溃，这一点和纽约人的想法一致，但他们想表达的远不止这些。“我每周在监狱里要待 40 个小时，一年有 50 个星期，差不多 8 年的时间。”明迪说。

纽约人听了所有的故事，没有感到震惊或反感，也没有翻白眼。“我很惊讶，”一名狱警说，“他们并没有那么狂妄自负。”这些纽约人比他们想象中的自由主义者更真实。

然后，比萨到了，配上牧场色拉酱，这是中西部的一个传统。迦勒与玛莎共进午餐。“这感觉很治愈。”他说。对方的认真对待让他松了一口气。

“我知道保守派经常被主流媒体、喜剧演员和好莱坞歪曲。”他后来告诉我，但这一次与纽约人的交流感觉不同。“我认为，本质上是因为我们的声音被听到了，我们也被感受到了。”

就像加里办公室里争吵不休的夫妻一样，每个人都希望自己的声音能被听到。令玛莎不解的是，为什么迦勒之前没有这种感受。他的观点不是被福克斯新闻播出了吗？而特朗普——他曾经投票支持的总统，不是每天都在各个社交媒体平台上为他们发声吗？

为什么对迦勒来说，让好莱坞还有这些来自纽约的陌生人听到很重要？她努力去理解他，同时欣喜于他的陪伴。她坐在他的雪佛兰 SUV 副驾驶座位上，和他欢快地辩论宪法、解释犹太教教义、交换问题和想法。“他身上有一种热情和天真，我觉得这很吸引人，”她告诉我，“虽然我们有时也会产生分歧。”

谈话一直持续到第二天。纽约人讲了在大屠杀中死去的犹太人祖先的故事。他们解释说，特朗普禁止所有穆斯林的企图，让他们想起了纳粹针对所有犹太人的行为。

这种类比明迪以前从未想过，这让她很困扰。后来她多次向我提起这件事。狱警问了纽约来客各种关于“9 · 11”事件和以色列的问题。他们注意到纽约人在谈论以色列对巴勒斯坦的政策时有多么谨慎。这提醒我们，团队内部的分歧可能比想象中大很多。

还有一些有组织的对话，一场是关于特朗普的，另一场是关于枪支的。值得注意的是，几乎每个人都无法预测对方的立场。密歇根人一直以为纽约人想套走他们的枪，纽约人予以否认。

当然也有双方观点一致的短暂时刻。“我们都认为特朗普不应该使用推特。”明迪指了指自己和拉比舒利说。令迦勒吃惊的是，包括玛莎在内的大多数纽约人都认为国家需要确立边界。

当然也存在巨大的分歧，比如迦勒试图解释自己支持特朗普的时候。“他并不是真正的种族主义者。他压根就不是！”他笑着对那些如此理解特朗普的人说道，“他就像一个破坏球。他打破了政治正确。”

纽约人没有笑，也没有爆发出愤怒。他们对每一种观点进行反驳。“他总是说一些使偏执合法化的言论。”拉比舒利说。

这是一次奇怪的邂逅，有一丝刻意，也有些许尴尬。我离开了华盛顿特区，离开了新闻特邀专家和政客们仍在唇枪舌战的地方，来到这里见证这些人做一些更有趣的事情。他们带着更多可能性，带着很多误解和问题聚到了一起。他们是同一个国家的陌生人。

尽管如此，他们还是无视整个冲突-产业联合体，想要深入了解彼此。这让我再次想起高度冲突的第一个悖论：我们能够把问题简单化和妖魔化，但我们也渴望和谐；冲突推动我们发展，也困扰我们发展；我们想退出，也想加入。

“这很难解释，”明迪说，“但我开始喜欢这些人了。”

还有一次，迦勒说不应该强迫面包师为同性恋婚礼制作蛋糕，这违反了宗教自由。听了这话，玛莎悄悄起身往外走。她没有感到愤怒，而是很难过。“他意识不到，他所反对的人也有自由，也有感情。”她说。她知道她会跟他谈论这一切，但不是现在。“所以我只是哭了几分钟，深呼吸了几分钟。”

最后一天，这群人围坐在工会办公室的一张大桌子旁，旁边是被没收的武器箱。他们惊叹于彼此之间的紧密联系。“这次经历深深地打动了我，”迦勒说，“简单地说，谢谢你们的倾听。”

“我非常感激你为我们打开家门，把家里翻了个底朝天，”玛莎说，“能够真正开始深切地关心你，并意识到我们将继续在某些事情上存在分歧，这是一件令人难以置信的事情。”

接下来是明迪，一个很少在公共场合情绪化的女人。“我很感激这种教育。我以前太天真了，”她说着，环顾了一下房间，“我们互相问了一些开放式的问题。我们都没有生气。”她抓起一张餐巾纸来擦干眼睛。

工会主席安迪说，他对每个人表现出的脆弱感到惊讶，包括他自己的成员，他们通常都很谨慎，不会把自己的家庭住址透露给工会。出于安全考虑，有些人在脸书上使用了假名。然而，他们在这里哭成了泪人，还在自己家中接待陌生人。“总体教训是，不要让叙事成为你对他人做出决定的依据，”安迪说，“要想真正了解一个人，就得展示自己的脆弱。”

大拉比罗利最后发言。“这对我来说具有变革性的意义，”他平静地说，“我感受到一种深刻的治愈，这是我们共同创造的。”我突然意识到他在整个访问过程中几乎没有说教。他看起来很开心，也能轻松应对不适，对不理解的一切都很有兴趣。当然，过去的几年，他一直在练习直面冲突。他知道该怎么做。

奶油卷和圆顶帽

过去的一个世纪，美国在政治上变得越来越隔离，这也使上述交流变得少见。自 1973 年以来，政治上的异族通婚率下降了大约一半。[19] 与我小时候相比，邻居们更有可能在政治上达成一致。我小的时候，社区里的人几乎都不知道谁投了谁的票，似乎也没有人关心。但在 2016 年大选之后，我儿子就读的华盛顿特区公立学校的每个人，几乎都知道哪个孩子的家长投票给了特朗普。不久之后，那家人就搬去了佛罗里达。

隔离会形成偏见，就像种族或宗教隔离一样。“隔离引发了一系列连锁反应，从而加剧群体冲突。”[20] 社会心理学家托马斯·佩蒂格鲁（Thomas Pettigrew）写道：“负面的刻板印象被放大，不信任逐渐累积，有限的群体间互动大多时候会产生尴尬。”

过去二十年美国政治仇恨的激增，部分原因可以追溯到种族隔离。在政治上意见一致的夫妻往往会更严厉地评判对方政党。最遭罪的当数他们的孩子，几十年来暴露在一个狭隘而又不准确的政治对抗中。家庭已经成为终极回音室，与脸书或优兔一样强大。

另外，政治异族通婚的人往往对对方政党及其候选人有更复杂的看法。[21] 在同一个家庭中，家庭的多样性对全美的两极分化产生了巨大的影响。

在世界各地，了解那些想法或外观不同的人或许能减少政治上的过激立场。它降低了发生高度冲突的风险，并为每个参与者带来更充实、更丰富的生活。[22] 这种韧性需要新的冲突防护栏，这意味着需要建立能在冲突中产生有意义的联系的互动机制，而不是忽视。

在纽约人前往密歇根的两个月后，密歇根保守派按计划飞往纽约。所有人在华尔街附近的一家犹太比萨店见面。我再一次被热情的氛围包围。纽约心理学家罗宾 · 克纳（Robin Kerner）把她的床让给了我，自己睡在上西区一居室公寓的沙发上——她心甘情愿这样做。这就是热情好客的密歇根东道主所做的，她也会这样做。

他们相互拥抱，一起拍照，没有了第一次见面时的那种尴尬。这次旅行让密歇根人最担心的是纽约这个城市。

“来这里之前我哭了三个晚上。”明迪告诉我。她担心在地铁上找不到路，担心拥挤的人群，担心她可能要吃些奇怪的食物。别忘了，她可是个在监狱工作的女人，经常监督那些被判犯有严重暴力罪行的大个头。但是对于独自前往纽约，她说：“我差点吓得想要逃跑。”

迦勒告诉我他一直在温习议题，为这次旅行做准备。此次议题比较尖锐，是关于同性婚姻和移民的，他想做好准备。“知道要和玛莎谈论少数群体问题有点伤脑筋。”

那天晚上，整个团队在大拉比罗利的带领下参加了犹太教堂的安息日仪式。

“他们是陌生人。”罗利在他的布道中说，并把来访者介绍给信徒。“他们之前是‘他们’，他们现在是‘我们’，他们是我们的朋友。虽然我们对很多事情的看法有非常大的分歧，但我们有一个强大的共同点，那就是人性。当你发现某人的人性时，你就跨越了那座桥——那座连接‘我们’和‘他们’的桥。”

然后音乐响起，女主人罗宾凑到我和迦勒身边，低声说：“舞蹈的时间到了。”迦勒的光头上戴着白色圆顶帽，他立刻起身，和纽约人手拉着手，围着圣殿边绕圈边唱歌。我也一起加入。这感觉有点奇怪，但也很美妙。

在之后的晚餐中，迦勒惊叹于此次重聚，这是他第一次来纽约，第一次戴圆顶帽。“这太超现实了。我们都在这里——戴着这些帽子。它们叫什么来着？”

玛莎很高兴能在她位于华盛顿的公寓里接待迦勒。她知道宗教对他来说有多重要，所以她希望他能喜欢和她的伴侣的交谈。她的伴侣是一位宗教研究学者和老师。再次见到他，她很激动，但也很担心。她知道他们要谈论同性婚姻，她也知道他们并不支持。

那天晚上，当她把迦勒带到她的书房时（他会在那里睡觉），她对公寓的大小感到难为情。三间卧室在密歇根不算大，但在纽约可算是豪宅了。她试图解释这个街区比纽约其他地段便宜，但当迦勒询问租金时，她不得不承认自己并不知道租金是多少。她已经很久没关心房租了。“对我来说，承认自己的特权是件尴尬的事。”她后来告诉我。

那天晚上，迦勒没有睡好。他的大脑一直在旋转，想着他所看到的一切和他想表达的观点。这种情况和玛莎在密歇根的第一个晚上相似，她躺在迦勒的房子里，无法控制自己的思绪。

那个周末，自由派犹太人和保守派狱警去了中央公园，在唐人街吃了比他们预想中要好吃的犹太素食食品。他们从小意大利区著名的费拉拉面包店买了奶油卷。让密歇根的来访者们感到惊讶的是，纽约的每个人都住在公寓里，而且有些人选择不买电视。当他们得知伊夫和露丝是小唐纳德·特朗普的女友金伯利·格尔福伊尔的邻居时，他们兴奋不已。

第二天，狱警们要求去特朗普大厦，在那里他们愉快地度过了二十分钟，拍了照，又在礼品店购买了纪念品。纽约人在外面等着，看着有点苦恼。

无论走到哪里，明迪都在与各种气味抗争，比如宾夕法尼亚车站电梯里的臭味或者唐人街的鱼腥味。当我停下来介绍一些东西时，她跟我说："赶紧走吧，这样我就不会吐了。"

她发现纽约人不太遵守交通规则。"对法律和秩序的尊重要少一些。"她总结道。但总体而言，密歇根来访者对纽约的高度文明感到惊喜。"我没有感觉到被侵犯。"一名狱警告诉我，他的音调因惊讶而升高，"850 万纽约人，口中一个难听的词都听不到！"

无论以何种标准衡量，纽约当时都是一个非常安全的城市，多少年来一直如此。纽约的凶杀率大约是密歇根州兰辛市的一半。[23]但不知何故，这种安全局面被颠覆，他们都预料到会发生一些混乱。

看到他们如释重负很令人高兴，但也让人心碎。事情怎么会成这样？相隔仅四个州的美国人为何变得如此陌生？

"我们必须阻止这一切"

在最后一天的集体活动中，这群人按照计划，在犹太教堂的一间侧厅进行了一场关于同性恋权利的艰难对话。一开始，人们吃着沙拉三明治和鹰嘴豆泥，从对犹太教堂的中性卫生间的困惑开始谈起。"这个怎么用？"一位密歇根男子问另一个人。"就跟其他卫生间一样，兄弟。”

为了开始这场谈话，西蒙让所有人根据自己的观点选择站边。如果觉得自己的宗教观点和同性婚姻没有冲突就站在房间的一边，如果觉得有很大冲突就站在另一边。玛莎和其他纽约人站在一边，表示没有冲突。大多数密歇根来访者站在中间的位置。

只有迦勒孤身一人站在最远的一边，代表冲突最激烈。“我为他感到难过。”玛莎说。然后他们坐下来讨论最高法院最近对同性婚姻的裁决。玛莎带头，以理智的方式描述了她认为法院如何界定这起案件会存在的问题。他们来来回回地讨论，没有解决任何问题，只是倾听、交谈和重复。然后他和玛莎相互拥抱，这对他们两人来说都很痛苦，但总比隐藏他们的分歧要好。

后来，有人问迦勒，在二人的友谊和他认为同性恋行为有罪的理念之间，他如何做出选择。

“去爱他们，”他说，“就像对待任何你在乎的有罪之人一样，何况我们每个人都有罪。”

在开展了期待已久的同性婚姻讨论之后，玛莎终于可以放松了。最难的部分已经结束，但这多少有点虎头蛇尾。“我很难不去想，‘我们有改变任何人的想法吗？’”她知道这个问题违反了规则，但她还是忍不住去思考。

她知道自己对某些事情改变了想法。比如，她意识到让狱警参与改革司法制度的重要性，同时她也改变了自己心目中对保守派的分类。保守派分很多种，和变革派一样。这样对政治对手形成成见变得越来越难，而且她能看出来这种变化是相互的。“他们能够将我们视为更完整、更复杂的人，我们不会反驳他们，他们也不必否认我们。我们都有相同的感受。”

最后一天，参观了移民公寓博物馆后，成员们开始集思广益，讨论如何扩大交流项目。“我知道这是一种幻想，”露丝说，“但我真的希望整个国家都能有这样的经历。我希望我们就是国会。我不想回到家后，只是回味一下我们吃过的丰盛中餐。”

把所有人聚集在一起的组织者西蒙惊奇地看着最后一幕：即使没有国会，重要的事情也已经发生。“不同的是，我看到很多人都很好奇，”他说，“大家充满了好奇心。”

一行人道别。平日很少哭的人也流下了眼泪，就像两个月前在密歇根一样。大拉比罗利走遍了世界各地，遇到了形形色色的人，但这件事有些不同。“在我的生活中，我很少有这样的经历。你的故事现在成了我的故事，我的故事成了你的故事。”他说。

四个月后，即2018年10月27日，一名高喊“所有犹太人都必须死”的男子在匹兹堡一座犹太教堂内开枪，造成11人死亡。这名男子手持AR-15自动步枪和3把手枪，这些都是他合法购买的。

三天后，密歇根和纽约的两个小组召开了电话会议相互支持并诉说悲伤。每个人的声音都在颤抖。不久之前，他们还坐在一起参加过类似匹兹堡教堂那样的礼拜。“所有枪击案中，没有一次像这次一样影响到我，枪击案离我家很近。”迦勒说，“我在这个小组中非常情绪化。我不知道为什么。生活中我并没有这么情绪化。”他还说，他并没有改变对枪支管制的看法。

后来，密歇根小组决定给纽约的伙伴们写一封声援信。他们一起写了这封信，迦勒、明迪和所有交流项目的参与者都在上面签了名。枪击事件两周后，安迪和他的两名同事杰里米·特里普和迈克·伦诺克斯飞往纽约亲自传达信件内容，并在安息日仪式中大声朗读："今天，我们以保守的美国人身份写这封信，我们爱这个国家……我们相信美国确实是一个独特的国家，它已成为独特的象征和典范。同样，我们也看到了太多的政治分歧使这个国家日益分裂。我们呼吁结束任何将仇恨和恐惧与爱国主义混为一谈的言论……我们必须在美国不再是美国之前阻止这一切。"[24]

密歇根来客花了 9 分钟读完这封信。随后，所有信徒起立鼓掌。这是一个小小的神谕时刻，一群自由派的犹太人围着 3 个戴着借来的白色圆顶帽的保守派男子。他们都想为自己的国家做出更多贡献，但还远远不够，每个人都心知肚明。只不过在今天的美国，这已经超出了大多数人的想象。

接下来的两年，交流小组创建了一个共享脸书页面，并维持了一段时间的联系。玛莎和迦勒发过几次短信，也聊过几次。他们告诉我，由于个人经历，他们都减少了在脸书上发帖。"我对那些让人讨厌、愤怒、不屑一顾的推文，或者关于特朗普支持者的帖子没有耐心，"玛莎说，"我现在非常清楚，这只能起到反作用，根本行不通。"

不久后爆发了乔治·弗洛伊德在明尼阿波利斯被杀引起的世界各地的抗议活动。接着是 2020 年的大选。记忆总是会渐渐淡去。我注意到脸书上的一些言论又变得极端起来，包括迦勒的帖子。对抗性的假设卷土重来。对许多小组成员来说，"我们"和"他们"

两个阵营再次出现。

在这个充满对抗的世界里，要保持良性冲突，面对面是不可避免的。密歇根–纽约交流项目也证实了这一点。冲突防护栏必须由钢铁意志筑成，而且长期坚固。否则，它的作用就会被时间侵蚀，每个人又回到了对抗性的回音室。

但是，在一个人们越来越多地在自己的政治部落内部生活、约会和结婚的国家，保持对话是一个巨大的挑战。与任何种族隔离的社会一样，面对面不会自然发生。

目前，“BJ”仍然直面各种冲突。拉比们开始了另一个交流项目，这个项目与曼哈顿中央公园另一边的一座正统犹太教堂有关。他们希望就巴以冲突和犹太教正统派支持的特朗普展开激烈对话。

与此同时，西蒙与“BJ”和密歇根管教组织合作，开始了一项大学生交流活动。2020 年初，来自俄亥俄州自由派欧柏林学院的学生与密歇根州保守福音派斯普林爱伯大学的学生进行了一次交流。其他 8 所大学也计划加入该项目。

我上次和玛莎聊天时，她说她经常会想迦勒怎么看待这些问题。每当她读到有关新冠病毒在监狱里传播或密歇根州抗议活动的新闻时，她就会想起他。“迦勒是怎么看待这一切的？”她会问自己。

她知道自己可能不会喜欢迦勒的答案，但她也不会自认为知道迦勒的答案。这一点很重要。她会把盲目的自信放在一边。两年后，她仍然抱有好奇心。

“我觉得这激发了我最好的一面。”玛莎告诉我。我完全明白她的意思。我也有过同样的感觉，一种在良好的冲突中充满活力的感觉。争论、思考、修正、幡然醒悟，同时不放弃我所珍视的东西。

一旦产生这种感觉，你就会想再感受一次。这种好奇来自在良好的冲突中发现我们共同的人性。玛莎在密歇根和纽约的两次交流中都体会到了这种感觉。但在日常生活中，它变得少见。

“我希望我在这两次交流中被召唤出来的人性能出现在我生命中的每一天，”她说，“参与、开放、有能力感受惊喜。”

阿门。

致　谢

我非常感激加里·弗里德曼、柯蒂斯·托勒、桑德拉·米莱娜·薇拉·布斯托斯、何塞·罗兰多·马特隆、迦勒·福利特、玛莎·阿克尔斯伯格、马克·莱纳斯，以及书中提到的所有摆脱高度冲突的人。成功脱离冲突的“沥青坑”，并公开讲述自己的故事，这需要勇气。我很荣幸他们允许我传达他们的智慧、脆弱和谦逊。

这是我的第三本书，但直到现在我才发现三本书的共同点：每次作为记者报道一些困境时，我都会感到困惑和沮丧。最后，我只能依靠那些走出困境的普通人来消化负面情绪。

通过报道恐怖袭击等各类灾难，我了解到幸存者们自己的感悟，以及他们想让我们了解的东西：不仅有苦难，还有感恩和韧性。我做过教育报道之后，在全世界最好的教育体系中重新看待美国青少年问题，这种旁观者视角使我看清了美国学校的问题和改善的可能性。

当然，冲突不同于课堂问题和飓风灾难，它是人类处境中深刻而神秘的部分。我们可以很好甚至更好地理解它，但永远做不到完全理解。所以这一次，我需要很多帮助。现在回想起来，我得到的帮助真的太多了。

感谢爱默生基金会给了我经济上的支持，让我能够钻进荒谬的“兔子洞”，然后再爬出来，去从事现如今很少有记者想要从事的有意义的工作。这也给了我勇气。我与劳伦·鲍威尔·乔布斯、斯泰西·鲁宾、彼得·拉特曼和艾米·洛的每一次谈话都促使我打开思路，去做更冒险、更有创意、更大胆的工作。在记者们不断缩小思考范围时，这种谈话使我奇迹般突破了思维边界。我将永远心存感激。

如果没有才华横溢而又善良的编辑普里西拉·潘顿和她在西蒙·舒斯特出版公司坚毅的同事们，包括乔纳森·卡普、理查德·罗勒、哈娜·帕克、梅根·霍根、菲尔·梅特卡尔夫、杰基·肖、伊莉斯·林戈、克里斯·林奇、克里斯蒂娜·萨拉弗尼提斯和伊丽莎白·盖伊·赫尔曼，我会迷失方向。在一个极不确定的时期，他们无条件地相信一个公认的概念，我当然也不敢质疑。谢谢他们的信任。

非常感谢解困新闻网带给我的挑战，让我重新构思高度冲突中的新闻传统。萨曼莎·麦肯、戴维·伯恩斯坦、海伦·比安杜迪·霍费尔、蒂娜·罗森博格、迈克尔·戴维斯以及他们勇敢的同事正在重塑这个领域，用加里的话来说，就是让新闻“被听到”。

在我写作本书的三年时间里，许多智者帮助我辨别什么重要以及什么不重要。需要感谢的人太多了。感谢约翰·保罗·莱德拉赫、凯瑟琳·康纳、雷切尔·布朗、安德鲁·哈瑙尔、萨曼莎·迪斯卡拉·伊拉卡，以及这一路上慷慨分享见识的每一个人。

感谢天才编辑罗宾·丹尼斯帮我决定该讲哪些故事（最重要的是不该讲哪些故事），并告诉我拉布雷亚沥青坑和其他典故。非常感谢我的经纪人埃斯蒙德·哈姆斯沃斯形成了这个想法，并为它找到了一个好的归宿。我们在纽约共进午餐，他建议我写本书，这一切似乎就发生在昨天。感谢我们 19 年的合作，共同讲述伟大的故事。

写作本书需要在加利福尼亚州、伊利诺伊州、纽约、密歇根州和哥伦比亚进行大量的实地考察。在每一个案例中，很多当地人、历史学家和研究人员都给我提供了帮助。感谢波哥大的乔·帕金·丹尼尔斯帮忙找到了桑德拉和其他前战斗人员，为我们艰难的对话提供引导和翻译，并提供哥伦比亚过去和现在的各种冲突的答案。感谢尼科洛·菲利普·罗索，这位天才摄影师为本书拍摄了哥伦比亚的照片。感谢芝加哥 CRED 的每一个人，尤其是斯蒂芬妮·卡恩斯。她是一名私家侦探，从未放弃帮助我寻找丢失已久的刑事案件的法庭笔录。（我上次听说，她现在还在寻找。）最后感谢戴维·鲁根多夫，他帮助我理解一些法庭笔录，还有乔·费迪尼，他向我解释了家庭法案件中的高度冲突。

感谢金·佩特、戴维·普洛茨和琼·斯特里克勒帮忙整理早期文稿。迦勒·福利特花了大量时间审阅手稿，帮助我纠正自己对特朗普支持者的偏见。几天里，我们来来回回地打了大概 10 个小时的电话，以增进相互之间的理解。我们开怀大笑，学到了新的东西，也仍然存在分歧，但这没关系。谢谢你，迦勒。

感谢《华盛顿邮报》的优秀编辑和可爱的人迈克尔·达菲鼓励我走出洞穴，继续写各种各样的东西。感谢我的研究助理艾玛·弗朗索瓦和迪娜·威廉姆斯在最后几个月对本书进行了出色的事实核查和改进工作。我们的“冲突团队”在线会议陪着我度过了隔离期间最黑暗的日子。感谢莱拉·布雷默帮助我在好奇心的驱使下探究冲突的根源。

我要感谢斯科特·斯托塞尔、莎拉·亚格尔、塔-内希·科茨、杰夫·戈德伯格、戴维·布拉德利、詹姆斯·吉布尼、弗农·勒布、丹尼斯·威尔斯、唐·佩克、范·纽柯克、阿德里安·拉弗朗斯以及《大西洋月刊》过去和现在帮助过我的每个人，感谢你们给了我机会让我来写一写过去10年发生的复杂故事。

我的好朋友丽莎·格林和她在L&M政策研究所的善良的同事们给了我一间单独的房间，这是写一本像样的书的唯一方法。感谢拉斯·蒂辛格从打印机拿东西的时候聊到了极端党派偏见和媒体。苏西·瓦格纳，感谢你容忍警报器，感谢你的口罩，感谢你的照片以及和我分享欢乐。非常感谢杰西卡·桑德姆·斯沃普和塞布丽娜·塔维尼丝，她们在杜邦圆环午休时，愉快地与我就人类境况进行了头脑风暴。

我亲爱的朋友凯瑟琳·布朗，我还能说什么呢？周日陪我度过了一整天的写作过程，就像上本书一样。谢谢你倾听我讲述的关于倾听的故事——隔着几个州的你哪怕有时候并不想听，还要忙着追赶一只健壮的狗。你的友谊带给了我快乐，开拓了我的思路，让我从中学开始就避免了在冲突中做出很多错误的决定。

我的家庭是发生最恶劣的（有时也是最好的）冲突的地方。感谢我的丈夫约翰和我的儿子马克斯，感谢你们忍受了那么多才学会建立理解环路，感谢你们在我没有认真倾听的时候原谅我，感谢你们让我——还有这本书——变得更好。

家庭内部也会形成良性冲突。当然不总是这样。但有的时候，我们对对方说出严酷的事实，带着好奇心倾听，就会发现一些我们不知道的事情。那种幡然醒悟的感觉，是每个人都应该体验的。我想做得更好，我也希望余生能为此一直努力。

"当灵魂躺卧在那片青草地上时，"诗人鲁米写道，"世界的丰盛，远超出语言能及的范畴。"

附录一　如何识别高度冲突

需要倾听的言论

- 人们是否使用笼统、浮夸或暴力的语言来描述一场冲突？
- 是否存在谣言、神话或阴谋论？

需要观察的行为

- 有人退出冲突吗？是否演变为二元对立？
- 冲突的动机是什么？

高度冲突可以是暴力的，也可以不是。它们可以持续数十年，也可以持续很短的时间。当冲突只存在于一个人的头脑中，而另一方不知道时，它只能算得上是单方行为。尽管有各种各样的冲突，但是根据我的经验，高度冲突并不难识别。

举一个欧洲的例子。200 年来，丹麦根本没有狼的踪迹。然而，

2012 年鸟类观察者发现一匹狼越过德国边境，奔跑在丹麦的乡间。很快，他们又发现了几匹狼，其中包括一匹母狼。2017 年，出现了 7 只小狼崽，它们在这片土地上嬉戏，仿佛这里就是它们的家园。现在它们可以称得上是狼群了。

很快，人们开始就狼的问题产生争论。狼开始出现在北欧各地，出现在那些多年不曾出现的地方。农民们因为它们攻击羊群和牲畜而憎恨它们，猎人们也有怨言。欧盟的法律不允许猎人猎杀狼，然而狼会咬死他们的猎犬，与他们争夺大型猎物。当然还有其他人，尤其是（但不完全是）环保主义者在为狼群辩护。他们指出狼很少攻击人类，从数据上讲，熊对人类构成的威胁更大。这些人对任何伤害狼的企图提出抗议。

这听起来很简单，就像一场关于自然的良性冲突。但是真的是这样吗?

需要倾听的言论

人们是否使用笼统、浮夸或暴力的语言来描述一场冲突?

还记得加里将他在缪尔海滩小镇的竞选描述为“史无前例的压倒性胜利”吗？用这来描述一场自愿性质的社区选举有些奇怪。他的顾问塔尼娅划分了“好人”和“坏人”。她和加里经常将特朗普比作守旧派，将奥巴马比作创新派。当加里的盟友在下一次选举中落败时，塔尼娅用“杀死”这一类词来形容失利。

当你听到与冲突不相符的语言时，就应该提高警惕。正如丹麦社会学家汉斯·彼得·汉森告诉我的那样，高度冲突“会超越事情本身”。“一切都被放大了。”在瑞典，一位狼群保护倡导者在接受《纽约时报》采访时将反狼情绪比作种族主义：“对一种动物的仇恨，比如对狼这个物种的仇恨，就像人类的种族主义一样——这是完全相同的过程。”[1]在法国，农民们将250只羊带到埃菲尔铁塔以示抗议。一位农民描述野狼袭击的威胁时，称其“无所不在且无法忍受”[2]。

这些人并没有夸大其词。情感是真实的，就像加里一样。挪威科学家奥尔夫·克兰奇告诉我，从更深层次来看，关于狼的争论与人们对世界的看法以及他们在其中扮演的角色有关。对一些人来说，狼（以及禁止捕杀狼的规定）不仅破坏了他们的收入来源，也破坏了他们的自我认知。这些人自认为可以保护自己的土地、牲畜和家庭免受各种自然力量的侵害。在他们看来，自然是由人类控制的，而不是人类由自然控制。在这种观点下，保护狼群就意味着精英们在完全无视农民现实生活的情况下告诉他们该做什么。“狼就像是咖啡之类的东西，是农村生活的入侵者。”克兰奇说。在这种情况下，一些人对待狼的态度就像很多人在疫情防控期间对口罩令的看法一样——这是对自由的侮辱，是对他们男子气概的侮辱。一个挪威人的保险杠贴纸上写道：“真正的男人就要猎杀狼。”

对其他人来说，狼代表着大自然的纯洁以及消失的乌托邦。动物重回欧洲带来了一线希望，从这个角度来看，这是大自然母亲从人类的伤害中恢复过来的迹象。任何伤害狼群的企图都是人类傲慢和毁灭的表现，就像转基因作物一样。这是对自然神圣性的侮辱，也有着更深层次的寓意。请注意，这些人开启的是一条完全不同的故事线。这是高度冲突的标志。

是否存在谣言、神话或阴谋论？

在丹麦，据说一辆货车从德国边境而来，故意放生这些狼。另一种说法是，这些动物实际上并不是真正的狼。它们是某种杂交动物，介于狗和狼之间，因此可以合法射杀。

高度冲突往往在信任度低的地方爆发。当信任度较低时，很难就事实达成共识。人们变得怀疑彼此，以至于他们可以相信任何言论。这使冲突操纵者很容易进一步煽动冲突，而每一次结束冲突的尝试，比如起诉猎杀狼的人，都会加剧不信任。这就是高度冲突的陷阱。

需要观察的行为

有人退出冲突吗？是否演变为二元对立？

狼群引发的话题冲突经常被新闻媒体描述为城市与农村的冲突，但这是错误的二元对立。事实上，研究人员发现在农村内部也存在各种分歧。冲突涉及很多方面，包括身份、资源、尊重和恐惧。但就像在推特上一样，最极端的人也是最有发言权的人，这导致复杂性的崩溃，最有用的人开始逃离现场。

冲突的动机是什么？

在挪威，政府授权捕杀一些狼，以保护羊群数量。作为反抗，大约 100 名抗议者搭起帐篷，开始破坏狩猎活动。[3] 他们在黎明前踏着滑雪板在雪地上穿梭，抹去雪地上狼的脚印。最初的争论渐渐淡去。正如我们在其他冲突中多次看到的那样，“我们对抗他们”的态势占了上风。在丹麦，一个名为“无狼丹麦”的反狼组织负责人在收到死亡威胁后辞职。2015 年，50 名愤怒的法国农民绑架了阿尔卑斯山一个国家公园的负责人，把他关了一夜，要求他杀死公园里的 6 只狼。[4]

关于狼的实际意见分歧变得不如冲突本身重要，冲突逐渐成为现实。回到丹麦，2018 年，两名自然科学家在远距离拍摄该国唯一的一头母狼时，一名驾车经过的男子探出车窗，将这头母狼击毙。[5] 这段视频在网上疯传，在世界范围内引发愤怒。

这就是一场高度冲突，它成了事件的主要推动因素。

附录二　如何识别自己的高度冲突

下图是我观察到的良性冲突和高度冲突的一些特征。这并不是一个全面的清单，但它可以帮助我们区分不同的类型，毕竟我们经常感受到这些特征。

良性冲突	高度冲突
谦逊	武断
接纳变化	不愿改变
允许不同的情感	要求情感统一
复杂性	单一性
新颖性	可预见性
激情	正义
肾上腺素激增，压力释放	压力长期存在，耿耿于怀，睡眠障碍
保持好奇心	先入为主的设定
抛出问题	煽动情绪
寻求解决问题的办法	不愿解决问题，想要对抗主义
同理心	幸灾乐祸
非零和思维	零和思维
暴力的可能性不大	暴力的可能性较大

这不是一门精准的科学。人是复杂的，但图表和测验不是。如果你正处于一场激烈的冲突之中，并且想知道这是不是一场高度冲突，下面的问题可能会帮你找到答案。有时候提出问题可以帮助我们争取一些时间，创造一些空间，保持一些距离来看待冲突。

1. 想到这个冲突会让你失眠吗？
2. 当对方遭遇不幸，即使这对你没有直接的好处，你会幸灾乐祸吗？
3. 如果对方准备做你赞成的事，哪怕是一件很小的事，大声表示赞同会让你感到不舒服吗？
4. 你是否觉得对方被洗脑了，就像一名邪教成员，超越了道德和理性？
5. 你是否有被困住的感觉？比如你的大脑不停地转动，一遍又一遍地想着同样的委屈，却从未产生任何新的见解？
6. 当你与赞同你的人讨论冲突时，你是否一遍又一遍地说着同样的话，并且谈话结果并没有最开始时那么好？
7. 有没有非常了解你的人告诉你，他们好像不认识你了？
8. 你是否发现自己通过指责对方做了同样的事情——或更糟的事——来为自己辩护？
9. 你认为不同的人在本质上可以互换吗？如果你和另一个人发生冲突，即使你很努力，也很难想象对方曾经是个小孩子的样子吗？
10. 当谈到冲突时，你是否使用“总是”“好”“坏”“我们”“他们”“战争”一类的词？

11. 你是否很难回忆起上一次对对方的想法、意图或行为真正产生好奇是什么时候？

如果你对其中 5 个以上的问题的回答是“是”，那么你可能处于高度冲突中。我猜测你会为自己的感受找到合适的理由。正如我们在加里的故事中所看到的，人的本能（以及冲突–产业联合体）使我们几乎不可能抗拒高度冲突的诱惑。

接下来的问题是，你想继续待在高度冲突里吗？有些人会。也许对你来说，现在高度冲突就是最好的选择，也是唯一的选择。注意到这一点很有用。时不时地审视自己，做一个列表。看看它可能给你和你爱的人带来哪些损失？你想要的回报值得你付出这么大的代价吗？如果出现了一个可以中断冲突的机会——也许是某种紧急情况，或者象征性做出让步，就像加里投票给他的对手那样——考虑抓住这个机会。

相反，如果你对其中 4 个或更少的问题的回答是“是”，那么你可能并不处于高度冲突。这意味着当下你有更多的选择，你可以看到冲突升级前的各种可能性和细节。这是一份珍贵的礼物。如果冲突还没有升级，那么这场冲突有可能变成良性冲突，从而让我们成为更好的人。这比没有爆发冲突更有价值。

尽量待在那个空间里。抓住每一个机会储存善意，提高神奇比例，就像宇航员乔希·艾利希那样。或者像尤里一样“走向阳台”，深呼吸，拒绝二元对立并远离冲突引燃器。

附录三　如何避免高度冲突

不可否认，避免高度冲突是有可能的，我们看到了多个成功的案例。但是完全阻止高度冲突的发生并不容易，我们需要创造一种能够抵抗冲突的文化。

以下总结了本书人物在家庭社区、宗教社区或空间站中建立冲突防护栏的方法。

1. 调查冲突的根源

“慢炖锅”到底代表了什么？我们需要探究冲突的根源，否则很难取得任何进展。

探究冲突的根源，一个方法是找到一位好的调解员。这些人就像冲突世界中的消防员，他们可以深入谈话要点并保持健康的冲突。

许多城市都有社区纠纷解决中心，帮助人们处理各种问题，比如生活噪声、房东问题或者人身攻击。有些设立在法院系统中，有些单独设立。许多人会无偿地帮助他人。

2017 年，在丹麦西部狼群附近的一个乡村小镇上，汉斯 · 彼得 · 汉森和其他几位社会学家邀请社区的每个人来参加一场讨论会，包括农民、学生和猎人在内有 51 人到场。他们的年龄、背景和观点各不相同。

他们一起深入探究冲突的根源。汉森问为什么他们对狼群问题感到困扰，参会者说出了很多答案。狼群正在破坏他们的生活，政客们并不了解猎人的处境，农民们夸大了危险。汉森和他的团队在纸板上用大写字母写下每一个抱怨。“我们没有回避冲突，而是直面它。”他说，听起来就像纽约犹太教堂的大拉比罗利。

慢慢地，人们感觉到被倾听，所以他们也开始倾听其他人。重要的是，第一次会议并没有邀请专家或政治家参加。他们是不被信任的，至少当时还不被信任。普通人就是自己生活中的专家，因此会议邀请了他们，而不是带有专家或政治家头衔的人来讲述自己的故事。除了调解员之外，没有人可以打断别人。

随后，每个人都找到了最困扰他们的一两个问题，这有助于清除杂音。慢慢地，他们开始看到“慢炖锅”背后的东西：很多人不敢让他们的孩子到树林里玩，其他人则担心未来。“焦虑和恐惧比我们一开始认为的要严重得多。”汉森说。这通常是高度冲突的表现。（正如加里教我的，责备总是掩盖了脆弱。）后来，超过 80% 的人报名继续参与对话，这被称为“狼群对话”[1]。

关于如何查找社区纠纷解决中心，可以在美国社区调解协会的官方网站上搜索，还可以通过网站的调解员目录找到私人调解员，或者求助家庭治疗师、神职人员甚至共同的朋友来调解家庭冲突。无论是求助专业的调解员，还是社区中值得信赖的人，都是非常重要的。询问他们是否能做到倾听每一个人，这是加里发现的最有效的方法，但许多调解员并没有做到这一点。有关如何选择调解员的更多信息，请参阅加里的著作《离婚调解指南》(*A Guide to Divorce Mediation*)。

2. 减少二元对立

如无必要，尽量不要加入太多群体。如果无法避免，则保证加入两个左右。不管存在几个群体，保留一些可以自动打乱群体封闭性的传统和惯例。

在政治选举中，可以启用排序投票制和第三方政党；在新闻系统中，记者和编辑可以每季度轮换一次岗位；在学校里，校长每学期也要教一门课，学生们要做更多的决定（群体必须是流动的，比如阅读水平最低的小组的孩子们，随着能力的提高，可以升入更高的小组）；在会议中，试着引入巴哈伊教的协商理念，即想法一旦提出就不属于个人。不要让复杂性引起竞争。

如果你发现有人想要摆脱高度冲突，比如格伦·贝克，请记住这个过程是极度痛苦的。惩罚这些人，因为他们过去的错误而排斥他们，这些做法充满诱惑性。我知道这样做很解气。但是如果你们想培养良性冲突并创造持久的变化，那就试着接纳他们吧，就像科学家接纳环保主义者马克·莱纳斯一样。

在丹麦，汉森和他的同事通过提醒每个人他们共同的身份以及他们的差异来启动狼群问题研讨会。

“我们有两个共同点。”他说。在场的每个人竖起耳朵想听他说共同点到底是什么。“首先，我们身处同一个大自然，我们呼吸着同样的空气。”没有人不同意。“其次是未来，未来是我们共同拥有的东西。”

对此很难有人反驳。参与者们已经将冲突视为二元对立，即恨狼者和爱狼者之间的冲突，但对话使情况变得复杂。不仅有双方观点，还出现更多相互交错的观点。

3. 远离引燃器

注意你周围谁喜欢冲突。谁会因为共同厌恶某个同事而与其他人走得很近？在没有战争的情况下，哪些人会用战争煽动他们的追随者？

我对哪些政客是“温和派”越来越不感兴趣，反而越来越关注哪些是冲突操纵者。是谁将世界清晰地划分为“我们”与“他们”、“好”与“坏”？是谁把失败等同于侮辱？

和这些人保持一定距离，他们是引燃器。在柯蒂斯的故事中，他搬到一间新公寓，远离生活中的冲突操纵者。在加里的故事中，他不再依赖塔尼娅的政治建议。其他人可以换个律师，或者寻找新闻的不同来源。试着去依赖那些不惧怕复杂性的人（和新闻来源），那些人大多时候好奇心多于所谓的正义。

4. 争取时间和创造空间

高中时，我读过小说《蝇王》，也许你也读过。这部小说描述了一群少年在一次飞机失事中幸存下来，却在一个偏远的小岛上变得暴力和残忍的故事。这部小说很有说服力。

鲁特格尔·布雷格曼（Rutger Bregman）在他的作品《人类的善意》中写道，1965 年确实有一群男孩不幸落难到波利尼西亚偏远的岛屿上。在这个真实的故事里发生了什么呢？男孩们挖空树干接雨水。他们制定了一份排班表，两人一组以确保园艺、烹饪和守卫工作都能得到妥善处理。他们生火维持了 15 个月，直到获救。

他们是如何进行如此出色的合作的？每当发生冲突时，他们都用一种方式：每个男孩会各自走到海岛的一端平静下来。换句话说，他们为彼此留出了时间和空间。分开大约 4 个小时后，他们又聚在一起道歉。

这些困在无人岛上的孩子还做了其他事，一些同样重要的事。他们用一块漂流木、半个椰子壳，以及从荒废的船上捡来的 6 根钢丝做成一把吉他。他们唱歌、祈祷，用这种方式开始和结束每一天。

记住冲突韧性的神奇比例。在一段婚姻中，人们需要 5 次积极互动来抵消一次消极互动。在婚姻之外，这个原则同样适用，积极必须多于消极。这就是为什么火星模拟生存训练中的成年人建造“堡垒”举办睡衣派对，这就是为什么人们喜欢聚在一起进餐。在丹麦每次召开狼群问题会议之前，参与者们一直一起吃晚餐，这当然是有意为之——食物是我们都喜欢的东西，就像空气一样。这是提供缓冲的简单方法。只有这样做，当冲突出现时，它才不会迅速升级。

争取时间和创造空间的方法还有建立理解环路或者其他方式的积极倾听。如果你有机会接受积极倾听的训练，那就去吧。我是一个没有耐心的人，一般不喜欢训练。但这种训练是值得的，你会获益很多。学会倾听会增加你的好奇心，也会让周围的人对你更加好奇。它不仅是一种技能，还是一把万能钥匙。

“如果你阐明了对方的观点，他们就会有些惊讶，”曾为美国联邦调查局人质谈判专家的克里斯·沃斯说，“你让他们非常想知道你接下来要说什么。”[2]【有很多关于如何更好地倾听的书籍和文章，你可以访问奥斯卡·特力姆波利的网站 www.oscartrimboli.com，从上面找到一份很好的资源列表，他是一位专注于倾听的作家。】

另一个缓解冲突的方法是像谈判专家威廉·尤里那样，想象自己“走向阳台”（如果你恰好在一个岛上，可以走到岛的另一端）。还记得婚姻破解法吗？通过第三方的中立角度写一封信，可以使夫妻走向更健康的冲突。这听起来很简单，但这些技巧打破了冲突循环，从而给了我们重新思考的时间。（如果你是家长或老师，请考虑与孩子一起尝试这个技巧，以培养形成良性冲突的习惯。）

在丹麦的例子中，每个人说出自己的困扰后，他们被要求设想一个好的解决方案。任何方案都可以，而且越有突破性越好。他们会怎么做呢？大家提供了天马行空的建议：也许他们可以在狼的领地建一条高空滑索，从而发展旅游业；或者在狼身上植入芯片，这样当地人都能通过手机上的应用程序知道它们的位置；又或者可以让狼转性成为素食动物（这是我最喜欢的方案），这样每个人都会很开心！通过这种方式，他们营造出一点喘息的空间。在这个空间里，大家可以变得更贴合实际，他们确实也做到了。

人们不需要让每个人喜欢自己。汉森不断提醒项目的参与者，他们的目标是理解，而不是友谊。这不是一回事。

想说服别人你是对的，他们是错的？不要在社交媒体上这么做，或者在任何媒介上羞辱他人，结果只会适得其反。说服别人需要理解，理解需要倾听。

世界各地都有搭桥组织部署训练有素的协调员，帮助人们就政治、宗教、地理或种族分歧进行沟通。在国际上，非营利组织“寻找共同点”致力于结束 30 多个国家的暴力冲突。美国有“勇敢天使”“重要伙伴”“一个美国运动”“重新回到餐桌”“乡村广场”等组织。想了解更多信息，请访问搭桥联盟网站 www.bridgealliance.us。

5. 让叙事复杂起来

正如经济学家泰勒·考恩（Tyler Cowen）所说，“不要轻信简单的故事”。在困难的冲突中，简单会蒙蔽我们的双眼。根据我的经验，好奇心是治疗良方。好奇心是会传染的。如果你能对那些与你意见不一致的人感到好奇，那么冲突几乎可以立即往好的方向发展，当然这也取决于具体情况。

好奇心也需要一定的安全底线——真实的、可感知的安全底线。当感觉受到威胁时，就不可能产生好奇心。但好奇心也需要保持谦逊，这在当下尤其珍贵。

激发好奇心的一个方法是注意观察你在现实生活中看到的矛

盾（报道争议的记者应该经常这么做）。在“狼群对话”中，一些参与者告诉组织者，他们已经不再公开讨论狼群问题了，因为他们不想被贴上这样或那样的标签。“这是一种矛盾的心理。”汉森告诉我。但他认为这是一个很好的迹象，没有任何人能完全融入一个群体，从来没有。

另一个激发好奇心的方法是提出问题。“狼群对话”的参与者一边交谈，一边收集清单，上面列出了他们想要提问的50个问题——关于狼的习性、相关法律的细节，以及其他各种各样的问题。他们自己寻找答案，或者请值得信任的专家帮助他们找到答案。在理想情况下，当地新闻媒体可以帮助他们，当然前提是需要信任。宇宙飞船传媒和信任新闻是两家与新闻编辑室合作的媒体，它们将人们聚集在一起建立信任，并帮助解答人们的问题。

带着真正的好奇心提出问题，可以让冲突立刻变得耐人寻味起来。以下是我在采访处于各种冲突中的人时最常问的一些问题，这些问题来自很多人的智慧，包括本书的人物：

1. 这场冲突中有什么过于简化的地方？

2. 你想了解对方什么？

3. 你希望对方了解你什么？

4. 如果你醒来发现这个问题已经解决了会是什么感觉？

5. 没人问的问题是什么？

6. 关于这个争议，你还想知道哪些你不知道的事情？

7. 你在什么时候感受到了痛苦？

8. 请多跟我讲讲。

“狼群对话”启动 6 个月后，该小组组织了一次公开会议，并向更多的人展示了他们的成果。一百多人到场，包括几家新闻媒体。“真的太美好了，”汉森说，“这并不是说我们达成了‘和平与和谐’，而是我们成功找到了前进的道路。”他们不再困在“沥青坑”了。

后来，该小组还邀请了政策制定者与他们会面。这花了一些时间，但官员们最终还是去了这个偏远的小镇参加了两次会议。截至 2020 年，丹麦政府正在制订一项新的狼群管理计划，“狼群对话”项目已经进入了丹麦的国家程序。

“狼群对话”从来都不是为了改变人们的想法，而是在人们仍旧存在分歧的前提下，为解决问题创建一种共同的责任感。它旨在摆脱高度冲突，鼓励良性冲突。

我很想听听你自己最喜欢的问题，以及你调查冲突的根源和试图摆脱（或避免）高度冲突的经历。我最喜欢的是那些开放式的结局。

所以请多跟我讲讲吧。你可以发送电子邮件至 amanda@amandaripley.com 联系我。

注 释

前言

1 关于马克的故事，细节来自我和其他记者对他的采访。我也参考了多年来他写的作品，尤其推荐他在 2018 年写的《科学的种子》(*Seeds of Science*)。这本书讲述他自己的故事，解释了曾被误解的转基因生物科学。我很感谢马克不仅有勇气重新看待自己的想法，而且能公开谈论自己的转变。

2 Lynas, *Seeds of Science*.

3 Storr, "Mark Lynas: Truth, Treachery and GM Food."

4 在传统的家庭调解中，"高度冲突"一词常用来形容特别难相处的人或者特别难处理的事，比如离婚案。本书将"高度冲突"定义为名词，指的是不断激化直至崩溃的冲突系统。一些高度冲突会被贴上"顽固冲突"的标签，研究人员用它指代延续数代仍无法解决的暴力冲突，但本书的高度冲突比顽固冲突更常见。它不需要延续数代，也不需要暴力（尽管它很容易激发暴力）。了解更多关于高度冲突的研究，参见 Bar-Tal, *Intractable Conflicts*, and Coleman, *The Five Percent: Finding Solutions to Seemingly Impossible Conflicts*。

5 在一项对商界领袖的调查中，90% 的人表示他们在职业生涯中不得不面对“有毒的”高度冲突型人格。Kusy and Holloway, *Toxic Workplace!*

6 Pew Research Center, “Partisanship and Political Animosity in 2016.”

7 这是根据大选后路透社和益普索进行的民意调查得出的估计值。在对 6 426 人进行的调查中，16% 的人表示他们已经因为选举不再与家人或朋友交谈。由此推断，美国成年人口的 16% 约为 3 800 万。Whitesides, “From Disputes to a Breakup: Wounds Still Raw After U.S. Election.”

8 Swift, “Americans’ Trust in Mass Media Sinks to New Low.”

9 Kaur-Ballagan et al., “BBC Global Survey: A World Divided?”

10 同上。

11 这句话出自 2018 年我在柏林参加 Zeit Online 组织的“My Country Talks”活动时在现场听到的演讲。

12 有关橡树公园的更多信息，请查看 Heather McGhee 精彩的 TED 演讲“Racism Has a Cost for Everyone” and Merriman, “Gilmore v. City of Montgomery”。

13 关于海绵蛋糕事件的更多信息，请查看 YouTube. The professor, Bjørn Lomborg, was promoting his book *The Skeptical Environmentalist*。马克后来为此事道歉了。

14 Paarlberg, *Starved for Science*.

15 非暴力运动包括抵制、罢工、抗议等，它之所以能成功，是因为它们吸引了大量的追随者，有足够多的人对权力持续施加有意义的压力。Chenoweth and Stephan, *Why Civil Resistance Works*.

16 Carey and Glanz, “Hidden Outbreaks Spread Through U.S. Cities Far Earlier than Americans Knew, Estimates Say.”

17 More in Common and YouGov, “COVID 19:Polarization and the Pandemic.”

18 Sahoo, “India: Infections, Islamophobia, and Intensifying Societal Polarization.”

19 BBC News, “Coronavirus: Trump’s WHO De-funding ‘As Dangerous as It Sounds.’ ”

20 Hartney and Finger, “Politics, Markets, and Pandemics.”

21 World Economic Forum, “Outbreak Readiness and Business Impact.”

22 Smith et al., “Global Rise in Human Infectious Disease Outbreaks.”

23 Allport, *The Nature of Prejudice*.

24 Fernandez and Burch, "George Floyd, from 'I Want toTouch the World' to 'I Can't Breathe.' "

25 截至本书写完时，死亡数据还难以确定。从某种程度来说，我们很难判断枪击事件是否与抗议活动有关，相信更确切的数字很快会出现。参见"Nearly a Dozen Deaths Tied to Continuing Unrest in U.S"。

26 Lynas, "GM Won't Yield a Harvest for the World."

27 Lynas, "Lecture to Oxford Farming Conference."

第一章　冲突的根源

1 杰伊和洛娜的故事来自我对加里的采访以及加里的两本书：Friedman, *A Guide to Divorce Mediation*, and Friedman, *Inside Out*。为了保护隐私，本书部分人物使用了化名。

2 有关沥青坑的详细信息来自园区管理员、新闻报道以及 Tar Pits 网站（tarpits.org），建议可以浏览该网站。

3 Hawkins et al., "Hidden Tribes: A Study of America's Polarized Landscape." 无党派组织 More in Common 撰写的报告，将这群美国人称为"精疲力竭的大多数"，该报告是我读过的关于美国两极分化问题最深刻和最有用的分析之一。

4 "The Role of Social Trust in Citizen Mobility During COVID-19."

5 Butler, "A Million Volunteer to Help NHS and Others During Covid-19 Outbreak."

6 想要了解更多详细描述对抗主义和互利共赢的信息，参见 Karlberg, *Beyond the Culture of Contest*。

7 有趣的是，在认识对抗主义的局限性方面，商业上的最佳实践可能比政治策略更能说明问题。几十年来，商学院一直告诉我们，在谈判中合作通常会比竞争带来更好的结果。关于谈判的好的作品有很多，包括 Roger Fisher 和 William Ury 合著的经典 *Getting to Yes*。我也喜欢 William Ury 的两部作品：*Getting Past No* 和 *Getting to Yes with Yourself*。许多有意义的定量证据支撑了上述观点。不过我们认为，"我们对抗他们"的心态往往会使人们的境况变得更糟——在商业、政治、婚姻、流行病等生活中任何重要的领域都是如此。

8 Margolick, “Burger Says Lawyers Make Legal Help Too Costly.”

9 2019 年，加里这位冲突调解专家向我讲述了乐高积木和烧烤架的故事。

10 2007 年，波士顿的一家律师事务所分析了最近的 199 起离婚案件后得出结论：调解是目前耗费成本最低的选择，平均费用约为 6 600 美元。相比之下，由双方律师协商达成的离婚费用为 26 830 美元。在传统的诉讼中，当双方当事人无法达成协议时，全面诉讼的平均费用接近 7.8 万美元。因此在这个例子中，起诉费用几乎是调解费用的 12 倍。（另一种选择是合作离婚，这是一种调解升级的模式。丈夫和妻子各有自己的律师以及其他必要的顾问，但每个人都试图寻求一个公平的协议。在当时的这家事务所，合作离婚的平均费用接近 2 万美元。）所有这些都假定双方想达成协议。如果任何一方不配合，诉讼可能会更便宜，因为会由其他人（法官）决定结果。Crary, “Keen Interest in Gentler Ways to Divorce.”

11 Gold, “Easy Living in Marin.”

12 加里曾在一个谈判团队工作，其中包括哈佛大学法学院的 Robert Mnookin 和劳资关系顾问 Joel Cutcher-Gershenfeld。他们得到了 Hewlett Foundation 的资助。更多详细信息参见 Mnookin et al., “A New Direction: Transforming Relations Within the San Francisco Symphony”。

13 Ulrich and Delgado, “Symphony Musicians Don’t Play, but Picket.”

14 Mnookin et al., “A New Direction: Transforming Relations Within the San Francisco Symphony.”

15 Singh Ospina et al., “Eliciting the Patient’s Agenda.”

16 更多关于积极倾听的可衡量影响的研究，参见 Guy Itzchakov and Avraham Kluger, “The Listening Circle: A Simple Tool to Enhance Listening and Reduce Extremism Among Employees”。

17 Bergeron and Laroche, “The Effects of Perceived Salesperson Listening Effectiveness in the Financial Industry.”

18 Guy Itzchakov and Avraham Kluger, “The Listening Circle: A Simple Tool to Enhance Listening and Reduce Extremism Among Employees.”

19 Kim et al., “The Effects of Physician Empathy on Patient Satisfaction and Compliance.”

20 Gordon and Chen, “Do You Get Where I’m Coming From?”

21 “建立理解环路”是由加里·弗里德曼和杰克·希梅尔斯坦总结的一种技巧，他们在《挑战冲突》一书中做了详细介绍。这听起来很简单，但理解起来很难。加里和他的同事在“冲突理解中心”为有兴趣了解更多信息的人提供了建立理解环路的训练方法。

22 这些引述基于加里对交响乐团音乐家建立理解环路的练习回忆，以及我自己观看、加入或领导了十几次建立理解环路训练的观察。

23 Mnookin et al., “A New Direction: Transforming Relations Within the San Francisco Symphony.”

24 直到 14 年后，旧金山交响乐团再次罢工。与该组织以往的记录相比，这是一段很长的和平时期。随着时间的推移，音乐家和管理层发生了变化，新来的人没有得到加里和他的同事的调解。在缺少练习的情况下，应对冲突的记忆会逐渐消失。

25 书中描述的社区服务委员会活动的大部分细节，引自缪尔海滩小镇社区服务网站上的音频记录、会议记录和会议议程。其他细节来自我对一些参与者的采访。

26 Liberatore，“Longtime Residents, Relative Newcomers Vie for Seats on Muir Beach CSD.”

第二章　二元对立

1 Wood, *Friends Divided: John Adams and Thomas Jefferson*.

2 Allport, *The Nature of Prejudice*.

3 Shultz et al., “Stepwise Evolution of Stable Sociality in Primates.”

4 划分类别并不是善意的举动，它是用来为某一类人解决问题的。例如，19 世纪，来自爱尔兰的美国移民被认为是“爱尔兰人”的一部分，身份低于“盎格鲁–撒克逊人”。之后还有“意大利人”和“犹太人”，这两类人都因不同原因遭到质疑。即使在“白人”的范畴内，也有一个精心设计的种族差异等级，用来解释和维系美国社会的不平等。更多介绍参见 Berreby, *Us and Them*。

5 感谢 Robert Sapolsky, 他在一部引人入胜的作品 *Behave* 中说明了这一点。引自 David Hofstede 所著 *Planet of the Apes: An Unofficial Companion*。

6 我在这里提及两幅画代表两位艺术家的不同风格，但我无法确定研究人员在原始实验中使用了哪一幅。

7 Newheiser and Olson, “White and Black American Children’s Implicit Intergroup Bias.”

8 Taub and Fisher, “Why Referendums Aren’t as Democratic as They Seem.”

9 同上。

10 如果不了解相关信息 , 可以浏览 https://en.wikipedia.org/wiki/The_dress。关于这种现象的背后原因，参见 Wallisch, “Illumination Assumptions Account for Individual Differences in the Perceptual Interpretation of a Profoundly Ambiguous Stimulus in the Color Domain: ‘The Dress’”。

11 要了解更多关于冥想的研究，参见美国国家补充和综合健康中心的“Meditation: In Depth”。如果您有兴趣尝试冥想，有很多免费或廉价的应用程序可以使用。我个人推荐 Headspace，自从结束加里的培训回家后，我就一直在使用它。这比自己首次尝试冥想要简单得多，里面有很多关于正念的实践课程。

12 最初报道的项目是由 Solutions Journalism Network 委托进行的，这是一个非营利组织，培训记者严格报道社区为了解决问题所做的工作（而不仅仅是报道问题）。参见 Ripley, “Complicating the Narratives”。

13 Sharfstein, “Saving the Race.”

14 Friedman, *Inside Out*.

15 *Bridgeport Post*, “Jury Awards $5,500 to Woman in Crash.”

16 只要被击败的人不是内部人员，几乎在任何事情上取得胜利都会增加肾上腺素水平。例如，在一项针对加勒比社区玩多米诺骨牌的男性研究中，击败另一组成员的人在比赛后不久肾上腺素就会激增，而击败同组成员的男性则没有出现这种变化。参见 Flinn et al., “Hormonal Mechanisms for Regulation of Aggression in Human Coalitions”。

17 这个实验来自斯坦福大学研究生 Elizabeth Newton 的一篇论文 “The Rocky Road from Actions to Intentions”。有趣的是，牛顿在这个实验中发现了性别差异。虽然男性和女性都给出了过于自信、不切实际的估计，但男性更有可能给出过高的估计。

18 很多人认为这句话出自萧伯纳，但是 Quote Investigator 网站无法提供任何证据，证明他说过这句话。也有人猜测记者 William H. Whyte 在 1950

年《财富》杂志发表的一篇文章中，最先提出来一个不太精辟但类似的观点。这篇文章讨论了企业加强沟通的必要性。

19 Gilovich et al., “The Illusion of Transparency.”

20 在心理学中，评判他人比评判自己更苛刻的倾向被称为基本归因误差。由于这个概念很难被理解并记住，所以我就提出了“白痴–驾驶员反射模式”。

21 Klien, “Muir Beach Election Pits Old Guard Against New.”

22 Valentino, “Muir Beach Faces Election Divided by Varying Opinions on Water Hike.”

23 Williams and Sommer, “Social Ostracism by Coworkers: Does Rejection Lead to Loafing or Compensation?” ; Williams et al., “Cyberostracism: Effects of Being Ignored over the Internet” ;Williams and Nida, “Ostracism: Consequences and Coping.”

24 Wesselmann et al., “Adding Injury to Insult: Unexpected Rejection Leads to More Aggressive Responses.”

25 DeBono and Muraven, “Rejection Perceptions: Feeling Disrespected Leads to Greater Aggression than Feeling Disliked.”

26 Parker, “Lexington Came Together After the Red Hen Incident. Can America Do the Same?”

27 截至 2018 年，超过 80% 的民主党人和共和党人都表示他们的对手是“可恨的”。民主党人说共和党人是“种族主义者”，共和党人予以相同的反击。参见 Yudkin et al., “The Perception Gap”。

28 Giles, “Maths Predicts Chance of Divorce.”

29 根据 *The Harvard Crimson* 的数据，2019 年哈佛大学的录取率为 4.5%。

30 引自我对小杰 · 巴基的采访。

31 引自我对金 · 宾斯特德的采访。

32 Basner et al., “Psychological and Behavioral Changes During Confinement in a 520-Day Simulated Interplanetary Mission to Mars.”

33 这部分内容来自 Gimlet podcast, *The Habitat*。

34 Halperin, *Emotions in Conflict*.

35 Ahler and Sood, “The Parties in Our Heads.”

36 Yudkin et al., “The Perception Gap.”

37 Moore-Berg et al., “Exaggerated Meta-Perceptions Predict Intergroup Hostility Between American Political Partisans.”

38 Geiger, “For Many Voters, It’s Not Which Presidential Candidate They’re for but Which They’re Against.”

39 Yudkin et al., “The Perception Gap.”

40 Chernow, *Alexander Hamilton*.

41 乔治·华盛顿的告别演说值得看一看。美国当前的政治病态早在很久以前就被毫不留情地揭露过，这一点出人意料。讽刺的是，人们很容易就能找到这篇演说，还可以浏览美国参议院的网站 www.senate.gov。

42 Ferguson, “War Is Not Part of Human Nature.”

43 Christakis, *Blueprint: The Evolutionary Origins of a Good Society*.

44 Drutman, *Breaking the Two-Party Doom Loop: The Case for Multiparty Democracy in America*.

45 同上。

46 Fischer et al., “The Impact of Electoral Systems and Outcomes on Mass Attitudes: Experimental Attitudes.”

第三章　冲突的引燃器

1 关于哈特菲尔德和麦考伊家族之间的恩怨有很多耸人听闻的报道。我主要参考历史学家阿尔蒂那·沃勒（Altina Waller）提供的更有依据的版本，参见 *Feud: Hatfields, McCoys, and Social Change in Appalachia, 1860–1900*。

2 Hatfield, “Letter to the Editor.”

3 我最初是在旧金山的一次活动中认识柯蒂斯的，该活动由爱默生基金会组织，这是一家投资于新闻、教育和其他领域的有社会影响力的组织。当时，我是爱默生基金会的一员，柯蒂斯在芝加哥 CRED 工作，该组织也是由同一个机构资助的。该项目已经结束，我与柯蒂斯和 CRED 没有任何经济联系，但我非常感谢爱默生基金会让我们相聚。

4 学者本尼迪克特·安德森（Benedict Anderson）将这种国家身份称为“想象的共同体”，即我们觉得自己与某一群人有关系。参见 *Imagined Communities: Reflections on the Origins and Spread of Nationalism*。

5 Sapolsky, *Behave*.

6 Hirt et al., "Costs and Benefits of Allegiance: Changes in Fans' Self-Ascribed Competencies After Team Victory Versus Defeat."

7 Carlson, "Nixon Daughters Bury the Hatchet."

8 Stewart et al., "Adult Sibling Relationships: Validation of a Typology."

9 Carlson, "Nixon Daughters Bury the Hatchet." 尼克松基金会没有回应我直接采访这对姐妹的请求，所以我只能从这场争端的新闻报道中多方了解情况。如果她们愿意接受采访的话，我倒很想听听这对姐妹亲自讲述这个故事。

10 Martelle et al., "Bequest Leads to Deep Rift for Nixon Kin."

11 Pfeifer et al., "Views Emerge in Rift Between Nixon Sisters."

12 Dahlburg and Pfeifer, "For Feuding Nixon Sisters, Finally a Peace with Honor."

13 Associated Press, "Nixon Sisters Debate Library Fund."

14 石头帮由"公牛"· 尤金 · 海尔斯顿（Eugene "Bull" Hairston）和杰夫 · 福特于 20 世纪 60 年代初创立并多次更名。关于杰夫 · 福特的详细信息来自我对柯蒂斯的采访、新闻报道以及多部作品，尤其是 Moore and Williams, *The Almighty Black P Stone Nation: The Rise, Fall, and Resurgence of an American Gang*。

15 Smothers, "Jeff Fort: A Gangster Who Survives."

16 Fisher, "The One Map That Shows Why Syria Is So Complicated."

17 Shadid, "Syrian Unrest Stirs New Fear of Deeper Sectarian Divide."

18 Bass, "What Really Causes Civil War?"

19 Dagher, *Assad or We Burn the Country*.

20 更多信息参见 Klein, *Why We're Polarized*。

21 Sherman, "Grit Turns Warehouse into School of Winners."

22 Reardon, "Redlining Drains City, Aids Suburbs."

23 Greater Chatham Initiative, "History: Auburn Gresham."

24 Davidson and Recktenwald, "Bullets End Benjy's Fight to Be the Best."

25 Associated Press, "Rev. Jesse Jackson Eulogizes Ben Wilson."

26 Lindner, "Genocide, Humiliation and Inferiority."

27 Lindner, "Making Enemies Unwittingly."

28 Friedman, "The Humiliation Factor."

29 Gilligan, *Violence: Reflections on a National Epidemic*.

30 Lindner, "Making Enemies Unwittingly."

31 Frijda, "The Lex Talionis: On Vengeance."

32 CNN.com, "N. Ireland Process: Where Did It Go Wrong?"

33 Barrett, *How Emotions Are Made*. 关于人类如何理解情绪，参见 2017 年 6 月 22 日美国国家公共电台的播客节目 *Invisibilia* podcast, "Emotions"。

34 Briggs, *Never in Anger: Portrait of an Eskimo Family*.

35 UPI, "Swift Justice Sought for Wilson Attackers."

36 比利是黑帮门徒的成员，注意不要将黑帮门徒与其他帮派混淆，比如黑石帮。柯蒂斯通常将比利的组织称为"门徒"，我在本书中也使用这个名字。

37 Hedges, *War Is a Force That Gives Us Meaning*.

38 专业表述是"群际情绪理论"，它指的是群体成员间接体验情绪的方式。这一理论是由社会心理学家黛安 · 麦基（Diane M. Mackie）和艾略特 · R. 史密斯（Eliot R. Smith）提出的。参见 Mackie et al., "Intergroup Emotions Theory"。

39 Twain, *Adventures of Huckleberry Finn*.

40 Halperin, *Emotions in Conflict*.

41 关于石头帮和黑帮门徒如何区分彼此的描述来自我对柯蒂斯的采访。黑帮门徒和石头帮对细节的回忆无疑是不同的。

42 引自梅根 · 安妮 · 麦奎尔（Meagan Anne McGuire）的一篇精彩的论文 "Verbal and Visual Symbolism in Northern Irish Cultural Identity."

43 Ahler and Sood, "The Parties in Our Heads."

44 Lee, "How the Politicization of Everyday Activities Affects the Public Sphere."

45 更多内容参见 Frijda, "The Lex Talionis:On Vengeance." "Revenge," Frijda wrote, "is the social power regulator in a society without central justice"。

46 Rovenpor et al., "Intergroup Conflict Self-Perpetuates via Meaning."

47 Fearon, "Civil War and the Current International System."

48 Widmer and Pavesi, "Monitoring Trends in Violent Deaths."

49 根据联邦调查局的数据，2018 年，圣路易斯的凶杀率为每 10 万人 60 起，芝加哥的凶杀率为每 10 万人 21 起。参见 El Consejo Ciudadano para la Seguridad Pública y la Justicia Penal, “Metodología del Ranking (2018) de las 50 Ciudades Más Violentas del Mundo”。

50 有关多样性是否影响战争的更多信息，参见政治科学家詹姆斯 · 费伦（James Fearon）和大卫 · 莱廷（David Laitin）对 1945 年至 1999 年发生的 127 场内战的分析，Fearon and Laitin, “Ethnicity, Insurgency and Civil War”。

51 Ingraham, “There Are More Guns than People in the United States, According to a New Study of Global Firearm Ownership.”

52 OECD, “Better Life Index.”

53 Roman, “The Puzzling Relationship Between Crime and the Economy.”

54 Kleinfeld, *A Savage Order*.

55 Grossman et al., *The Encyclopedia of Chicago*.

56 Lesy, *Murder City: The Bloody History of Chicago in the Twenties*.

57 Simpson et al., “Continuing Corruption in Illinois.”

58 这组统计数据的时间范围是 1976 年至 2018 年。参见 Simpson et al., “Continuing Corruption in Illinois”。

59 库克小镇的检察官托马斯 · J. 马洛尼（Thomas J. Maloney）于 1993 年因受贿数千美元来解决三起谋杀案和另一起重罪案而被判有罪。其中一笔贿赂涉及黑石帮的一个分支 El Rukn（当时柯蒂斯还是帮派中的新人）。马洛尼在监狱服刑 12 年，于 2008 年去世。参见 Jensen, “Thomas J. Maloney: 1925—2008”。

60 Mitchell, “Chicago’s Dismal Murder Solve Rate Even Worse When Victims Are Black.”

61 Jones, “Illinois Residents Least Confident in Their State Government.”

62 有关芝加哥帮派暴力的当前状况，更多信息参见 Hagedorn et al., “The Fracturing of Gangs and Violence in Chicago”。

63 关于柯蒂斯的继父毒瘾的详细信息，参见对柯蒂斯的采访以及亨德森的庭审记录。

64 柯蒂斯的母亲被谋杀的详细信息来自她的死亡证明，库克小镇起诉她的丈夫的记录及其后来的申诉。

65 Morrison, *The Bluest Eye*.

66 Moore and Williams, *The Almighty Black P Stone Nation*.

67 这一事件的详细信息以及本章提及的另外两次逮捕，来自对柯蒂斯的采访以及库克小镇的庭审记录。

第四章 争取时间

1 Chicago, "You're the Inspiration."

2 Torres, *Rido: Clan Feuding and Conflict Management in Mindanao*.

3 Wood, *Friends Divided: John Adams and Thomas Jefferson*.

4 Milbank, *Tears of a Clown*.

5 Beck, Interview on Fox & Friends. 要从格伦·贝克自己的角度阅读更多关于他的故事，我推荐他的书 *Addicted to Outrage*，该书于 2018 年出版。

7 Schmidle, "Glenn Beck Tries Out Decency."

8 同上。

9 Beck, Interview by Samantha Bee, *Full Frontal with Samantha Bee*.

10 Beck, Interview by Krista Tippett, *On Being with Krista Tippett*.

11 Beck, Interview by Peter Kafka, *Recode Media with Peter Kafka*.

12 CBS DC, "Glenn Beck Says Media Are 'Rat Bastards,' Obama Is a Dictator."

13 Beck, Interview by Krista Tippett, On *Being with Krista Tippett*.

14 Leach, "Glenn Beck Dons MAGA Hat: I Will 'Gladly' Vote for Trump in 2020."

15 Bond, "Glenn Beck's The Blaze to End on Linear TV."

16 蕾切尔·克莱因菲尔德（Rachel Kleinfeld）在 *A Savage Order* 一书中描述了格鲁吉亚这样的国家如何摆脱地方暴力。政府走出的第一步是与军阀讨价还价，通过给游击队员金钱和政治权力来换取些许和平，实际是在争取时间。她称这些是"肮脏的交易"，就像芝加哥黑帮之间的"和平协议"一样，他们买不到和平，"他们在购买时间"。

17 Hoffman, "All You Need Is Love."

18 Woodson, *The Mis-Education of the Negro*.

19 普弗莱格神父是一个迷人的芝加哥角色，其个人魅力远大于我的描写。想要了解更多神父的信息，参见 Evan Osnos's 2016 *New Yorker* profile,

"Father Mike"。

20 Butigan, "Chicago's South Side Rises Up Against Gun Violence."

21 比利的观点来自新闻报道、我对他的采访，以及比利尚未出版的自传 *Until the Lion Speaks*。他在 2019 年写了这本书，并于 9 月与我分享了这本书。这是比利对事件的回忆。由于不同的证人给出了不同的说法，因此无法确定当天到底发生了什么。本杰的女友在庭审中作证奥马尔·迪克森曾抓住本杰并向他要钱，然后让比利开枪杀了本杰，奥马尔和比利都否认了这一说法。

22 在审判中，这位检察官作证他签署的声明仅包括比利告诉他的内容。这位检察官最终成为法官。我无法向他核实比利的故事，因为他已经去世。参见 Myers, "A Bump, a Taunt—then Death"。

23 Myers, "2 Teens Convicted in Murder of Ben Wilson."

24 Pettigrew and Tropp, "A Meta-Analytic Test of Intergroup Contact Theory"；Vezzali and Stathi, eds., *Intergroup Contact Theory*.

25 Abrams et al., "Does Terror Defeat Contact? Intergroup Contact and Prejudice Toward Muslims Before and After the London Bombings."

26 *Oxford Mail*, "Science Writer Wins Award."

27 Lynas, "Lecture to Oxford Farming Conference."

28 Mussen, "Some Personality and Social Factors Related to Changes in Children's Attitudes Toward Negroes."

29 同上；Allport, *The Nature of Prejudice*。

30 更多关于气候变化的末日预言，我推荐迈克尔·谢伦伯格所著 *Apocalypse Never: Why Environmental Alarmism Hurts Us All,* by Michael Shellen-berger。

31 Pyroozet al., "Criminal and Routine Activities in Online Settings: Gangs, Offenders, and the Internet."

32 心理学家詹姆斯·格罗斯（James Gross）确定了人们用来调整情绪的 5 种策略。更多信息参见 Gross, ed., *Handbook of Emotion Regulation*, 尤其是第 1 章。

33 Ury, "2016 Dawson High School Graduation Talk." 另外参见 Ury, *Getting to Yes with Yourself*。

34 Finkel et al., "A Brief Intervention to Promote Conflict Reappraisal Preserves

Marital Quality over Time."

第五章 创造空间

1 哥伦比亚大学教授彼得 · T. 科尔曼在研究世界各地的暴力冲突时，发现这种模式一次又一次地出现。他估计大约 3/4 的高度冲突会在政治冲击后的 10 年内结束。例如，美国上一次出现像现在这样的政治两极分化是在内战后不久。这种两极分化在 20 世纪 20 年代结束，即第一次世界大战重塑了世界秩序之后。更多信息参见 Coleman, "COVID Could Be the Shock That Ends Our Deep Divisions"。

2 Sadat, "73 Statement to the Knesset."

3 Gottman with Silver, *Why Marriages Succeed or Fail.*

4 Edholm and Gunderson, eds., *Polar Human Biology.*

5 这些问题并非加里原创。作家贾斯汀 · 巴瑞索（Justin Bariso）在 *EQ Applied* 一书提到了这些问题，并将其归于喜剧演员兼电视主持人克雷格 · 费格森（Craig Ferguson），但可能还有其他来源。

6 Feinberg and Willer, "From Gulf to Bridge: When Do Moral Arguments Facilitate Political Influence?"

7 值得注意的是，如果加里是一名全国性的政客，他完全有理由召开一次特别会议。这样做会立即产生竞选捐款和社交媒体关注者。现在有太多的动机致使高调的政客们为他们的阵营发声，而不是为选举他们的投票人发声。

8 Ury is quoted in Stewart, "Expand the Pie Before You Divvy It Up."

9 King, *Mindful of Race.*

第六章 反向宣传

1 Humphreys and Weinstein, "Demobilization and Reintegration."

2 Felter and Renwick, "Colombia's Civil Conflict."

3 Jewish Virtual Library, "Vital Statistics: Total Casualties, Arab-Israeli Conflict."

4 United Nations, "4 Out of 10 Child Soldiers Are Girls."

5 Fattal, *Guerrilla Marketing.*

6 军方杀害平民事件在哥伦比亚被称为“假阳性”丑闻，参见 Parkin Daniels, “Colombian Army Killed Thousands More Civilians than Reported, Study Claims”。

7 UNHCR, “Colombia.”

8 2021 年胡安·巴勃罗与迈克尔·杰特（Michael Jetter）和克里斯托弗·帕森斯（Christopher Parsons）共同撰写了文章：“为了哥伦比亚革命武装力量的利益，遣散历史最悠久的游击队组织。”他分享了一份尚未经过同行评审的样本。

9 Yanagizawa-Drott, “Propaganda and Conflict: Evidence from the Rwandan Genocide.”

10 Aparicio et al., “For FARC’s Sake.”

11 关于“重返社会”网站的描述来自我对桑德拉的采访，以及 2020 年互联网档案馆网站时光机（Wayback Machine）提供的档案副本。桑德拉访问该网站时，它被称为共和国总统社会和经济重新融合高级专员办公室，第二年更名为一个更全能的机构。不巧的是，该档案不包括 2010 年的副本，但它包含一份 2009 年的副本，二者内容相似。

12 Mandela, *Long Walk to Freedom: The Autobiography of Nelson Mandela.*

13 McDermott, “Criminal Activities of the FARC and Rebel Earnings.”

14 Nussio and Ugarriza, “Why Rebels Stop Fighting.”

15 当人类学家金伯利·塞顿（Kimberly Theidon）在哥伦比亚采访了 112 名前战斗人员时，超过一半的人告诉她，他们已经放弃了战争，因为他们对游击生活感到“非常疲惫和厌倦”。塞顿写道，他们抱怨“饥肠辘辘；几天甚至几周无法睡觉；生病时无法获得医疗护理或药物；生活在恐惧和秘密中；不得不杀人并目睹别人杀人……”参见 Theidon, “Transitional Subjects: The Disarmament, Demobilization and Reintegration of Former Combatants in Colombia”。

16 Kaplan and Nussio, “Explaining Recidivism of Ex-Combatants in Colombia.”

17 找到一份工作可能没有家庭关系那么重要，在这种情况下，前战斗人员通过重返社会计划从政府获得资金。同样值得注意的是，家庭有时会把人们推向冲突身份，而不是把他们从中拉出来。一些人在儿童时期就加入了游击队，以逃避家庭中的性虐待或身体虐待。原因很复杂。

18 Nussio, “Ex-Combatants and Violence in Colombia: Are Yesterday’s Villains Today’s Principal Threat?”

19 Gibson, “Reintegration or Segregation? How Perceptions of Ex-Combatants and Civil Society Affect Reintegration (and Peace) in Colombia.”

20 Brusset and Otto, “Evaluation of Nashe Maalo” ; and Estes, “Radio Soap Operas Teach Conflict Resolution.” “寻找共同点”在布隆迪、塞拉利昂、利比里亚、刚果、安哥拉、印度尼西亚、乌克兰和巴勒斯坦领土制作了其他受欢迎的节目。

21 CPP Inc., “Workplace Conflict and How Businesses Can Harness It to Thrive.”

22 Sofield and Salmond, “Workplace Violence: A Focus on Verbal Abuse and Intent to Leave the Organization.”

23 Pillemer, *Fault Lines*.

24 根据 *American Journal of Family Therapy* 的一篇文章，高度冲突导致的离婚是在“敌对、不安全、情绪化的环境”中“普遍的负面交流”。Anderson et al., “Defining High Conflict,” and Whiteside, “The Parental Alliance Following Divorce: An Overview.”

25 这个数据根据 2018 年美国疾病控制与预防中心的报告估算得出。

第七章 让叙事复杂起来

1 我要感谢“重新回到餐桌”的梅利莎·温特劳布，她告诉我（在大拉比罗利的允许下）“BJ”会是改变自身文化使其更具抗冲突能力的一个样本。您可以在 www.resettingthetable.org 了解更多关于“重新回到餐桌”的信息。

2 Matalon et al., “B’nai Jeshurun Leadership E-mail on Palestine.”

3 Otterman and Berger, “Cheering U.N. Palestine Vote, Synagogue Tests Its Members.”

4 Matalon et al., “Second B’nai Jeshurun Leadership E-mail on Palestine.”

5 Rosenblatt, “Fuel for Debate over Rabbis’ Role.”

6 Rosenblatt, “Fuel for Debate over Rabbis’ Role.”

7 Cohen and Gitlin, “Reluctant or Repressed?”

8 我最初是在 Solutions Journalism Network 的支持下，为了写一篇关于新闻业的专题文章而做了这些报道。参见我的文章“Complicating the Narratives”。

9 要了解更多关于困难对话实验室和科尔曼及其同事的精彩研究，参见 Coleman, *The Five Percent: Finding Solutions to Seemingly Impossible Conflicts*。

10 如果有记者对如何更好地倾听感兴趣，我提两点建议。首先，可以邀请 Solutions Journalism Network 网站人员到您的新闻编辑处教授复杂叙事的技巧（请浏览 solutionsjournalism.org）。在此感谢伊莲娜·比安杜蒂·霍弗（Hélène Biandudi Hofer）的杰出工作，使记者们能够在非常短的时间内学会建立理解环路，并以一种重新激发好奇心的方式来报道冲突。第二，试试 Hearken，这是一家帮助组织以系统的方式倾听听众意见的公司。这家公司的创始人之一是詹尼弗·布朗代尔（Jennifer Brandel）（她受到本书前面提到的巴哈伊信仰的启发）。Hearken 帮助记者转向为公众服务，而不是告诉公众该如何思考问题。可以把“以谦卑的姿态做新闻”当作座右铭，这也正是我们如今需要的。详情请浏览 wearehearken.com。

11 高度冲突的第三个悖论，灵感来自我与加州教师和律师凯瑟琳·康纳的谈话。她告诉我她在自己的客户身上也发现了类似的情况。这与被称为“矛盾的改变理论”的完形疗法有关。该理论认为，一个人越是积极地改变自己，让自己变成另一个人，她就越保持不变。根据这个理论，她必须首先接受自己。在冲突中也会发生类似的事情。我们拒绝改变，除非我们得到理解。想了解更多信息，参见阿诺德·贝塞尔（Arnold Beisser）关于“矛盾的改变理论”，最早作为一个章节，被 1970 年琼·费根（Joen Fagan）和厄玛·李·谢博德（Irma Lee Shepherd）合著的 *Gestalt Therapy Now* 一书引用。

12 感谢《华盛顿邮报》的记者埃拉赫·伊扎迪（Elahe Izadi）向我介绍了乔恩·富兰克林（Jon Franklin），他在他的优秀著作 *Writing for Story* 中阐述了这一重要观点。

13 经济学家泰勒·考恩在 2009 年的一次 TED 演讲中警告说，不要轻信简单的故事。我特别喜欢这句话：“想象一下，每次你在讲一个善恶对决的故事，你的智商基本上都会降低 10 分或者更多。”

14 “重新回到餐桌”开始了项目第二轮的设计，然后将大部分项目交给了组织顾问阿迪纳·菲利普斯（Adena Philips）。

15 *New York Daily News*, "Clown Runs for Prez."

16 Haberman and Lipton, "Nobody Waved Goodbye."

17 我在交流过程中采访并观察了明迪，就像我对本章中所有参与者做的那样。我还受益于明迪写的一篇关于此次经历并与小组成员分享的非常诚实和有趣的文章。

18 关于这一点存在一些争议，但密歇根州的大部分人坚持认为是在杰克逊市，我们在那里看到了牌子。《大英百科全书》词条中记录了杰克逊市和里彭市两个地方。

19 1973 年，新近结婚的夫妇大约有 54% 拥有相同的政治背景。2014 年，该数据上升至 74%。Iyengar et al., "The Home as a Political Fortress: Family Agreement in an Era of Polarization."

20 Pettigrew, "European Attitudes Toward Immigrants."

21 Iyengar et al., "The Home as a Political Fortress."

22 有关政治多样性如何为每个人带来更充实生活的例子，参见 2019 年我在《大西洋月刊》上发表的文章"The Least Politically Prejudiced Place in America"。

23 2018 年兰辛的凶杀率为 6.8/100 000。这基于 2018 年报告的总数 118 210 中的 8 起凶杀案计算得出。（Berg, "With Homicide Rates Down, Here's Where Each Lansing-Area Case Stands"）同一年，纽约市 830 万人中发生了 295 起凶杀案。（NYPD, "Historical Crime Data:Seven Major Felony Offenses）凶杀率为 3.6/100 000。

24 你可以观看 Andy Potter 和他的同事们在网上朗读这封信，参见 *B'nai Jeshurun November 10, 2018*。

附录一　如何识别高度冲突

1 Castle, "Wolves, Resurgent and Protected, Vex Swedish Farmers."

2 Agence France-Presse, "Sheep Flock to Eiffel Tower as French Farmers Cry Wolf."

3 Wheat, "Crying Wolf."

4 Todd, "French Farmers Take Park Boss Hostage over Wolf Attacks."

5 Taylor, "Wild Wolf Shot and Killed in Denmark."

附录三　如何避免高度冲突

1　我通过对汉斯·彼得·汉森的采访了解到这个项目，他慷慨地介绍我认识该项目的参与者。我还借鉴了安妮·凯瑟琳·蒙克·施罗德（Anne Cathrine Munch Schrøder）关于该项目的精彩论文“In the Wake of the Wolf”。

2　Voss is quoted in Bernstein, “Worried About a Difficult Conversation?” 更多信息参见 Voss, *Never Split the Difference*。